TV드라마 산업의
수익구조와 현안

대박나는 TV드라마와 쪽박차는 제작사

이 도서의 국립중앙도서관 출판시도서목록(CIP)은 e-CIP홈페이지(http://www.nl.go.kr/ecip)에
서 이용하실 수 있습니다. (CIP제어번호 : CIP2011003263)

Korean TV Drama Industry
Profit Structure and Current Issues

TV드라마 산업의
수익구조와 현안

김훈 지음

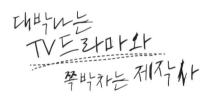

대박나는
TV드라마와
쪽박차는 제작사

한울
아카데미

　<겨울연가>, <대장금> 이후 한국의 대중문화 산업은 '드라마'를 중심으로 아시아 시장에서 크고 작은 성과를 올리며 국가 이미지를 향상시키고 산업적으로도 크게 성장하고 있다.

　그러나 최근 실정은 2000년대 초반 성공가도를 달리던 때와는 거리가 멀다. 무분별한 규모 확장으로 드라마는 성공해도 제작사 및 투자사는 경영난에 빠지는 아이러니를 양산하고 있는 것이다. 특히 과감한 투자를 통해 한류스타의 참여를 이끌어내고 대작드라마를 만들었음에도 기대 이하의 수익을 보이며 어려움에 처하는 경우가 빈번해지고 있는 실정이다.

　이 책은 드라마 산업이 이 같은 처지에 놓이게 된 몇 가지 요인을 제작주체별로 파악하여 드라마 산업의 성공적인 제작방식을 말해보려 한다. 또한 이러한 과정을 통해 한국 드라마 산업의 기본 체계와 시스템의 문제점을 검토하고, 드라마 산업에 대해 높아진 일반인 및 학생들의 관심에 부응하는 입문서 역할을 하고자 한다.

　현재 드라마 산업은 대중문화 산업 및 엔터테인먼트 산업의 확대에 따라 종합적인 산업의 성격을 보이며 문화산업 중에서도 선도적 역할을 하고 있으나, 이런 드라마 산업의 전체적인 시스템과 수익모델을 체계적으로 탐구한 기본서는 별로 없는 편이다.

　드라마 관련 분야의 책은 대개 연출, 제작, 작가론 및 한류에 따른 발전과 성과에 대한 영역에 집중되어 있으며, 산업적 측면에서 접근한 책은 드물다. 물론 방송 및 콘텐츠 관련 기관의 동향 보고서와 연구 발표문 등의 논문형태들이 있다. 그리고 이러한 결과물들이 산업적인 이해를 높이는 데 큰 도움을 주는 것은 사실이다. 그러나 그 내용과 접근방식에서 일반인 및 초심자들이 다가가기에는 다소 어려운 부분이 있다.

이에 이 책은 선행 연구자들의 학문적 성과와 연구를 바탕으로 저자의 개인적인 연구 및 현장경험을 접목하여 일반 독자들이 드라마 산업을 폭넓게 이해할 수 있도록 했다. 즉, 첨예한 논쟁을 다루기보다는 드라마 산업을 이해하기 위한 기초를 쌓는 수준에서 접근했다.

이 책은 7개의 장으로 구성됐으며, 그 내용을 간략하게 소개하면 다음과 같다.

제1장 TV드라마의 성장과 산업화 : TV드라마가 산업적으로 성장하게 된 배경과 과정을 살펴보며, 드라마 자체의 성장과정에서 산업적인 변천까지 역사적인 내용을 담았다.

제2장 비즈니스 모델의 탄생 : 비즈니스 모델의 필요성과 구조 그리고 미래에 대한 예측을 담았다. 실제 산업의 기본은 비즈니스 모델이기에 수익구조에 대한 논의는 필수적이라 하겠다.

제3장 TV드라마의 주요 수익요소 : 한국 드라마 산업의 현실적인 수익원을 검토함으로써 산업의 수익구조를 이해하고 기본적인 수익방안 전반에 대해 알아본다.

제4장 TV드라마 산업의 성공전략 : 최근 거대화되고 있는 드라마 산업의 규모와 위험요소 및 기회요인을 살펴보고, 이와 함께 드라마의 산업적 성공을 위한

기본 구조를 살펴본다.

　제5장 드라마 제작사의 성공과 좌절 : 현재 활동하고 있는 유명 드라마 제작사들의 사례를 통해 드라마 산업의 현실과 경영실적을 살펴보고, 기업별 성장형태에 따른 선택과 집중을 주요하게 검토한다.

　제6장 TV드라마 산업의 현안 검토 : 드라마 산업의 발전을 위한 현장상황 및 제도적 현안을 검토했으며, 산업주체별 이해관계를 통해 산업 발전의 장기적인 방향을 제안하고자 했다.

　제7장 드라마 산업 분야별 색인 : 마지막 장에서는 드라마 산업의 정보적 기능을 취하고자 했다. 드라마 분야별로 역동적인 활동을 보여주는 개인, 기업, 단체들의 정보를 기록했다.

　이 책이 출간되기까지 많은 분들의 도움이 있었다. 특히, 서투른 원고를 반갑게 맞이해준 이원기 실장을 비롯해 편집자 배유진 씨 등 도서출판 한울 가족들에게 진심으로 감사드리며, 이동 본능의 사랑하는 부인과 가족, 그리고 언제나 힘이 되는 연구소 식구들에게 고마운 마음을 전한다.

2011년 7월
김훈

차례

제1장

TV드라마의 성장과 산업화

1. <겨울연가>, 산업을 발견하다

2004년 <겨울연가>가 일본에서 '빅히트'를 치면서 한국에는 드라마에 대한 새로운 시각이 만들어졌다. 드라마에서 새로운 문화산업의 영역을 발견하고 영화와 같은 산업적 접근이 이뤄지게 된 것이다.

이전의 TV드라마는 TV에서 방영되고 또 재방영되면 끝이 나거나, 교포 사회를 대상으로 해외에 판매되어 그 수명을 연장시키는 단순한 형태의 소비구조였다. 더불어 경제적으로도 드라마 한 편을 제작하여 제작비용 정도를 회수하는 수준이었다. 하지만 <겨울연가>는 국내가 아닌 해외, 그것도 문화강국이라 불리는 일본에서 의도하지 않은 방법으로 새로운 가능성을 발견하게 해줬다.

<겨울연가>가 가져다준 가능성을 살펴보면, 첫 번째로 '한류'[1]를 들 수 있다. 그러나 이것은 정확하게 '일본 내 한류'라고 표현하는 것이 맞다.

왜냐하면 '한류'는 <겨울연가> 이전에 중국과 대만에서 시작되어 하나의 용어로 이미 자리를 잡은 상태였기 때문이다. 따라서 '한류'가 <겨울연가>의 독자적 힘으로 성장한 것이라고 말하는 것은 적절치 못하다. 하지만 중국 등에서 시작된 '한류'에 비해 <겨울연가>가 창출한 '일본 한류'는 엄청난 산업적 파장을 가져왔으며, 그리하여 '한류' 드라마가 지향하는 가장 대표적인 사례로 <겨울연가>는 빼놓을 수 없는 상징이 됐다.

두 번째는 스타 탄생이다. <겨울연가>는 중상위권 수준의 배우였던 배용준을 한류스타의 대명사인 '욘사마'로 재탄생시켰다. 물론 다른 한류 관련 지역에서도 많은 스타들이 탄생했지만, '욘사마'는 스타 개인의 대중성에 그치는 것이 아니라 그의 인기가 경제적 시스템으로 변화하는 특징적인 사례였다. 이는 그동안 구멍가게 식으로 운영되던 연예산업이 기업형으로 변하는 계기가 되었다.

세 번째는 다름 아닌 'TV드라마 산업의 가능성'을 발견한 것이다. 아마 이것이 <겨울연가>가 보여준 가능성 중에서 가장 중요하고, 앞으로 한국 엔터테인먼트 산업 및 대중문화 산업을 변화시킬 수 있는 핵심적인 요소라 하겠다. 이전의 드라마는 앞서 언급했듯이 일반 영상물의 수준을 넘지 못했다. 물론 인기를 많이 얻은 드라마가 사회적으로 어떤 신드롬을 일으키고, 보통 배우를 스타로 만드는 일은 종종 있었다. 하지만 <겨울연가>처럼 한 편의 드라마가 다양한 형태의 직접적 소비상품을 창출하고, 파생상품을 통해 콘텐츠를 재창조하여 소비시장을 만들어낸 사례는 없었다.

<겨울연가>는 한국과 일본 양국에서 엄청난 규모의 경제적 파급효과와 다양한 형태의 제품들을 창출해냈다. TV드라마의 영상물적 틀(본방송, 재방송, 해외판매 식의 흐름)에서 벗어나 문화 콘텐츠 산업의 전형을 보여준

---

1) 한류(韓流)라는 용어는 1999년 중반 중국 언론이 사용하기 시작했으며, 국내에서는 2000년 2월 HOT의 중국 공연을 계기로 본격적으로 사용됐다.

것이며, 이는 '드라마 시장의 발견'이라 말할 수 있다.

즉, 하나의 TV드라마를 통해 다양한 콘텐츠를 소비할 수 있는 시장을 <겨울연가>의 해외판매 지역인 '일본'에서 발견했다. 드라마 속의 스타 캐릭터, 소품, 촬영지, 배경음악, 대본, DVD, 기타 기념 인쇄물 등 드라마 속의 모든 요소가 사람들의 오감을 통해 소비되고, 현금화될 수 있다는 사실을 알게 된 것이다.

사실, 이전까지 '문화산업'은 할리우드나 일본 혹은 유럽의 전유물이며, 한국에게는 아직 먼 산업분야로 여겨졌다. 한국의 문화 콘텐츠가 산업적 발전을 이룬다 해도 자국 내에서 회자되는 수준이지 경제적 성과를 창출하기에는 어려울 것이라는 생각이 지배적이었던 것이다. 이러한 통념 속에 <겨울연가>는 TV드라마가 기존 영화산업과 견주어 모자람이 없는 훌륭한 영상산업의 한 분야가 될 수 있음을 보여줬다.

<겨울연가>의 경제적 성과와 일본

<겨울연가>가 창출한 성과에는 두 가지 의의가 있다. 첫 번째는 사업 및 투자 측면에서 금전적인 수익과 파생상품화 시스템이 뛰어났다는 것이며, 두 번째는 기존 드라마가 상상하지 못했던 경제적·산업적 개념들을 획득했다는 것이다. 특히 <겨울연가>는 '거시경제에 미치는 영향'이라는 과제하에 검토된 첫 번째 TV드라마이기도 했다.

일본제일생명경제연구소는 2004년 12월 10일 <겨울연가>를 통해 이뤄진 경제적 파급효과가 한국의 경우는 약 1조 1,906억 원이었고, 일본의 경우는 1,225억 엔이었다고 발표했다.

물론 여기에 나타난 수치의 정확성은 국내의 경우 직접적으로 검증하기에는 다소 무리가 있다. 국내 파급효과의 경우는 주로 <겨울연가> 촬영지에 대한 관광수입과 주변 상권의 경제적 파급효과를 추측해서 산정한 것이기 때문에 드라마의 직접수익이라 말하기에는 명확하지 못하다.

그러나 일본의 경우는 체계화되지 못한 한국의 수치상황과 비교했을 때 상당히 구체적이고 직접적이다. 예를 들면, 2003년도 NHK의 수익 중 약 35억 엔은 <겨울연가> 관련 매출이었다. DVD 및 비디오 매출이 25억 엔, 서적 및 잡지 매출이 10억 엔이었다. 이 외에도 소설은 2004년 12월 기준으로 122만 부, <겨울연가> 가이드북은 43만 부의 직접매출을 올렸으며, 이를 파생으로 한 각종 상품과 경제가치까지 고려한다면 1,225억 엔이라는 거시경제 효과의 수치는 충분히 설득력이 있다.

또한 아직도 지속되고 있는 <겨울연가>의 생명력과 상품력(<겨울연가>는 이후 뮤지컬, 드라마 콘서트 등으로 만들어졌으며, 2009년에는 <겨울연가> 애니메이션판[2])이 일본에서 상영됐다)을 고려해보면 경제적 효과는 아직도 진행형이라 할 수 있다.

이러한 경제적 성과는 드라마가 단순 방송물에서 다양한 가치를 창출해내는 문화 콘텐츠로 진화했다는 사실을 보여주며, 직설적인 표현을 빌리자면 "우리도 이제 TV드라마를 통해 돈을 벌 수 있는 다양한 사업기회를 만들 수 있게 된 것이다."

드라마 자체가 거대한 상품그룹의 원천으로 작용하여 원래 TV드라마의 차원을 넘어 소비되고 재생산되면서 할리우드 영화만이 가능하다고 생각했던 영상산업의 형태를 한국은 드라마에서 발견하고 산업적으로 진척시켜 나가게 됐다.

여기서 중요한 배경이 있다면 바로 일본이라는 시장의 특성이 <겨울연가>의 산업적 활용도를 극대화시켰다는 점이다. 실제 <겨울연가> 이전에 이미 '한류'라는 용어는 정착되어 있었다. 하지만 일본처럼 다양한 상품의 개발과 확대 그리고 소비자 창출을 이루지는 못했다.

---

2) 애니메이션 <겨울연가>는 TV시리즈용으로 전체 26화로 제작됐으며, 2009년 10월에서 2010년까지 일본에서 위성채널로 방영됐다. 일본이 프리-프로덕션을, 한국이 메인-프로덕션을 담당했으며, 배용준과 최지우가 목소리 주인공으로 참여하여 드라마의 감성을 그대로 이어갔다. 관련 홈페이지는 http://anime-wintersonata.com/

중국에서는 <별은 내 가슴에>가 <겨울연가>보다 일찍 한류의 바람을 만들었다. <별은 내 가슴에>는 <겨울연가>와 내용적인 흐름은 다르지만 멜로적 감성이나 갈등구조는 트렌디 드라마[3]로서 유사했다. 더불어 주인공으로 출연한 안재욱은 중국에서 엄청난 인기를 끌었다. 하지만 출연배우의 이러한 폭발적인 인기에도 <별은 내 가슴에>는 <겨울연가>와 같은 산업적 기폭제는 되지 못했다.

이러한 차이에는 일본이라는 나라의 문화산업적 특징이 작용했다. 일본은 이미 아시아권을 넘어 세계적으로 문화상품 개발 및 시스템에서 최상위 그룹에 있다. 특히 만화 및 캐릭터 시장에서는 전 세계 시장의 70%가량을 점유하고 있는 강국으로 다양한 문화상품의 머천다이징 능력을 보유하고 있다. 바로 이러한 점이 작용하여 <겨울연가>가 상상 이상의 경제적 가치를 창출할 수 있었다고 볼 수 있다.

일본의 많은 기업들은 <겨울연가>가 중장년 여성층에게 인기를 모으자 다양한 상품을 개발하여 공급했고, 이들 사이에서 엄청난 소비가 일어났다. 이러한 소비패턴은 '욘사마' 및 '욘겔지수'라는 신조어를 탄생시켰으며, 중장년 여성층을 중심으로 계층적 대유행을 만들어냈다.

'욘사마'는 배용준의 '용'과 일본어의 극존칭인 '사마'의 합성어로서 극중 주인공인 배용준에 대한 스타 신드롬을 반영하며, '욘겔지수'는 '배용준'과 '엥겔지수'를 합친 합성어로서 급증하는 <겨울연가> 및 배용준 관련 상품의 소비상태를 표현하는 신조어다. 이는 <겨울연가> 관련 상품이 얼마나 급속하게 유행되고 많이 소비됐는지를 알려주는 사례라 하겠다.

그리고 이러한 성공과정을 통해 문화산업 또는 영상산업이 어떻게 발전 및 변화하여, 다양한 소비시장을 창출할 수 있는지 알려줬다.

---

3) 일본식 방송용어로 스토리 위주의 기존 드라마 형식에서 벗어나 젊은 층의 유행, 관심, 생활 등 라이프 스타일 묘사에 더 비중을 두는 감각적인 영상이 특징인 드라마를 지칭한다. 국내에서는 1992년 MBC에서 방영된 <질투>를 시초로 보고 있으며, 이 드라마가 큰 성공을 거둔 이후 수많은 미니시리즈의 기본 형식 중 하나로 자리 잡게 된다.

<겨울연가>는 직접적인 수익을 통해 일본의 대중문화 상품 시스템과 시장가치 능력을 학습시키는 기회를 만들어줬으며, 이는 한국 드라마가 산업화되는 기초적인 배경지식으로 작용했다. 바로 이것이 <겨울연가>가 올린 최고의 산업적 성과인 것이다.

드라마 <겨울연가>

2002년 국내에 방영되어 상당 기간에 걸쳐 꾸준한 생명력을 보여주고 있는 <겨울연가>는 어떤 형태의 드라마였는가? 개괄적인 형태로 <겨울연가>의 요소들을 검토해보기로 한다.

우선, <겨울연가>는 <가을동화>라는 작품의 유명세로 팬층을 확보한 스타 연출자인 윤석호 감독의 계절 시리즈 두 번째 작품이다. 윤석호 감독은 <가을동화>, <겨울연가> 이후 <여름향기>, <봄의 왈츠>를 연출하면서 드라마 계절 시리즈를 마무리했다.

윤석호 감독은 이러한 계절 시리즈에서 첫사랑에 대한 추억과 순수한 사랑이라는 요소를 아름다운 영상미와 감미로운 음악을 바탕으로 일관되게 보여줬다.

극의 주된 내용은 여주인공이 어린 시절 교통사고로 죽은 줄 알았던 첫사랑을 성년이 되어 만나고, 다시 시작되는 사랑의 과정에서 일어나는 갈등과 삼각관계다. 핵심적인 갈등요인은 남자 주인공의 기억상실증과 또 다른 연인과의 관계로서, 행복하면서도 다소 슬픈 이야기로 마무리되는 청춘멜로의 기본적인 감수성을 보여주고 있다.

<겨울연가>는 윤석호 감독의 연출구성과 이 당시 신예에 해당하는 윤은경, 김은희 두 작가의 스토리가 결합되어 만들어졌다. 특히 윤석호 감독의 작품에서 나타나는 방향성은 계절드라마 시리즈에서 지속적으로 일관되게 표현된다.

주연배우로는 배용준, 최지우, 박용하 세 사람이 삼각관계로 등장했다.

이 세 배우는 그 나름대로 주연급 배우로서의 능력을 여러 작품에서 보여 주기는 했지만, 그 영역은 국내에 한정된 것이었고 아시아나 일본에서의 지명도는 거의 없던 상태였다.

드라마가 대성공한 이후 배용준과 최지우는 '욘사마'와 '지우히메'[4]로 호칭되면서 빅스타로 떠오르게 됐다.

시청률 면에서 <겨울연가>를 살펴보면, 국내에서는 2002년 1월 14일에서 3월 19일까지 KBS2에서 총 20회의 미니시리즈가 방영됐고, ABG닐슨 미디어리서치 기준 시청률은 16%대에서 시작하여 최고 28.8%를 보여 평균적으로는 23.1%를 기록했다. 이러한 시청률은 당시 경쟁 프로그램이었던 MBC <상도>의 평균 17%대와 SBS <여인천하>의 평균 35%대와 비교해볼 때 중상위권 수준이었다.

이렇듯 <겨울연가>는 윤석호 감독의 작품에 대한 일관된 기획, 연출력을 제외하고는 신인급의 작가, 빅스타라고 부르기에 아직은 부족한 출연배우, 중간 정도의 시청률, 더불어 중간급 규모 수준의 제작사 능력 등으로 국내에서는 이렇다 할 큰 이슈를 창출하지 못했다.

그러나 일본에서는 다른 양상을 보였는데, 2003년 4월 NHK BS2위성에서 밤 10시대에 최초 방영되어 위성방송으로는 높은 시청률인 1.1%대를 기록했다. 이러한 호응도를 기반으로 2003년 12월에 재방송이 됐고 지속적인 재방송에도 꾸준한 인기를 보이자 2004년 4월 NHK는 지상파를 통한 방영을 결정했다.

그리고 밤 11시대에 방영되어 평균 시간대 시청률인 3%대보다 높은 9.3%의 시청률(1회)을 기록했으며 8회부터는 15%대를 기록하며 일본 드라마 시청률 톱10에 들었고, 최종회에는 20.6%를 보여 드라마 부문 시청률 1위를 차지했다.

---

4) <겨울연가>로 인기를 얻은 최지우의 일본 별명으로서 최지우의 '지우'와 공주, 여신, 아가씨라는 의미를 가진 일본어 '히메(姬)'의 합성어다.

일본에서 <겨울연가>는 지속적인 재방송에도 불구하고 높은 시청률을 꾸준히 유지하며 그 폭을 더욱 넓히는 인기를 보여줬다. 더불어 2004년 12월에는 <겨울연가> 원본을 더빙 없이 일본어 자막으로 처리해 네 번째로 방영할 만큼 한국과는 엄청난 차이의 인기를 보였다. 그리고 이러한 일본 내 인기를 바탕으로 한국에서도 <겨울연가>에 대한 인기가 다시 일었다.

2. TV드라마의 성장과 발전

한국 TV드라마의 발전과정은 연구방법에 따라 다양하게 논의될 수 있다. 시대순에 따라 역사적인 형태로 나눌 수도 있고 기술 및 법률적인 사건에 따라 구분할 수도 있다.

이 책은 드라마가 산업화되는 흐름을 주요 관심사로 선정하고 시대적 흐름에 따라 3기의 드라마 발전과정을 살펴보고자 한다. 이는 통사적인 형태와 법률적인 사건을 중심으로 구분한 것으로, 드라마 역사의 산업적인 확장을 검토하는 데 적절한 선택이라고 할 수 있다.

먼저 3기의 구분을 간략하게 살펴본다면, 우선 1기는 방송국 개국 시점인 1960년대 초에서 1990년까지로 설정했다. 이 기간은 산업적 흐름보다는 방송역사의 시작과 완성이 이뤄지는 시기로 드라마 역시 하나의 완전한 형태가 만들어지는 기간이라 할 수 있다.

2기는 1991년에서 2001년까지로 설정했는데, 이 시기의 주요한 이슈는 외주제작 제도 도입과 활성화다. 물론 2001년 이후에도 외주제작 제도는 지속되고 있지만 1990년대의 10년은 이 제도의 도입과 활성화 차원에서 이전 시기와는 다르며 2002년 이후의 산업적 변동을 맞이하기 위한 토양의 구축이라는 점에서 다른 시기와 확연히 구분된다.

3기는 2002년에서 현재까지로, 이 기간의 핵심 이슈는 '한류'로 표현되는 한국 드라마의 아시아권 확산이다. 이전 시기에서는 볼 수 없었던 해외시장 영역이 핵심적인 내용으로 존재하는 것이다.

이러한 관점으로 1기는 'TV드라마의 정립시기', 2기는 '외주제작의 도입 및 발전기', 3기는 '아시아 시장 진출 및 안정기'라는 구성을 만들어낼 수 있다. 물론 향후 또 다른 차원의 4기가 형성될 것이다. 그것은 아시아 시장을 넘어 세계적인 영역으로 확대될 수도 있고 혹은 또 다른 법률, 제도 및 기술의 도입에 따른 변화일 수도 있다. 중요한 것은 이러한 시기적 규정은 2010년을 중심으로 설정한 것이며, 이후에도 계속해서 진화 또는 후퇴할 수 있다는 것이다.

1기: TV드라마의 정립기(1960~1990년)

이 시기는 TV드라마의 원형에 속하는 내용 및 기술들이 만들어지는 시기다. 시간적으로는 30년이라는 기간에 해당하며, 현재의 경제력 및 기술력에 비교한다면 그 수준이 현저히 떨어지는 시기다.

1956년 9월 최초의 상업방송국인 HLKZ에서 <사형수>라는 드라마가 방영되면서 한국 TV드라마의 역사가 시작된다. 물론 이전에 15분짜리 <천국의 문>이라는 작품이 있었지만 이는 드라마로 평가되지 못했다. 이후 드라마는 1961년 KBS, 1964년 TBC, 1969년 MBC의 개국을 거치면서 발전해왔다.

1960년대의 특징을 보면 편집 및 녹화기술이 없었던 시기인 만큼 모든 드라마는 생방송으로 방영됐으며, 형식적인 면에서는 기존 연극분야의 인력이 방송국에 편입되었기 때문에 자연스럽게 연극적 요소를 기반으로 한 드라마가 TV를 통해 방영되는 형태를 띠었다.

더불어 또 다른 주요 사항은 드라마가 방송국 간의 시청자 확보 경쟁에 핵심적인 도구로 작용했다는 것이다. 그리고 이러한 드라마의 역할은 지금까지도 이어진다.

이 당시 주요 드라마를 보면, 1964년 TBC에서 최초의 일일드라마 <눈이 내리는데>가 방영됐으며, 1968년 방영된 <서울이여 안녕>의 경우이미자가 부른 드라마 주제곡이 큰 인기를 끌기도 했다. 이후 여러 장르의드라마들이 선을 보이며 대중적 인기 기반을 만들어갔다.

드라마 경쟁이 날로 치열해지자 TBC는 제작인력 및 배우들에게 전속제를 실시하여 타 방송사에서의 활동을 제한시켜 관련 부문의 차별성을강화했으며, 이는 향후 방송사별 전속배우 제도를 시행하는 데 출발점으로작용했다. 또한 나옥주, 안은숙 등의 TV드라마 스타들을 배출했다. 이는1960년대 TV드라마가 이룬 최고의 성과로서 드라마가 대중적 인기를확보하는 핵심적인 시스템으로 발전하게 되었음을 보여준다.

1970년대에는 녹화 및 편집이 가능한 VTR이 도입되면서 드라마 제작환경에 일대 변화가 일어났으며, 드라마의 내용적 완성도에서도 원형적인양식이 탄생했다.

특히 1972년에 KBS의 <여로>는 211회 동안 방영되면서 엄청난 대중적 인기를 누려 일일드라마의 전기를 마련했다. 또한 같은 해 MBC에서방영된 <새엄마> 역시 큰 인기를 누리며, 훗날 한국 드라마 발전에주요한 영향력을 행사하는 작가 김수현을 세상에 알리게 된다. 이렇듯<여로>와 <새엄마>는 대중적 인기 속에 일일드라마의 전형을 완성하며 한국 드라마의 대표적인 체제로 성장했다.

이 외에도 다양한 형태의 드라마들이 방영됐는데, 1971년 MBC의 <수사반장>이 수사극의 전형을 보여줬으며, 1974년에는 최초의 유럽 현지로케 드라마인 <꽃피는 팔도강산>이 KBS를 통해 방영됐고, 1976년에는주말드라마의 효시 격인 <결혼행진곡>이 TBC를 통해 방영됐으며, 1977년 KBS의 <전설의 고향>, 1979년 KBS의 <토지>, TBC의 <야 곰례야>등이 방영되며 대중적인 인기와 화제를 생산했다.

TV드라마 산업의 수익구조와 현안

1970년대에는 한마디로 TV드라마의 급속한 장르적 성장과 다양화가
이뤄졌으며, 대중적으로 빅히트한 드라마들이 속출했다. 이들 드라마에
출연한 배우들도 대중적 인기 속에 빅스타로 성장했다. 즉, 드라마는 드라
마 자체를 넘어 연예인들의 스타성을 꽃피우는 창구로서 기존 영화와
같은 인기를 누리게 됐다.

1980년대의 TV드라마는 컬러TV 시대에 진입하여 다양한 볼거리 및
화려한 영상미를 보여준다. 그러나 이 시기는 정치적 혼란기로서 신군부에
의한 사회규제와 통제가 이뤄져 방송분야는 다른 대중문화 영역처럼 다양
한 성장을 이루지 못했다. 우선적으로 언론 통폐합이 이뤄지면서 TBC가
KBS에 통합되었고 KBS와 MBC에 의한 양대 공영방송 체제가 시작됐다.

1980년대에는 기술적으로는 컬러TV가 도입됐지만 드라마의 장르적
다양성과 방송사 간의 경쟁구도가 약화되면서 1970년대에 나타났던 다양
성은 상대적으로 떨어졌다. 그러나 아이러니하게도 이러한 소재 제한은
정치적 성향과 거리가 있는 멜로드라마와 홈드라마를 발전시키는 결과를
가져왔으며, 이후 1990년대 전성기를 맞이하는 멜로드라마의 전형을 만들
게 된다.

이 시기 눈여겨볼 드라마 프로그램으로는 MBC의 <베스트셀러극장>
과 KBS1의 <TV문학관>을 들 수 있다. 이 두 프로그램은 연속극 형태가
아닌 단막극 형태로 기존의 명작소설 혹은 베스트셀러 작품 등을 각색하여
방영했다. 이 두 프로그램을 통해 양 방송사의 연출자 및 작가들은 기존
연속 드라마에서 시도하기 어려웠던 다양한 영화적 기법 및 영상을 실험할
수 있었으며, 이는 향후 한국 드라마의 완성도와 영상미 발전에 주요한
자양분 역할을 했다.

1960년에서 1990년까지 1기의 내용을 검토해보면 TV드라마의 내용
및 형식에서 완성을 이뤘다는 점과 스타를 발굴하는 창구로서의 역할을
가져왔다는 점이 주요 핵심이라고 할 수 있다. 더불어 1980년대 신군부의

집권은 드라마의 소재와 장르적 다양성을 위축시켰으나 2000년대 초 '한류'를 촉발시킨 멜로 및 홈드라마를 발전시키는 아이러니를 촉발한다.

2기: 외주제작 정책 도입 및 발전기(1991~2001년)

1990년대 이전이 드라마 자체에 집중됐던 시기라면 2기의 중점은 제작 주체의 다양성에 있으며, 그 중심에는 1991년에 고시된 「방송법」 제72조와 「방송법시행령」 제58조에 따른 '방송 프로그램 의무 외주비율'[5]이 있다.

이 법의 취지는 첫째, 방송사가 독점하고 있는 제작 시스템을 다양한 공급주체로 전환하는 것이며, 둘째, 프로그램의 다양성을 확보하는 것이고, 마지막으로는 국내 방송제작시장의 국제 경쟁력을 강화하는 데 있었다. 이는 방송국 독점체제의 기존 방송시장에 대한 다변화가 주요한 목적이었으며 또한 외부제작자가 방송물을 제작하여 방송사에 납품할 수 있는 구조를 탄생시켰다.

물론 이러한 외주제작 제도의 도입은 이 제도를 바라보는 시각에 따라 여러 가지 문제를 거론하게끔 했다. 제도의 도입 취지와는 다르게 방송 제작물 간의 경쟁으로 상업성만 지나치게 키우고 있다는 부작용을 우려하는 목소리가 제기된 가운데 이 제도에 대한 논란은 계속 진행형이다. 그러나 산업적 차원에서 접근할 때 이 제도의 시행이 보다 많은 다양성과 경쟁력을 창출하여 산업적 가치를 확장시킨 것은 분명하다.

이 제도는 외주제작 의무비율의 확대에 맞춰 성장이 이뤄졌다. 제도 초기인 1993년까지는 방송사의 외주 의무비율이 3% 정도였으며, 방송사

---

5) 방송 콘텐츠 산업의 다양한 제작주체 양성과 경쟁력 제고를 위해 방송사가 일정 비율 이상을 외주제작 프로그램으로 의무편성하도록 1991년 도입된 제도로서 현행 「방송법」에 따르면 방송사는 외주제작사가 제작한 프로그램을 방송통신위원회가 고시하는 비율만큼 의무적으로 편성해야 한다. 현재 지상파 방송사의 경우 40%까지(자회사가 제작한 프로그램은 30%까지) 의무편성을 해야 한다.

(단위: %)

구분		KBS1	KBS2	MBC	SBS
1991년		3	3	3	3
1992년		4	5	5	5
1993년		7	10	10	10
1994년	봄 개편	10	13	13	13
	가을 개편	13	15	15	15
1995년		13	15	15	15
1996년		16	18	18	18
1997년	봄 개편	19	19	19	19
	가을 개편	20	20	20	20
1998년		20	20	20	20
1999년	봄 개편	20	20	20	20
	가을 개편	20	20	20	20
2000년	봄 개편	20	20	20	20
	가을 개편	22	22	27	27
2001년	봄 개편	24	22	29	29
	가을 개편	26	24	31	31
2002년		28	28	33	33

자료: 김대호(2008: 11).

들은 자신의 계열사를 통해 교양 중심의 프로그램을 공급받아 의무비율을
충당했다. 그러나 이러한 구조는 이 제도의 목적인 방송산업 활성화와는
거리가 있었으며, 제작방식에서도 방송사의 지시를 받아 계열사가 하청을
받아 진행하는 수준에 머물러 방송산업의 개방과는 거리가 있는 결과를
가져왔다.

  이러한 의무제작 비율은 1994년 15%, 2001년 30%대를 거치면서 현재

40%대까지 급증해 각 방송사는 교양 중심의 계열사 제작 프로그램으로는 해당 비율을 채울 수 없게 됐으며, 이로 인해 시간 편성이 큰 드라마가 주목을 받게 됐다.

그리하여 1994년 삼화프로덕션이 <작별>이라는 57부작 드라마를 SBS에 납품하면서 본격적인 드라마 외주제작 시대를 열게 됐다. 그리고 1995년에는 MBC의 스타 PD인 이관희 씨가 독립하여 이관희프로덕션을 설립했고 뒤를 이어 김종학, 이진석 등의 스타 PD들이 기존 방송사를 나와 제작사를 설립했다. 또한 1997년 '방송사의 특수관계 계열사 외주비율 제한조치'의 시행으로 드라마 외주제작 비율의 실질적인 상승이 가속화되어 스타 PD들의 독립이 더욱 확대됐다.

이 당시 가장 주목할 만한 제작사는 삼화프로덕션으로서 인기작가(김수현 작가)와 연출자(이장수 PD)의 장기계약을 통해 방송사로부터 안정적인 편성 확보 시스템을 보여줬다. 방송사 입장에서도 검증된 작가와 연출자로 이뤄진 장기계약 외주제작사는 작품의 완성도 및 시청률 등에서 신뢰할 수 있는 시스템이었다.

이는 외주제작사가 가질 수밖에 없는 방송편성의 문제를 해결하는 것으로, 향후 이러한 모습은 한국의 외주제작사가 편성을 확보하는 주요한 모델 중 하나가 됐다.

1990년대는 외주제작 비율의 확대에 따른 외주제작시장의 형성과 이에 따른 방송국 주요 인력의 민간 외주제작사로의 이동과 독립이 큰 이슈가 된 시기라 할 수 있다. 이 기간에 방송사 중심의 안정적인 제작인력 체계는 다변화되는 외부제작 시스템으로 진입하면서 산업적인 경쟁체계를 가지게 됐다.

이 당시 드라마의 형식적인 특성으로는 트렌디 드라마의 시작을 꼽을 수 있다. 1992년 MBC에서 방영된 <질투>는 시청자들에게 높은 인기를 끌면서 트렌디 드라마의 전형을 보여줬다. 이는 한국 청춘멜로 드라마의

대표적인 양식으로 성장하면서, 미니시리즈라는 드라마 형식과 접목되어
2000년대 한류드라마의 대표 형식으로 발전하게 된다.

3기: 아시아 시장 진출 및 안정기(2002년~현재)

<겨울연가>로 대표되는 상업적 한류의 성공은 기존 방송사 중심의
시장구조에서 드라마 제작사들로 하여금 일본 및 아시아 시장으로의 영역
을 넓히는 계기를 마련해줬다.

특히 일본에서의 다양한 드라마 파생상품의 발견 및 성공은 다른 아시아
권에 적용되어 드라마를 중심으로 한 문화상품화 전략으로 수행됐고 영상
산업의 '원소스 멀티유즈(One Source Multi-Use: OSMU)'[6]를 이뤄냈다. 이
기간에 변화의 최고점은 드라마 제작사에 대한 투자와 문화산업적 접근이
이뤄진 것으로, 1인 오너 중심의 단편적이던 드라마 제작사들이 경영 및
투자유치를 기반으로 한 기업 시스템으로 진화하게 된다는 점이다.

2002년 이후 한류시장을 목표로 한 드라마 제작사의 설립은 아시아 전역
에 한국 드라마가 진출하는 일대 전기를 만들게 된다. 일본, 중국, 대만을
넘어 동남아시아 지역인 베트남, 태국 등에서 한국 드라마의 인기와 수요가
폭발했으며, 이러한 드라마의 성공으로 배용준, 최지우, 이병헌, 송혜교,
권상우, 이영애, 현빈, 김선아, 정지훈(비) 등의 한류스타들이 배출됐고 이와
함께 드라마 파생상품의 성공이 이어졌으며, 이런 기반을 통해 매니지먼트
및 엔터테인먼트 관련 산업 전반이 기업화되는 모습을 보여줬다.

주요 드라마들을 검토해보면, 일본에서 성공신화를 이룬 <겨울연가>
를 필두로 <올인>, <천국의 계단>, <대장금>, <풀하우스>, <내

---

6) 하나의 원천 콘텐츠를 기반으로 다양한 장르와 매체를 활용한 부가 파생상품을 개발하여
수익 극대화를 추구하는 마케팅 전략을 말하며, 특히 문화산업 분야에서 주요하게 다뤄지
는 내용이다. 일본에서는 미디어 믹스(メディアミックス, 하나의 상품 또는 미디어
소스를 여러 미디어 형태로 확장하여 전개하는 전략으로 광고용어로 자주 사용됨)라는
용어로 사용하며, 영어로는 'Media franchise'에 가깝다.

이름은 김삼순> 등이 일본 및 중국, 베트남, 태국 등 아시아 지역에서 성공했고, 형식 면에서도 트렌디 드라마뿐만 아니라 가족 중심의 일일드라마 및 주말드라마도 인기를 끌었다. 특히 <겨울연가>에 이어 <대장금>의 빅히트는 한국 드라마의 해외시장 개척에 큰 공헌을 했다.

이러한 한류드라마의 성공 추세는 드라마 제작의 대형화와 다국적화를 이뤄냈는데 2007년 <태왕사신기>의 경우, 김종학프로덕션, 배용준, 일본 투자자금이 결합하여 400억 원 규모의 24회 대작드라마를 제작했고 한국, 일본, 중국 등지에 방영되어 많은 화제를 모았다.

이 드라마는 상업적 결과를 떠나 한국 드라마의 참여자가 국내를 넘어 아시아권으로 확대됐음을 보여주며, 한국 드라마의 콘텐츠 능력이 아시아 문화상품 시장에서 주요한 역할을 할 수 있을 정도로 성장했음을 알려주는 사례라 할 수 있다.

그러나 드라마의 이러한 성공과 대형화는 외주제작사 간의 경쟁을 심화시켜 인기 있는 한류스타의 출연료가 급등하는 결과를 가져왔으며, 인정받은 스타 작가들의 원고료는 한류스타의 출연료 못지않게 대폭 인상이 요구됐다. 2003년 이전 1,000만 원대였던 최고 출연료가 단숨에 수천만 원 대 혹은 억대로 급등해 드라마 제작환경의 악화를 불러오게 됐다.

대형규모로 제작된 드라마는 해외수출 시 편당 가격을 상승시켜 일본 및 아시아권에서 한국 드라마의 가격 경쟁력을 떨어뜨렸고, 내용 면에서도 지나치게 스타에게만 의존한 결과, 콘텐츠의 중요성이 약화되어 양적 저하와 함께 질적 저하를 가져왔다. 더불어 한류스타 및 관련 매니지먼트 기업들의 수익 중심적인 행동과 지나친 한류드라마의 확장은 일본, 중국 등의 지역에서 혐한류, 반한류라는 문화적 반감으로 표출되어 한국 드라마의 아시아 확산이 주춤하는 결과를 가져왔다.

국내적으로는 방송사와 외주제작사 그리고 스타 출연자들 간의 저작권 문제가 이슈화되어 드라마 제작주체 간의 힘겨루기가 진행됐고, 이러한 저작권 문제는 다른 문화 콘텐츠 저작권 문제와 결부되어 아직도 적절한 해결책을 제시하지 못한 채 드라마의 주요한 산업적 과제로 남아 있다.

앞서 살펴본 3기 과정의 주요 특징을 정리해보면, '시장의 발견과 수익 구조 달성'이라는 산업적인 측면과 '저작권'이라는 핵심 과제의 발견을 들 수 있다. 더불어 산업 전반으로는 드라마 산업의 세 주체인 제작영역의 드라마 제작사, 배우영역의 매니지먼트사, 편성 및 방송영역의 방송사가 정립된 기간이라 하겠다. 물론 드라마 제작사와 매니지먼트사의 결합이 진행되고 있는 상태지만, 근본적으로 분류했을 때 세 영역의 구분은 지속적으로 유지될 것이다.

힘의 영역에서도 1기와 2기 때 그 중심이 방송사에 있었다면, 3기에서는 각 주체 모두가 힘의 영역에서 균형을 찾아가고 있다. 결과적으로 3기 발전과정에서 각 주체들의 산업적인 합의와 신뢰 없이는 드라마 산업의 발전이 어려움을 학습한 것이라고 볼 수 있다.

3. 드라마 한류의 탄생과 전개

한류드라마의 시작

드라마 한류는 중국으로부터 시작됐으며, 또한 드라마가 인기를 얻기 이전에 이미 한국의 댄스가수들이 큰 사랑을 받으며 중국 대중문화와 한국 대중문화의 거리를 좁혀가고 있었다. 그리고 이러한 흐름은 대만 및 동남아시아권으로 그 영역을 확장해갔다.

이처럼 한국 드라마가 시발점인 중국에서 한국 대중문화의 인기는 1999년 '한류'라는 명칭으로 표현된 후 지금까지 전개되고 있다.

최초의 한류드라마는 (시점에 따라 다를 수 있으나) 1997년 중국에서 외화 사상 두 번째로 높은 시청률(4.3%)을 기록한 <사랑이 뭐길래>를 꼽을 수 있을 것이다. 이 드라마의 인기로 중국에서 한국 드라마에 대한 관심이 본격화됐다. 하지만 이 드라마는 우리가 말하는 대중문화적 화제성을 만든 한류의 본격적 산물이라고 보기에는 그 범주가 드라마 자체에 국한되어 있었다. 즉, 드라마의 인기가 스타적 화제성이나 대중문화적 활로를 만들었다고는 볼 수 없다. 하지만 이 드라마의 인기는 한국 드라마에 대한 중국 방송사들의 수요를 보다 쉽게 이끌어냈고, 1999년 본격적인 드라마 한류의 시작이라 할 수 있는 <별은 내 가슴에>의 성공을 예고한다.

<별은 내 가슴에>의 성공은 이전 한국 드라마가 보여준 성공과 다르게 출연배우인 안재욱, 차인표 등을 중국에서 빅스타로 만들었고 이들에 대한 엄청난 인기와 열기는 한국 드라마에 대한 젊은 층의 선호 열풍을 반영한 것이었다. 물론 상업적으로도 드라마 소품 및 관련 이미지들이 많은 인기를 끄는 위력을 보여줬다. 그리고 2002년 <가을동화>가 방영되면서 한국 드라마는 대중문화 상품으로 중국 대중에게 자리 잡게 됐다.

중국에서 한국 드라마의 정착은 향후 한류드라마의 아시아 지역 확장에 큰 의미를 가지게 되며, 이는 한국 드라마 확산에 시발점으로 중국과 대만 두 지역이 창구 역할을 수행하게 된다는 의미다.

한국 드라마의 인기는 네 지역을 거점으로 전개된다. 그 첫 번째 지역은 앞에서 기술한 중국으로, 한국 드라마는 중국 동부에서 내륙, 몽고 그리고 서부지역을 거쳐 실크로드를 따라 중앙아시아 지역으로 진출한다. 이러한 진출은 한국 드라마와 관련된 기업의 의도에 의한 것이 아니라 문화적 전파라는 민간 흐름을 타고 이뤄지는 것이다.

두 번째 지역은 대만으로, 중국과 비슷한 시점에 한국 드라마의 인기가 일어났다. 특히 2001년 방영된 <가을동화>는 대만 지역의 전체 프로그램 시청률 1위를 차지하며 엄청난 인기를 모았다. 또한 이러한 인기는 2002년 <겨울연가> 등 30편의 한국 드라마 방영으로 이어지면서 대만에서 한국 드라마의 전성기가 이뤄진다. 이러한 인기는 중국, 홍콩 등과 상호작용을 일으켜 화교권 국가 및 지역에 전파되는 경향으로 나타난다. 특히 대만의 경우 한국 드라마를 더빙하여 화교권 등지에 수출하면서 한국 드라마의 동남아시아 지역 확산에 중요한 역할을 했다.

이러한 경로를 따라 필리핀, 인도네시아, 말레이시아, 싱가포르 등에도 한국 드라마가 유입됐는데, 종교적으로 이슬람 문화권인 인도네시아 및 말레이시아로의 확대는 아시아 해양경로를 따라 서아시아를 거쳐 이슬람 지역까지 한국 드라마가 진출하는 결과를 만들었다. 따라서 대만에서 한국 드라마의 인기 역시 아시아 지역에서 한국 드라마가 확대되는 데 중요한 의미를 가지며, 이 시기 <가을동화>, <겨울연가>는 한국 드라마의 붐을 조성하는 첫 시발점 역할을 한다.

세 번째, 한국 드라마의 열기는 베트남으로 이어진다. 베트남에서 한국 드라마에 대한 열기는 중국, 대만 및 일본에서 일어난 '한류' 이상의 인기를 나타냈는데, 이 지역에서의 인기는 화교권을 중심으로 한 한국 드라마 전파에서 벗어나 문화 콘텐츠의 독자성을 발휘하면서 동남아시아에서의 확대를 보여준다.

베트남에서 첫 방영된 한국 드라마는 1997년 <느낌>이었으며, 1998년 <의가형제>는 출연배우인 장동건을 베트남 국민배우로 만들었다. 이후 <유리구두> 등이 지속적인 인기를 끌면서 베트남에서의 한국 드라마 진입이 안정화된다.

베트남에서의 '드라마 한류'는 드라마뿐만 아니라 한국제품 및 한국기업에 대한 호감도를 증진시키는 촉매제로 작용했다. 베트남에 진출한 국내 기업들은 드라마 스타들을 동원하여 각종 홍보 및 광고를 진행함으로써 시장 진출에 많은 효과를 봤다. 특히 국내 화장품 회사의 경우 한류드라마로 인기가 높은 김남주를 모델로 내세워 베트남 화장품 시장에 진출하여 점유율 70%를 차지하기도 했다. 이 외에도 많은 한국기업들이 한국 드라마의 인기를 타고 수익창출 및 시장 점유율 향상을 이뤘다.

〈그림 1-1〉 **초기의 한류 발생지역과 전파경로**

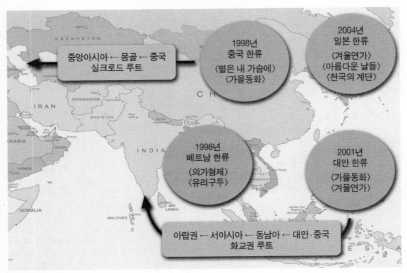

베트남의 '드라마 한류'는 한국의 이미지와 한국기업, 더 나아가 한국제품의 선호도를 끌어올려 시장을 창출하는 문화 이미지의 촉매제로서 역할을 했다. 물론 드라마에 나온 많은 파생상품들 역시 베트남에서 큰 인기를 끌었다.

중국, 대만과 베트남을 거친 한국 드라마의 열기는 이러한 거점을 바탕으로 점차 아시아 시장을 서쪽 방향으로 확대해나갔다. 이 시장의 초기 특징을 보면 드라마를 산업적으로 평가하게 만들었다기보다는 한국제품을 소비하는 촉매제로서의 역할을 수행하여, 한국 및 한국제품의 이미지를 개선시키는 모습을 보여줬다고 할 수 있다. 더불어 드라마 인기에 따른 파급효과로서 문화상품에 대한 소비도 상당 부분 이뤄진 것은 사실이지만, 주로 방영권 수익이 주요한 영역이었으며 일본과 같은 다양한 부가상품의 직접매출이 이뤄져 방송사 및 제작사로 그 수익이 돌아가지는 못했다. 물론 이러한 여건은 2000년대 중반에 접어들면서 이 지역 국가들의 경제

30   TV드라마 산업의 수익구조와 현안

성장과 맞물려 다른 양상을 보여줬고 드라마와 관련된 직접수익이 만들어지게 됐다.

네 번째 지역은 '드라마 한류'를 산업적으로 접근하게 하면서 드라마 산업 발전의 중요한 거점이 되는 일본이다. 일본의 '드라마 한류'는 타 지역과는 다른 중요한 양상을 보여주는데 그것은 다름 아닌 다양한 파생상품의 창출과 재생산을 통한 수요 창출이며, 이러한 영역은 한국의 대중문화 산업을 근본적으로 발전시키는 주요한 역할을 담당했다. 그리고 현재 일본은 한국 드라마 산업의 첫 번째 해외시장으로 자리 잡게 됐다.

일본 내 한국 드라마의 열기는 중국권이나 베트남과는 독립된 형태로 시작됐다. 특히 두 지역에서 젊은 층을 통해 한국 드라마가 정착됐다면, 일본의 경우는 중장년층을 통해 한국 드라마의 인기가 정착됐으며 그 시작은 2004년 <겨울연가>에서 이뤄졌다. <겨울연가>의 인기는 중국 및 베트남에서 나타난 대중문화적 인기와 함께 직접적인 수익을 창출하는 형태를 보여줬으며, 이러한 모습은 <아름다운 날들>, <올인>, <천국의 계단> 등을 통해 한국 드라마의 열기를 지속화시켰다. 특히 <겨울연가>에 출연한 배용준, 최지우, 박용하 등의 인기는 그들이 출연했던 다른 드라마에도 이어져 드라마의 직접적인 수익 및 인기가 지속적으로 창출되는 모습을 보여줬다.

일본에서의 '드라마 한류' 바람은 타 지역이 보여준 대중문화적 유행 트렌드를 한 차원 더 성장시켜 산업적으로 확장하는 계기가 됐으며, 이는 한국 드라마의 아시아 시장 공략을 위한 주요 방법론을 제공했다.

한류 초기 시점에서 주요한 역할을 했던 드라마로는 중국 및 대만을 중심으로 <가을동화>, 베트남에서는 <의가형제>, 일본에서는 <겨울연가>가 교두보 역할을 했다고 볼 수 있다. 특히 <가을동화>, <겨울연가>는 이후에도 아시아 지역을 넘어 다양한 국가에 수출되면서 한국멜로의 감수성과 한국의 지역적 영상미를 보여줌으로써 한국 드라마의 호감도를 견인하는 핵심 역할을 했다.

이 두 드라마를 통해 발굴된 <겨울연가>의 배용준, 최지우, 박용하, <가을동화>의 송승헌, 송혜교, 원빈, 한채영 등은 아시아 스타로 각광을 받으며 그들이 출연한 다른 드라마들에 대한 호감도를 견인했고 그들과 출연한 또 다른 배우들의 인지도까지 동반 상승시켜 '한류' 및 '한류드라마' 그리고 '한류스타'라는 전체적인 조합을 만드는 촉매제 역할을 했다.

한류드라마의 전개와 '반한류', '혐한류'[7] 정서

2000년대 초반이 '한류드라마'의 시작을 알리며 지역적인 거점을 확보한 시기라면, 이후 2005년부터는 '한류드라마'가 아시아 전역을 시장으로 다양한 진출을 보이는 시기라 할 수 있다. 특히 중국, 대만, 베트남, 일본을 중심으로 전개되는 양상은 비슷하지만 시장의 중요도에서 2004년 <겨울연가> 이후 일본이 가장 중요한 거점을 형성하며 중국, 대만 그리고 베트남을 중심으로 한 동남아시아권이 형성된다.

더불어 중국에서 출발하여, 몽골 및 중앙아시아로 향하는 '한국 드라마' 진출은 더욱 활기를 띠게 되며, 이 지역의 풍부한 천연자원은 한국 정부 및 기업들로부터 주목을 받고 교류 활성화 차원에서 한국 드라마 및 한국 대중문화의 진출이 활발하게 이뤄진다.

이 시기에 가장 중요한 드라마로는 <대장금>이 있다. <대장금>은 초기 한류드라마 <가을동화>, <겨울연가> 등이 만든 기반을 전체 아시아로 확대시키는 모습을 보여주며, <겨울연가>가 가지지 못했던 여러 가능성을 확보하면서 한국 드라마의 지평을 넓혀주는 역할을 한다.

첫 번째로는 지역의 확장을 말할 수 있다. <겨울연가>는 주로 일본을

---

7) 반한류(反韓流)는 중국문화의 침식을 우려하여 한류에 저항한다는 의미로, 한국 대중문화에 대한 부정적인 정서가 담겨 있는 용어다. 혐한류(嫌韓流)는 한류를 미워한다는 내용의 일본 만화책 『혐한류』에서 유래했으며 역시 한국 대중문화에 대한 부정적인 시각을 담고 있다.

중심으로 그 인기가 편중된 경향이 있었다. 물론 대만, 중국, 동남아시아에서도 방영이 됐지만, 그 결과는 <가을동화>에 미치지 못했고, 주 소비층도 일본 40대 중반의 여성에 국한됐다. 이에 비해 <대장금>은 중국, 대만, 일본, 베트남, 동남아시아 등 거의 전 아시아 지역에서 인기를 끌었으며, 여성층에서뿐만 아니라 남성층에서도 광범위한 인기를 끌었다. 한마디로 <대장금>은 한 편의 드라마를 통해 아시아에서 동시성을 획득한 드라마라 할 수 있다.

두 번째, <겨울연가>로 한국 드라마와 스타가 집중의 대상이 됐다면, <대장금>은 집중의 범위를 한국문화로까지 확장시키는 역할을 했다. <대장금>은 한국의 궁중음식을 소재로 한 사극으로서 한국의 전통복식 및 전통문화가 다양하게 노출됐는데, 이는 드라마의 인기와 함께 한국의 전통문화를 아시아 전역에 알리는 계기가 됐다. 특히 드라마의 인기에 힘입어 아시아 전역에 한국 음식점들이 유행처럼 생겨났다.

세 번째는 장르의 확장이다. <겨울연가> 이후 한국에는 트렌디 드라마가 지나치게 많아졌다. 그리고 이에 따라 비슷한 소재가 반복, 재탕되면서 새로운 장르와 소재 개발의 필요성이 절실해졌다. 그런데 이러한 시점에 등장한 사극드라마 <대장금>은 타 국가와의 문화적 충돌에 대한 우려를 잠재우며, 경쟁력 있는 장르로서의 가능성을 확인시켜 줬다. 한마디로 한국의 문화적 소산 모두가 문화적 상품력을 가질 수 있다는 가능성을 보여준 것이다.

이러한 차별성으로 <대장금>은 <겨울연가>가 만든 한류드라마의 가능성을 확장시키며 한국 대중문화의 대표상품으로서 드라마의 가치를 더욱 높이는 성과를 가져왔다. 물론 이러한 세 가지 요인 외에도 <대장금>은 아시아권을 넘어 아프리카, 유럽 등지에도 수출되며 많은 인기를 끌면서 한국문화의 가능성을 세계적으로 보여준 사례로 작용하게 된다.

그러나 아시아 지역에서 빅히트한 <대장금>은 <가을동화> 및 <겨

울연가>가 히트하던 시절 자국의 대중문화 침식을 우려하던 계층에게 한국 드라마에 대한 견제심리를 자극하는 결과를 가져왔다. 그리고 이것은 한국 대중문화를 폄하하거나 반대하는 '반한류', '혐한류' 정서로 표출된다. 이는 아시아 시장에서 한국 대중문화의 확대에 주요한 과제로 작용하게 됐다.

또한 초기 한류드라마의 성공에 따른 한국 문화산업 관계자들의 지나친 상업적 행보와 발상은 한국문화 지지층에게도 부정적인 인상을 심어줬으며, 한국문화에 대한 경계심리를 더욱 부추기는 작용을 했다. 이는 한국의 문화산업 관계자들이 대중문화 확대가 가지는 긍정적인 작용과 함께 반대 작용에 대한 학습이 없었으며, 상대 국가에 대한 문화적 배려와 관심이 적었기 때문에 일어난 필연적인 현상이었다.

결과적으로 '한류'의 전개과정에서 나온 '반한류', '혐한류'는 대중문화를 국제적 상품화하는 데 필요한 문화가치적인 요소와 상대국 문화와의 충돌에서 올 수 있는 조직적인 반감의 크기가 어느 정도인지를 학습하는 기회를 줬고, 동시에 한국 대중문화가 지속적으로 아시아에 진출하기 위해 해결하거나 고려해야 할 영역이 무엇인지를 깨닫게 해주는 역할을 했다.

<겨울연가>, <대장금> 이후

두 빅히트 드라마 이후 '한류드라마'는 각 국가별로 인기를 끈 몇몇 드라마를 양산하면서 한국 드라마의 수요를 지속화시키고 있는 상태라 할 수 있다.

<풀하우스>, <내 이름은 김삼순>, <궁>, <주몽>, <커피프린스 1호점>, <태왕사신기> 등의 드라마들이 국가별로 인기를 보이며, '한류드라마'의 인기를 이어가고 있다. 다만, <겨울연가>, <대장금> 같은 빅히트 드라마는 최근 나오지 못하고 있는 실정이다. 송혜교, 정지훈(비)

주연의 <풀하우스>가 일본, 중국 및 동남아시아 전반에서 인기를 끌며 '한류드라마'의 힘을 보여줬지만, 앞서 두 드라마의 수준을 이어가기에는 역부족이었다.

이러한 상황을 두고 많은 관계자들은 '한류드라마'의 열기가 이제 침체기에 접어들었다고 말한다. 그러나 이는 적절한 비유라 볼 수 없다. 우선 <겨울연가>와 <대장금>의 히트는 한마디로 빅히트이며, 그것은 대중문화 산업에서도 한 번 나올까 말까 하는 기회로 언제든지 쉽게 만들어지는 결과가 아니다. 할리우드 영화사들도 빅히트 영화를 매년 만들어내지는 못한다.

오히려 현재와 같이 여러 드라마들이 각국의 현실에 맞게 조명되고 인기를 끌면서 산업적인 수요와 공급을 창출하는 식의 수준이 적절하고 안정된 상태라 할 수 있다. 그리고 이러한 작은 성공작들이 모여서 또 다른 빅히트작이 나올 수 있는 것이다.

따라서 현 상황을 '한류드라마'의 침체기로 판단하는 것은 오히려 관련 분야를 위축시키고 이미 만들어진 한국 드라마의 수요를 외면하는 과오를 범하는 것일 수 있다. 현재 필요한 것은 참신하고 다양한 형태의 드라마를 적절한 수익구조 내에서 만들기 위한 노력과 목표시장을 창출할 수 있는 기획 및 마케팅 시스템을 정립하는 데 있다.

제 2 장

비즈니스 모델의 탄생

1. TV드라마 수익구조의 변화

TV드라마의 수익구조는 드라마의 변천사와 변화를 같이하고 있다. 드라마 발전에서 형식적 완성을 보여준 1980년대의 1기와, 외주제작 도입기인 1990년대의 2기, 그리고 이후 아시아 시장 진출 확장기인 3기, 이 세 시기별 TV드라마의 수익구조는 완전한 차이를 보이며 제작주체 간의 수익영역 역시 변화된 모습을 보여준다.

드라마 발전 1기(1990년까지)

이 시기의 드라마 제작에 대한 수익구조는 형태가 단순했다. 드라마가 방송사의 독점하에 있었고, 여러 차원의 제작주체별 수익구조가 존재하지 않았기 때문이다.

드라마 제작이란 일반 방송물 제작과 동일하게 방송사 간의 경쟁에서 시청률을 확보하기 위한 주요 콘텐츠 중 하나였고, 수익형태는 TV광고 유치를 통한 광고수익이 전부였다.

방송사 외에 드라마를 통한 수익대상자로는 연기자 부분이 형성되어 있었다. 하지만 이들은 방송사가 주도권을 쥐고 지급하는 출연료를 받는 위치에 있었고 지금과 같은 매니지먼트의 기업화가 이뤄진 상태는 아니었다. 다만, 주연급 혹은 드라마에서 대중에게 인기를 끄는 배우들은 상업광고에 캐스팅되어 출연료보다 높은 광고수익을 벌어들였다.

따라서 연기자들에게 TV드라마는 인기를 획득하는 주요 영역으로서의 의미와 이를 통해 높은 수익을 올릴 수 있는 광고출연 창구로서의 의미가 컸다. 물론 이러한 수익형태도 기업적인 형태라기보다는 연기자 개인의 추가수익 범주로 볼 수 있었다.

드라마 발전에서 1기 기간은 방송사 독점구조로, 모든 결정이 방송사에 의해 이뤄졌기 때문에 방송사 외에는 주도적 주체가 형성될 수 없었다. 따라서 이렇다 할 수익구조를 가질 수도 없었으며, 굳이 그러한 영역을 고민할 필요가 없었다. 단지, 방송사 간의 시청률 확보와 광고판매가 중요한 과제였던 시기였다.

외주제작 성장(1991~2001년)

1기의 독점적 드라마 제작구조는 외주제작 제도의 도입에 따라 기존의 방송사, 연기자 외에 외주제작사라는 새로운 주체를 맞이하게 됐다. 하지만 이 시기 역시 방송사의 주도적 입장은 유지되면서 드라마 제작의 하청구조가 만들어졌다. 방송사가 기획한 내용을 외주제작사가 제작하여 방송사에 납품하는 하나의 고리가 형성된 것이다. 특히 외주제작 도입 초기에는 주로 방송사의 계열사 등이 외주제작시장에 참여하면서 이러한 하청형태는 명확해졌다. 즉, 방송사의 의도를 그대로 받아들인 방송사 계열사들이 드라마를 제작하여 납품하는 일련의 공정이 이뤄졌다. 따라서 수익구조

역시 제작비를 정산하는 수준을 넘지 못했다. 그리고 이러한 형태는 1990년대에 관행처럼 이어졌다.

그러나 이 시기에 주목할 것은 초보적이기는 하지만 드라마 제작에서 세 주체가 형성됐다는 것이다. 즉, 제작의 외주제작사, 편성 및 방송의 방송사, 연기자 중심의 매니지먼트사라는 세 주체가 작은 형태지만 기업적인 모습을 가지게 됐다.

각 주체별 수익구조를 검토해보면, 방송사의 경우는 1기의 내용과 큰 차이는 없다. 구입한 드라마를 방송하고 이를 통해 광고판매가 이뤄지는 형태다. 하지만 이 당시부터 미국, 일본 등 해외교포가 많이 있는 곳을 중심으로 방송권을 판매하는 사례가 증가했다. 또한 교포사회를 넘어 방송을 교류하는 차원에서 해외영상물을 구매하고 국내 방송영상물을 판매하는 형태가 생겼으며, 주변국들에게 드라마를 수출하게 됐다. 따라서 미미하지만 해외판권 수익이라는 것이 생겨났다.

더불어 국내 매체환경에도 변화가 이뤄져 케이블 채널 및 위성채널이 생겼는데, 이들 매체에 기존 지상파 방송물이 방영되어 이를 통한 판권수익이 발생했다. 다만, 그 판권수익 규모가 미미하여 크게 산업적인 접근을 할 수는 없었다.

그러나 방송사 입장에서 2기 기간은 광고수익이 전부였던 1기에 비해 해외판권과 케이블 및 위성채널 방영판권 수익이라는 것이 생긴 시기라 할 수 있다. 다만, 여기서 말하는 판권은 현재 저작권의 개념이라기보다는 단순판매 개념에 가깝다. 즉, 방송물을 케이블업체나 해외 방송사에 단순 판매하고 종료하는 것으로 일반 제품거래와 크게 다르지 않은 수준이라고 할 수 있다.

또 다른 주체인 연기자의 경우는 매니지먼트사라는 기업적 형태가 소규모로 생기게 됐다. 이전에는 방송사와 계약을 했지만 외주제작 제도가 도입되자 외주제작 회사와 계약을 진행하게 됐고 여기에는 기존 방송사의 일방적 협상과는 달리 서로 간의 입장에 따른 조율이 가능해졌다.

주요한 기본 수익은 출연료였으며 부가적인 핵심 수익은 광고출연료였다. 변화된 부분이 있다면 방송사와 계약을 진행하던 시기와는 다르게 다양한 형태의 출연료 및 처우 협의를 진행할 수 있게 됐다는 것이다.

외주제작사들 간에 방송사 편성에 대한 경쟁이 나타나면서 오히려 인기 배우 및 작가, 외부 연출자들의 가치가 상승했으며, 특히 대중적 인기가 높은 배우들은 방송사가 지급했던 수준 이상의 출연료를 놓고 외주제작사들과 협상할 수 있게 됐다. 한마디로 외주제작 제도는 일부 인기 연기자들에게 수익의 기본이 되는 출연료의 인상이라는 효과를 가져다줬다.

2기에 새롭게 등장한 드라마 제작주체인 외주제작사의 경우는 여러 가지 어려움 속에 수익구조를 꾸려나가는 형태였다. 기본적으로 방송사에 드라마를 제작판매하여 받는 제작비가 수익의 대부분으로 방송사의 하청업체 수준을 벗어나지 못했다.

또한 1990년대 후반부터는 인기 연기자들의 출연료 요구 폭이 상승하면서 드라마 제작비용이 전반적으로 상승해 방송사로부터 지급받는 제작비로는 제작비 및 회사 운영비를 충당하기 어려운 상황에 이르렀다. 즉, 방송사가 지급해주는 드라마 제작비로는 전체 제작비의 70~90% 수준밖에 충당할 수 없었기 때문에 경영 측면에서 많은 우려가 생겨났다. 그리고 이러한 비용을 해결하기 위해 방송사와 관련 기관은 협의를 통해 드라마 제작지원금을 받을 수 있게 됐으며, 이를 통해 부족한 비용을 충당하는 형태로 수익구조를 꾸려갔다.

외주제작사는 방송사로부터 받는 드라마 제작비와 일반 기업으로부터 받는 드라마 제작지원비라는 두 가지 수익원을 통해 전체 수익구조를 만들어나갔다. 여기서 제작지원이란 드라마 속 배경에 관련 지원사들의 상품이나 서비스를 노출해주는 대가로 그 비용을 현금 혹은 물품으로 지원받는 것을 말한다.

그 당시 제작지원 규모는 지금과 같이 큰 형태는 아니었으며, 기본적으로 허용 가능한 범위 역시 심의제도 및 자체심의 등을 이유로 제한되는 부분이 많았다. 대체로 제작지원의 경우는 드라마 한 편당 최대 3개 업체 정도가 허용됐으며, 드라마 내용 중의 서비스 노출 및 상품 전시는 암묵적인 형태로 수용되는 수준이었다.

이는 부족한 드라마 제작비용을 충당하고 방송사 및 외주제작사가 가지고 있던 비용문제를 해결하는 방법이었다. 또한 제작지원사 입장에서도 자신의 상품이나 서비스를 드라마에 지속적으로 노출시키며 홍보효과를 얻을 수 있다는 간접광고의 이점이 있었다.

아시아 시장 진입의 3기(2002년 이후)

일본을 비롯한 아시아라는 새로운 시장을 발견한 3기부터 TV드라마 산업에서는 본격적인 수익구조 개발 및 정립이 이뤄지게 됐다. 특히 지적재산권 부분에서의 각성은 드라마 제작의 세 주체들 사이의 갈등을 야기하면서 새로운 형태의 수익구조 설정 및 주체들 간의 관계 설정을 요구하게 됐다.

더불어 드라마 제작규모가 성장하면서 기존 방송국 단독으로 외주사의 제작비를 해결해주던 시기가 끝나게 됐고, 외주사 스스로도 투자 및 자금을 투입한 만큼 방송사 외의 수익원을 찾아야 했다. 그리고 이러한 해결책이 일본에서 만들어지게 됐다.

특히 <겨울연가>가 보여준 다양한 상품력과 소비가치 창출은 투자이상의 수익을 보여주면서, 기존에 미약했던 지적재산권 분야에 대한 인식을 세 주체 모두에게 각인시켜 줬다. 모든 상품 개발의 기본이 저작권에 기초한다는 점과 배우들의 초상권에 따른 부가상품력의 힘이 얼마나 큰지 알게 된 것이다.

첫 번째, 저작권은 해외방송 방영권에서부터 DVD 제작판매, 인터넷,

모바일 재전송 등의 서비스 상품군 등을 만들 수 있게 했으며, 또한 드라마가 다시 소설, 공연, 애니메이션 등 다른 장르의 원작으로 활용되어 저작권의 재상품화를 이루게 됐다.

두 번째, 드라마 주연배우들을 기반으로 한 퍼블리시티권[1]에 해당하는 초상권이 수익모델의 핵심이 됐다. 주연배우들의 얼굴이 캐릭터화되어 게임기 모델, 온라인 아바타, 기념품 캐릭터 및 패션 액세서리에까지 차용되어 막대한 수익원으로 작용했다.

세 번째, 촬영지에 대한 관광객 방문이었다. 특히 구매력 높은 해외 시청자들의 드라마 촬영지 방문은 마치 영화 테마파크와 같은 관광상품화의 가능성을 열었으며, 다른 어떤 상품보다도 높은 파급력을 보이며 지역경제를 활성화시켰다.

이 외에도 드라마 OST, 드라마 소품 및 주인공들이 착용하거나 애용한 액세서리 등이 다양한 수익원으로 자리하면서 드라마를 구성하는 모든 것들에 수익적으로 접근할 수 있는 시기가 됐다.

이러한 요소들을 바탕으로 각 제작주체별 수익구조 내용을 살펴보면, 우선 방송사의 경우 기존 광고수익을 기본으로 외주제작사와의 저작권 소유 여부 및 수익배분율에 따라 전파매체를 중심으로 한 방영권, DVD 중심의 복제배포권, 인터넷 및 모바일 기반의 VOD 전송권, 출판권, 기타 상품화 등을 통한 수익기반을 창출하게 됐다. 이 중 해외방영권과 DVD 발매수익, 그리고 인터넷 및 모바일 VOD 전송권이 가장 주도적인 수익원으로 자리 잡고 있다.

외주제작사 역시 방송사와 비슷한 형태의 수익구조 기반을 형성하는데,

---

1) 초상사용권(right of publicity)이라고도 하며, 사람의 성명, 초상, 기타 동일성을 상업적으로 이용하고 통제할 수 있는 배타적 권리다. 상업적 이용의 요소를 핵심으로 하기 때문에 인격권과는 구별된다. 미국에서는 퍼블리시티권을 순수한 재산권으로 보는 견해가 우세하다(자료: 한국어 위키백과). 이러한 퍼블리시티권은 지금도 정립되는 과정에 있으며, 관련 산업의 발전에 따라 다양한 법률적 논의가 진행되고 있다.

<표 2-1> 시기별 드라마 제작환경 변화

구분		1기 (1990년까지)	2기 (1991~2001년)	3기 (2002년 이후)
제작주체		방송사/연기자	방송사, 제작사, 연기자	방송사, 제작사, 매니지먼트사
상호관계		방송사 주도	방송사 주도	상호 협조
주요역할	방송사	제작+방송	제작+방송	방송
	제작사	없음	제작	제작+투자
	매니지먼트	연기	연기	연기(투자도 일부 참여)
주요 원천수익		광고비	광고비+제작지원	광고비+지적재산권 수익+기타
주요수익	방송사	광고비	광고비+해외판매 수익	광고비+판권수익(협의에 따라 조정)
	제작사	없음	제작납품+부가수익 (제작지원 등)	제작수익+부가수익(드라마 OST 발매수익, 제작지원 등)+판권수익 (협의에 따라 조정)
	매니지먼트	출연료	출연료	출연료+초상권 수익 등

여기서 핵심은 방송사와의 저작권 협상의 영역이 어느 정도냐에 따라 위의 방송사 영역을 자신의 수익으로 포함시킬 수 있다는 것이다. 더불어 드라마 배경음악으로 사용된 OST와 제작지원사 유치를 통한 제작지원 수익은 관례적으로 외주제작사의 기본 수익으로 두는 경우가 많다.

외주제작사의 경우 드라마 OST, 제작지원, 방송사 제작비를 기본 수익으로 하면서 방송사와의 판권 협상을 통해 부가수익의 규모가 결정되는 구조다. 이렇듯 방송사와 외주제작사의 수익구조는 저작권 소유 구분과 수익구조 설정에 따라 다양한 형태로 설정할 수 있다.

또한 매니지먼트에 소속된 연기자의 경우는 기존 출연료 외에 초상권을 통한 다양한 상품화 수익을 기대할 수 있게 됐으며, 최근에는 초상권을 이용한 수익의 규모와 종류가 다양화되어 방송주체들 간의 힘겨루기 상태에 있다. 예를 들어 드라마 속 배경과 배우의 얼굴을 사용했을 때 수익배분 문제라든가 초상권의 사용범위가 드라마 속에만 국한되는 것인지, 아니면 일상의 모습으로도 확대될 수 있는 것인지 등 다양한 경우의 수가 발생하게 된 것이다.

물론 이러한 요소들도 드라마 제작주체들 간의 협의와 조정이 필요한 영역에 포함된다. 그리고 이런 부분이 지적재산권의 중요성과 함께 대두된 것이 3기의 특징이다. 1기 시절은 방송사의 독점구조였기 때문에 방송사 혼자서 정하면 그만이었다. 2기 시절에도 방송사가 주도적 입장이고 외주사는 하청업체 수준이었기 때문에 특별한 고민이 없었다고 할 수 있다. 그러나 3기에 접어들면서 드라마 제작주체들 간의 협력 없이는 모두가 큰 수익을 창출하기 어려운 상태에 놓이게 됐다.

외주제작사의 협조 없이는 드라마 제작자금 및 투자유치와 다양한 상품화 전략을 만들기가 어렵고, 출연배우의 동의 없이는 초상권을 사용한 부가수익을 창출할 수 없으며, 방송사 없이는 드라마 해외 진출 창구 및 기반을 구성하기 힘든 상황이다. 따라서 이 세 주체는 갈등관계이면서도 반드시 협조를 해야만 상호 윈윈(win-win)할 수 있는 관계가 된 것이다.

이렇듯 드라마 수익구조는 드라마 시장의 확장과 주체들 간의 위치 정립에 맞추어 진화되어왔으며, 현재의 상황은 세 주체 간의 협조 없이는 어느 누구도 최고의 효용성을 창출할 수 없게 된 상태다. 따라서 지적재산권에 대한 제작주체들 간의 합리적인 협의가 절실하다.

2. 비즈니스 모델의 필요성

드라마 산업이 본격적으로 비즈니스 모델이라는 용어를 검토하기 시작한 것은 2000년대 중반부터라고 할 수 있다. 그전까지, 특히 1990년대 외주제작 제도가 도입되었던 시기에는 비즈니스 모델이라는 개념이 굳이 필요하지 않았다.

물론 이 당시에도 제작사들은 드라마 제작을 통해 수익을 내면서 기업을 영위해나갔다. 그러나 그 수익형태는 방송사로부터 제작비를 수령받는, 제조업으로 치자면 납품한 물건에 대가를 받는 하청구조였다. 또한 드라마 자체에 대한 수익수요도 TV방송사만이 유일한 소비창구였으며 자본을 순환시킬 수 있는 구도도 광고수익뿐이었다.

이런 단순한 흐름에서는 지금과 같은 정교한 비즈니스 모델이 필요하지 않았다. 이 당시 수익형태를 보면, 가장 큰 수익원은 방송사가 지급해주는 제작비로서 전체 수익원의 80~90% 이상을 차지했으며, 나머지 부족한 형태는 제작지원사가 유치해 전체 제작비와 수익형태를 완성하는 구조였다.

이렇게 단순한 수익구조는 방송사나 매니지먼트사들도 마찬가지였다. 방송사의 경우 드라마를 통해 TV광고를 유치하고 그 광고비로 수익형태를 만들었으며, 해외판매는 지금처럼 수익모델 구조가 아닌 국가 간 방송 교류 및 교민을 중심으로 한 지극히 협소한 형태의 시장구조로서 지금의 시장 개념과는 거리가 있었다.

매니지먼트사들도 출연배우에 대한 출연료가 1차적인 수익이었으며, TV CF와 같은 광고수익은 드라마가 성공하면 발생하는 부가적인 수익으로 인식됐다. 드라마를 통해 인기를 끈 배우들은 광고출연료로 드라마출연료의 수십 배에 달하는 소득을 올리는 형태였던 것이다. 따라서 배우 입장에서 TV드라마는 자신의 대중성이나 입지를 높여주는 출구로서의 의미가 수익적인 차원보다 더 높았으며, 이후에 따르는 광고수익이나 영화 진출이라는 더 큰 수익을 기대하는 형태였다.

1990년대 드라마 산업의 수익적 틀을 보면 가장 중요한 것은 방송사가 유치하는 광고수익이며, 이 광고수익에서 드라마 제작비와 배우 출연료가 지급되면서 산업적 자금순환 구조가 완결되는 형태로, 모든 투자와 배급이 방송사 중심의 구도였다. 따라서 1990년대의 방송사는 드라마 제작사와 매니지먼트사에게 편성 및 자금흐름의 최상위 단계로서 권위와 힘을 행사했다.

수익구조 변화에 따른 기대가치 상승

이러한 1990년대 한국 드라마 산업의 흐름은 2000년대에 접어들면서 뜻하지 않은 변화를 겪게 된다. 그것은 바로 <겨울연가>의 일본 내 성공이다. <겨울연가>의 성공은 기존 한국 드라마의 영역을 뛰어넘었으며, 또한 일본의 문화 콘텐츠 상품화 시스템과 결합하면서 상상치 못했던 결과를 가져왔다.

약 30억 원 수준의 제작비가 투자된 이 드라마는 제작사 및 방송사에게 수백억 원대의 수익을 발생시켜 줬으며, 지자체 및 파생상품 시장에 수천억 원의 직·간접적인 경제효과를 안겨줬다. 이는 기존의 드라마 영역에서 생각할 수 없었던 것이었으며, 한국 TV드라마가 아시아로 향하는 대중문화 상품에서 가장 중요한 영역을 차지하는 계기가 됐다.

이 <겨울연가> 사건은 기존 드라마가 광고수익을 중심으로 각 제작주체들에게 수익을 넘기는 형태를 떠나, 해외시장 수요를 통해 주체별로 직접적 부가수익을 안겨주게 됐던 것이다. 방송사와 제작사에게는 다양한 형태의 판권수익이 주어졌으며, 그 범주가 예전의 해외방송 판권에 국한되는 것이 아니라 DVD, 소설 출간, 기념품, 공연 등의 파생상품 저작권 수익의 형태로 방송사와 제작사에 지급되어 수백억 원대의 부가수익을 창출해냈다.

특히 방송사와 판권을 공유하고 있던 제작사는 단순 제작비 수령이라는 협소한 영역을 넘어 방송사와 저작권 수익을 일부 공유했고, 제작사가 모든 권리를 가지고 있던 드라마 OST를 통해서도 제작수익의 수십 배가 넘는 이익을 창출하게 됐다. 한마디로 영화제작사가 영화 성공을 통해 얻는 엄청난 수익형태를 드라마 제작사도 갖게 된 것이다.

연기자 역시 해외시장에서의 성공은 기존 출연료, 광고수익 외에 해외 시장에서의 인지도를 확산시켜 드라마가 성공한 국가에서 수익활동 및 초상권을 이용한 부가수익을 얻을 수 있게 됐다. 그리고 그 부가수익의 규모가 경우에 따라서는 수십억 원을 넘어 장기적이고 고정적인 형태로 발전하게 됐다. 한마디로 할리우드 스타가 가지는 수익성을 한국배우들도 드라마 성공을 통해 아시아 내에서 획득하게 된 것이다.

여기에서 전혀 예상할 수 없었던 영역이 하나 더 존재하는데, 지역경제 활성화의 한 방편으로 드라마의 역할이 큰 의미를 가지게 됐다는 점이다. <겨울연가>의 주요 촬영지였던 춘천 시내, 남이섬, 외도 등은 드라마 방영 후 국내 시청자 및 드라마가 성공한 국가의 해외 팬들에게 큰 인기를 끌어, 국내외 관광객 유치 및 지역경제 수익증가라는 전혀 예상하지 못한 간접적 이익을 창출해냈다. 더불어 이러한 수익규모가 지역경제에 수천억 원 이상의 가치를 창출하면서 지역경제 활성화에 고심하던 지자체들은 드라마의 가능성에 눈을 뜨게 됐다.

<겨울연가>는 수익확대 측면 외에도 산업적으로 기존의 방송국 중심 의 드라마 구조를 완전히 변화시키는 계기를 만들었으며, 수익의 원천도 광고비 중심에서 저작권 수익 중심으로 변화시켜 기존의 방송사 중심 구도를 저작권자 중심의 구조로 재편하고 상대적으로 약자 입장에 있던

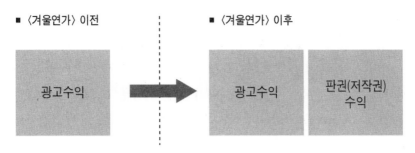

<그림 2-2> 드라마 수익구조 변화

■ 〈겨울연가〉 이전   ■ 〈겨울연가〉 이후

| 광고수익 | | 광고수익 | 판권(저작권)
수익 |

드라마 제작사와 매니지먼트사의 지위를 방송사와 수평적인 관계로 발전시켰다.

한마디로 새로운 수익원의 발견과 규모의 성장 및 시장의 확대는 제작사에게 방송사만 바라보던 수익형태를 벗어나게 해줬으며, 이는 드라마 제작주체 간의 상호 지위를 대등한 위치로까지 올려줬다.

TV드라마 부문의 달라진 수익 및 제작환경은 투자자들에게도 많은 관심의 대상이 됐으며, 일본시장을 통한 부가수익의 확대는 드라마 산업에 대한 많은 투자자들의 기대가치를 상승시켜 상당한 자금이 드라마 제작시장으로 향하게 만들었다. 유입된 자금은 대체로 드라마 제작사에 집중됐으며, 이는 드라마 기획 및 제작의 주체가 제작사라는 판단에서였다. 물론 방송사는 드라마 제작이라는 영역만으로 투자를 받을 수 있는 시스템을 가지고 있지 않았으며, 매니지먼트사는 아직 수익구조 측면에서 제작사가 가진 수익영역에 비해 수익창출이 출연료와 광고수익에 국한되어 있다는 시각이 강했다.

투자자금의 형태는 크게 두 가지로 분류됐다. 우선 하나는 순수한 제작에 대한 투자수익을 기대하는 자금이었으며, 다른 하나는 지역관광객 유치 및 지역경제 활성화를 기대하는 지자체 자금이었다. <겨울연가>와 일본 진출 초기에 성공한 드라마들의 후광으로 관련 촬영지에 대한 관광산업이 해외 관광객 유치를 통해 활성화되는 결과를 확인한 지자체들은 앞다투어 유력한 드라마에 촬영장소 및 세트장 제작을 지원했으며, 그 비용은 수십억 원에서 수백억 원이 소요되는 막대한 자금이었다.

이러한 자금유입은 드라마 제작시장을 풍요롭게 했고, 이전보다 더 과감한 드라마 제작과 기획을 선보일 수 있는 환경을 조성했으며, 더불어 드라마 제작사들은 막대한 투자자금에 걸맞은 수익창출이라는 과제를 안게 됐다.

경쟁 확대와 제작비 폭등

투자자금이 몰리면서 드라마 제작시장은 신규기업들의 진입으로 예전 과 다른 치열한 경쟁관계를 양산하게 됐다. 1990년대 외주제작 제도 도입 초기에 60개 정도였던 독립제작사는 제도 활성화를 위한 방송사별 외주제 작 의무비율의 상향으로 2001년에는 300개를 넘어섰으며, 한국 드라마의 아시아 시장 확대가 이뤄진 2000년대 중반 이후에는 드라마 중심의 제작 사 설립이 급증하여 2008년에는 930여 개의 제작사가 문화체육관광부에 등록됐다. 이는 제한적인 지상파 방송사 대비 과도한 제작사들의 출현으로 드라마 및 방송 제작시장의 지나친 경쟁시대를 조성하게 됐다.

과도한 경쟁상황은 신규 진입 제작사들이 방송사 드라마 편성을 획득하 기 위해 스타급 연기자와 드라마 작가들에게 과감한 투자를 감행하는 결과를 가져왔다. 이러한 연기자와 작가에 대한 투자는 아시아에서 드라마 흥행에 결정적인 요소라는 생각에서 출발한 것이며, 이는 이미 인기를 획득한 요소들을 투입하면 안정적인 수익구조를 실현할 수 있을 것이라는 기대감이 작용했기 때문이다.

스타급 배우와 작가들에 대한 투자는 방송사의 편성경쟁에서 신규 제작 사들이 기존 제작사들을 누르고 시장 진입에 성공하는 안전장치 역할을 했다. 방송사 역시 해외수익에서 보다 안정적인 구조를 가진 드라마 제작

〈표 2-2〉 스타급 배우들의 1회당 드라마 출연료

연도	방송사	드라마	배우	회당 출연료
2001	SBS	여인천하	강수연	400~500만 원
2002	SBS	별을 쏘다	전도연	600~700만 원
2002	KBS2	장희빈	김혜수	600~700만 원
2003	MBC	대장금	이영애	600만 원
2005	SBS	프라하의 연인	전도연	1,500만 원
2005	MBC	슬픈연가	김희선, 권상우	2,000만 원
2006	MBC	여우야 뭐하니	고현정	2,500만 원
2006	SBS	연애시대	손예진	2,500만 원
2006	SBS	무적의 낙하산 요원	문정혁(에릭)	2,000만 원 이상
2007	SBS	쩐의 전쟁	박신양	4,000만 원
2007	MBC	태왕사신기	배용준	미공개(언론에는 1억 원으로 알려짐. 제작사 권리양도 있음)
2007	MBC	커피프린스 1호점	윤은혜	2,000만 원
2007	MBC	에어시티	이정재, 최지우	4,000만 원
2007	SBS	마녀유희	한가인	3,000만 원
2007	MBC	히트	고현정	3,500만 원
2007~2008	MBC	이산	이서진	2,400만 원
2007~2008	KBS2	못된 사랑	권상우	5,000만 원
2007~2008	MBC	뉴하트	조재현	2,000만 원
2008	MBC	스포트라이트	손예진	3,000만 원 초반(시청률연동제)
2008	SBS	일지매	이준기	2,500만 원
2008	MBC	밤이면 밤마다	김선아	2,500만 원
2008	MBC	에덴의 동쪽	송승헌	7,000만 원(제작사 권리양도 있음)
2008	KBS2	바람의 나라	송일국	4,000만 원
2008	KBS2	그들이 사는 세상	송혜교	3,500만 원
2008	SBS	바람의 화원	박신양	5,000만 원
2008	MBC	베토벤 바이러스	김명민	2,500만 원
2008~2009	MBC	종합병원2	차태현	2,000만 원
2008~2009	SBS	스타의 연인	최지우	4,800만 원

자료: 김영덕(2009: 20).

〈표 2-3〉 한·일 제작비 예산편성 구조

항목	한국	항목	일본
출연료	60%	출연료	20%
극본료	15%	문예비	3%
스태프료	23%	업무위탁비	20%
진행비 등	2%	제작잡비	10%
		시설사용료	2%
		기술비	20%
		저작권 사용료	5%
		미술비	20%

자료: 박창식(2008).

사를 선호하는 경향이 생겨, 기존 드라마 제작사의 기획력이나 흥행성이 보장되지 않은 작가보다는 인기가 높은 배우나 흥행성이 검증된 작가를 캐스팅한 제작사들을 선호했다.

이러한 환경은 2005년을 기점으로 1회당 1,000만 원대 출연료 시대를 열었으며, 또한 스타급 배우의 출연료 외에도 원고료 및 스태프 비용 등의 기타 제반비용까지 상승시켜 드라마 제작비용 구조가 전체적으로 상승하게 만드는 견인차 역할을 했다. 또한 제작비 상승분이 주로 출연료에 집중되어 스타 의존도가 심화된 결과 드라마의 다양한 수익장치 발굴과는 거리가 있는 형태로 비용구조가 확대됐다.

이와 같은 구조의 드라마 제작비용 상승은 2000년대 초 트렌디 드라마를 기준으로 회당 1억 원 수준이던 제작비가 현재는 1.5~2억 원 수준으로 상승해, 20부작 드라마 제작에 들어가는 비용이 30~40억 원이 넘는 구조가 되어버렸다. 이와 같은 드라마 제작비용의 급격한 상승은 투자수익이 발생하는 데 많은 어려움을 야기시켰으며, 특히 해외수출 판권의 시작이라고 할 수 있는 해외방송권 판매에도 영향을 주어 일본을 제외한 아시아 국가에서 한국 드라마 수출가격의 인상으로 인해 판매수량이 정체되는 현상을 가져오기도 했다.

비즈니스 모델과 저작권(지적재산권)[2]

이와 같은 기대수익 향상에 따른 투자의 확대와 제작비의 폭등은 기존의 수익구조 형태로는 투자이익을 산출하기에 역부족이었으며, 이에 따라 보다 체계적인 수익모델이 요구됐다. 또한 대형화된 드라마 산업은 기존의 자체 자금 및 방송사에서 유입되는 자금으로는 비용구조를 감당할 수 없었으며, 제작사들 간의 경쟁으로 비용구조를 갑자기 줄이는 것도 어려운 현실이었다. 더불어 이미 상승한 제작비를 원위치시키는 것은 사실상 불가능한 사안이었다. 이에 따라 외부 투자유치가 적극적으로 필요한 상황이 되어 다양한 형태의 수익모델 연구가 본격적으로 이뤄지게 됐다.

비즈니스 모델이 본격적으로 논의되면서 가장 중심이 된 영역은 지적재산권 분야였으며, 방송사와 제작사 그리고 매니지먼트사 간의 저작권과 초상권 등에 대한 비즈니스 모델 설정은 중요한 이슈이자 분쟁요소로 떠올랐다.

실제로 <겨울연가>가 올린 막대한 수익은 저작권에 기초한 수익이었으며, 방송사와 제작사가 관련 부분을 공유하고 있었기에 드라마 제작사 역시 막대한 수익을 창출할 수 있었던 것이다. 따라서 제작사들은 이러한 수익구조의 기본인 저작권을 확보하기 위해 방송사와 다양한 형태의 협의가 필요했으며, 배우와는 초상권을 통한 상품 개발을 위하여 매니지먼트사

---

2) 실제 지적재산권은 저작권의 상위 개념이다. 지적재산권의 범주 안에는 저작권, 특허권, 실용신안권, 디자인권, 상표권, 퍼블리시티권 등 여러 범주가 포함된다. 여기서 저작권을 1순위에 놓는 것은 가장 부각된 권한이 저작권에 집중되기 때문이다. 다만, 지적재산권을 한 번 더 언급한 것은 이 권리가 아직 명확하게 구분되지 않은 영역인 퍼블리시티권 범주에 있기 때문이다. 더불어 최근에는 지적재산권의 또 다른 범주인 상표권 등에 대한 비즈니스 모델로 지속 발전하고 있는 상태며, 향후에는 저작권 범주가 아닌 지적재산권 전체 범주에서 보다 더 역동적인 모습이 나올 것으로 예상된다.

와의 필수적인 협상이 절실해지게 됐다. 그리고 이러한 비즈니스 모델의 검토는 드라마 제작주체들의 입장을 이전의 수직관계가 아닌 공존과 갈등 관계로 바꿨다.

물론 이러한 변화에는 주체별 비즈니스 모델 설정이라는 현실적인 문제가 맞물려 있기 때문에 그 내용은 경우에 따라 상당히 첨예하며, 아직도 적절한 해결책을 찾는 과정이 진행 중이다.

3. 진화된 비즈니스 모델

드라마 산업의 가장 이상적인 비즈니스 모델은 어떤 형태인가? 이에 대해 도움이 될 만한 답변은 드라마와 성격적으로 유사하면서 한국 문화산업의 초기 시장을 주도했던 영화산업에서 얻을 수 있다. 특히 영화나 드라마가 모두 영상물의 범주에 속하며, 제작의 핵심 요소가 출연진과 작가를 포함한 제작 스태프들인 영화산업은 드라마 산업에 영향관계가 큰 유사산업이라 하겠다.

영화산업을 통한 드라마 비즈니스 모델 검토

우선 영화산업의 수익체계를 기준으로 한 가치사슬을 검토해보자. 영화산업은 최초의 제작에서 배급단계를 거쳐 극장 상영이 이뤄진다. 그리고 관객 동원을 기반으로 한 흥행수익이 1차 수익원을 창출한다.

1차 수익의 흥행 여부에 따라 이와 관련된 2, 3차 수익형태가 창출되는데, 2차는 전송권이나 복제권[3] 등을 이용한 형태이며, 3차에서는 추가적인 창작부분이 접목된 음악, 캐릭터, 게임, 출판 등 파생상품 시장이 형성된다.

---

3) 전송권, 복제권만 해당되는 것은 아니다. 이 외에도 공연, 방송, 배포권 등이 유기적으로 해석되어 권리·권한을 형성한다. 다만, 여기서는 대표적인 두 권한을 우선 언급했다.

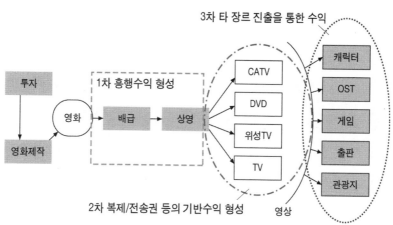

〈그림 2-3〉 영화산업의 수익 가치사슬

3차 타 장르 진출을 통한 수익

투자

영화제작

영화

1차 흥행수익 형성

배급 → 상영

CATV

DVD

위성TV

TV

캐릭터

OST

게임

출판

관광지

2차 복제/전송권 등의 기반수익 형성   영상

자료: 박제헌(2008: 2).

물론 이러한 수익창출 과정은 2, 3차를 순차적으로 이동하는 것은 아니다. 경우에 따라서는 3차 영역이 먼저 나와서 진행될 수도 있고 그 경우의 방법론은 다양하다고 할 수 있다. 다만, 재투자의 내용이나 재창조 작업에 대한 검토기간에서 2차보다는 3차의 수익형태가 더 크고 기간도 길다.

이러한 영화산업의 가치사슬은 내용적으로 드라마의 가치사슬과 유사한 맥락을 가진다. 드라마 역시 제작이 되면 방송국 편성이라는 배급을 통해 방영이 이뤄지며, 1차 흥행은 시청률을 통한 광고매출 수익으로 창출된다. 그리고 이러한 시청률을 바탕으로 해외판매에 대한 진행도나 파생상품 제작의 가능성이 지적되어 수익창출의 방향성을 만들어나간다.

이렇듯 영화와 드라마는 콘텐츠의 최종물인 영상물을 통해 수익을 창출하면서 원소스 멀티유즈를 이뤄내는 유사성을 띠고 성장하고 있다. 그러나 이러한 가치사슬의 유사성에도 불구하고 두 장르를 동일한 형태의 비즈니스 모델로 검토하는 것은 심대한 오류를 발생시킬 수 있는데, 영화와 드라마의 주요한 몇 가지 수익적 차이점을 검토해보면 다음과 같다.

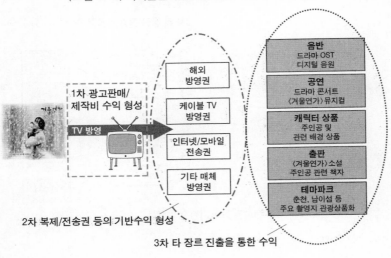

〈그림 2-4〉〈겨울연가〉를 통해본 드라마 가치사슬

음반 드라마 OST 디지털 음원	
공연 드라마 콘서트 〈겨울연가〉뮤지컬	
캐릭터 상품 주인공 및 관련 배경 상품	
출판 〈겨울연가〉소설 주인공 관련 책자	
테마파크 춘천, 남이섬 등 주요 촬영지 관광상품화	

1차 광고판매/
제작비 수익 형성

TV 방영

해외
방영권

케이블 TV
방영권

인터넷/모바일
전송권

기타 매체
방영권

2차 복제/전송권 등의 기반수익 형성

3차 타 장르 진출을 통한 수익

첫째, 드라마는 편성이라는 방송사와의 계약이 선행된 형태에서 이뤄진다. 물론 사전제작이라는 형태지만 어떤 형태든 방송사와의 편성에 대한 교감이 이뤄진 다음에 제작이 본격화되며, 1차 수익부분인 TV광고료는 대체로 방송사에 귀속된다. 물론 제작사는 드라마 제작비를 방송사로부터 받는 형태지만, 영화처럼 1차 흥행이 전체 수익을 결정하는 형태가 아니다. 즉, 영화에서는 1차 수익이 최상의 형태로서 제작사가 중요한 위치를 점하지만, 드라마의 경우 제작사 입장에서 1차 수익이라 할 수 있는 드라마 제작비 수령액은 기본적인 안정수익 구조에 해당할 뿐 전체적인 대규모 흥행수익과는 무관하다. 드라마의 이러한 구조는 흥행 여부와 무관하게 방송사로부터 1차 제작수익을 확보할 수 있다는 측면에서 안정성은 우수하다. 그러나 전체 수익 면에서는 영화 제작사에 비해 규모가 작으면서 직접적이지 못하다. 즉, 시청률이 좋아 흥행성이 높아졌다 해도 방송사로부터 받을 수 있는 제작비는 한정되어 있는 것이다. 따라서 드라마는 영화에 비해 1차 수익구조에서는 저위험 저수익 구조라 할 수 있다.

〈표 2-4〉 국내 영화산업의 수익구조

(단위: %)

구분	2001년	2002년	2003년	2004년	2005년	2006년	2007년
상영관	74.00	75.00	76.00	77.32	78.55	75.42	81.92
홈 비디오 (비디오, DVD)	12.35	13.56	8.27	8.72	4.14	4.15	2.27
TV(CATV, 위성 포함)	5.08	4.90	3.56	4.77	4.31	8.73	6.55
디지털[1]	0.14	0.34	0.48	0.28	0.35	1.17	1.3
해외수출 (추가수익 포함)	7.10	3.43	9.67	7.95	12.30	9.01	6.98
기타[2]	1.34	2.77	2.03	0.96	0.35	1.51	0.98
합계	100.00	100.00	100.00	100.00	100.00	100.00	100.00

주: 1) '디지털'은 IP-TV VOD, 디지털케이블 VOD, 웹 VOD, DMB 등을 말함.
    2) '기타'는 PPL(영화 속 광고), OST(영화음악 음반), 항공판권(기내영화), KTX, 프린트 대여 등을 의미한다.
자료: 박제헌(2008: 18).

둘째, 현실적으로 영화는 전송권 및 복제권 등을 기반으로 한 2차 수익이 수익의 대부분을 차지한다는 점이다. 물론 출판 및 드라마 같은 타 장르 진출을 통한 3차 수익이 없는 것은 아니지만, 현실적으로 매체 혹은 플랫폼별(DVD, 지상파, 케이블, 뉴미디어 등) 홀드백(hold back)[4]기간을 중심으로 한 2차 수익기반에서 종료되는 형태가 많으며, 영화의 캐릭터나 주인공의 초상권을 이용한 머천다이징은 극히 제한적인 경우가 많은 것이 현실이다.

이에 반하여 드라마는 국내시장 및 해외시장의 특성에 맞는 다양한 형태의 머천다이징 상품화 수익이 전송권 및 복제권 등의 수익 이상으로

---

4) 방송에서 재방송되기까지 걸리는 기간 또는 한 편의 영화가 상영된 이후 다른 수익과정인 DVD, 케이블 채널, 지상파 채널 등으로 이동할 때까지 걸리는 시간을 말한다. 즉, 콘텐츠 판권이 한 곳에서 다른 곳으로 넘어가는 데 걸리는 기간이다. 예전에는 각 사업자들 간의 이해관계로 철저히 지켜진 편이었으나, 최근에는 다양한 매체의 발생과 사업제휴가 다양해지면서 이러한 기간의 일률적인 적용이 사라지고 있는 추세다.

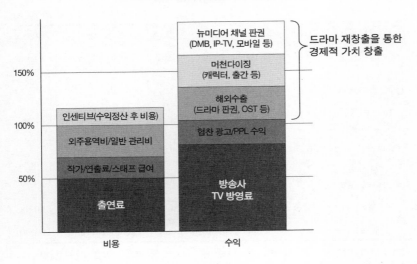

개발되고 있으며, 타 장르로 재창조되어 저작권 기반의 수익구조화 역시 진척 수준이 높다고 말할 수 있다. 실제로 <겨울연가>, <대장금>, <내 이름은 김삼순>, <커피프린스 1호점> 등 많은 히트 드라마와 해외 인기 작들은 공연, 애니메이션, 뮤지컬 등으로 제작되어 3차 수익을 창출하고 있다.

이러한 드라마와 영화의 현실적인 수익기반의 차이는 유사한 가치사슬을 가지고 있으면서도 비즈니스 모델 개발에서 그 접근점을 달리해야 하는 이유로 작용한다. 만약 형태가 유사하다고 해서 접근방식까지 유사하다면 장르적 수익 특성 차이에 따른 최상의 비즈니스 모델 개발이라는 목적을 이루기는 어려울 수밖에 없다.

TV드라마 비즈니스 모델 사례 검토

영화산업과 유사하면서도 다른 형태의 특성을 가지고 있는 TV드라마는 영화의 비즈니스 모델을 참고하는 것이 어느 정도 효용성은 있겠지만 적절한 프로세스를 이해하려면 앞에서 말한 두 가지 차이점을 명확히 파악해야 한다. 따라서 장르적 특성에 기인한 접근이 필요하며, 이론적인 상황과 다르게 움직이는 현실적인 상태를 고려해야만 한다.

몇몇 성공적인 한국 드라마의 사례는 TV드라마 산업이 가야 할 비즈니스 모델의 영역을 제시해줬다고 볼 수 있으며, 그중 대표적인 드라마가 초기 일본 내 한류 붐을 조성한 <겨울연가>다. 이 드라마는 일본에서 방영된 지 거의 5년이 지난 2009년에도 관련 파생상품인 애니메이션 <겨울연가(완전판)>이 지속 방영됐다. 이 외에도 아시아 전 지역에서 한국 드라마의 인기를 확인해줬던 <대장금>과 일본시장을 기반으로 사전기획되고 막대한 물량을 투입하여 제작된 <태왕사신기>는 드라마의 금전적 성공을 떠나 다양한 형태의 비즈니스 모델을 지향했다는 점에서 사례분석의 대상으로 가치가 높다고 볼 수 있다.

우선 <겨울연가>가 창출했던 사례를 검토해보자. <겨울연가>는 사실 가장 교과서적이면서도 이론적인 형태에 가까운 비즈니스 모델 구조를 창출하고 있는 가장 좋은 예라 할 수 있다. 드라마 성공을 통해 1차 방송 및 전송, 복제권 시장(방영 및 DVD, VOD 등)을 창출했으며, 여기에 결집된 팬층을 기초로 2차 타 장르시장(소설, 콘서트, 뮤지컬, 애니메이션)에까지 진출하여 더 많은 콘텐츠 수용이 이뤄졌다.

수익기간에서도 한국에서 드라마가 방송된 2002년 이후 5년 이상이 흘렀음에도 일본 내에서 생명력을 유지하며 다양한 형태의 콘텐츠를 창출하고 있다.

<그림 2-6>처럼 <겨울연가>는 1차 시장인 TV광고에서 76억 원, 2차 시장인 파생상품 시장에서 2006년 기준으로 약 300억 원 이상의 수익을 창출했다. 특히 1차 시장이 방송사 영역이라면 제작사의 수익영역에 들어가는 2차 시장의 성과는 드라마 산업에서 아직까지도 가장 좋은 수익구조를 보여주는 형태다. 더불어 이러한 것을 가능하게 한 비즈니스

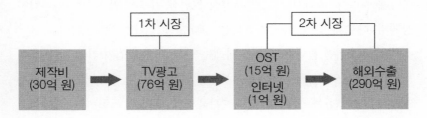

〈그림 2-6〉〈겨울연가〉의 수익구조(2006년 12월 기준)

1차 시장

2차 시장

제작비
(30억 원)

TV광고
(76억 원)

OST
(15억 원)
인터넷
(1억 원)

해외수출
(290억 원)

자료: 문화체육관광부(2008).

모델 역시 지금까지도 다양하게 전개되고 있다.

<그림 2-7>과 같이 <겨울연가>는 방영권을 비롯한 1차적 전송 및 저장매체 영역에서 출발하여 2009년의 애니메이션까지 다양한 형태의 비즈니스 모델이 기획 및 제작되어 수익영역을 지속화하고 있다.

이런 지속적인 비즈니스 모델 개발이 가능했던 것은 아마도 주인공 배용준의 꾸준한 일본 내 인기와 관리 그리고 적절한 매니지먼트가 어우러진 사업성과라고 볼 수 있다. 더불어 콘텐츠에서 만들어진 이미지의 힘이 얼마나 지속적이며, 매니지먼트 능력에 따라 사업적 연계가 어느 정도까지 가능한지를 여실히 보여준다. 다만, 여기서 특징적인 부분이 있다면 <겨울연가>의 경우 지적재산권의 내용에 따라 개별 사업주체가 존재하여 자신의 사업성을 지속화했다는 점이다. 기본적인 라이선싱 권리자는 KBS였지만 전송 및 복제권을 제외한 대부분의 타 장르 상품들의 경우 라이선싱 공유 및 저작권이 해당 사업자에게 존속하여 각 사업이 다양한 형태로 진행될 수 있었던 것이다. 즉, 방영 및 전체적 권리는 KBS, 복제권(DVD) 수익분배는 KBS와 팬엔터테인먼트, OST는 팬엔터테인먼트와 음반 관련자, 초상권은 배용준 매니지먼트사인 BOF, 2차 저작인 애니메이션은 KBS와 키이스트가 공동으로 가졌으며, 공연권은 연출자인 윤석호 감독의 윤스칼라 등으로 매체 및 장르별 저작권에 대한 권리자와 공유자가 설정됐다.

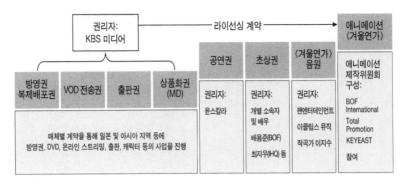

〈그림 2-7〉〈겨울연가〉라이선싱 흐름도

권리자: KBS 미디어							라이선싱 계약	애니메이션 〈겨울연가〉
				공연권	초상권	〈겨울연가〉 음원		애니메이션 제작위원회 구성:
방영권 복제배포권	VOD 전송권	출판권	상품화권 (MD)	권리자: 윤스칼라	권리자: 개별 소속자 및 배우 배용준(BOF) 최지우(HQ) 등	권리자: 팬엔터테인먼트 이클립스 뮤직 작곡가 이지수		BOF International Total Promotion KEYEAST 참여
매체별 계약을 통해 일본 및 아시아 지역 등에 방영권, DVD, 온라인 스트리밍, 출판, 캐릭터 등의 사업을 진행								

자료: 한국문화 콘텐츠진흥원 일본사무소(2009), 「전략적 킬러콘텐츠 일본진출보고」 재구성.

이러한 개별적인 수익가능 체계는 각계의 공유 및 권리자들에게 수익에 대한 동기부여를 높일 수 있었으며, 이것이 지금까지 콘텐츠 수명이 지속되고 있는 원인일 가능성이 높다. 물론 수익체계가 지나치게 개별화되면 저작권 계약 및 협상에 난맥이 생길 수 있지만, <겨울연가>의 경우 KBS가 주도적인 입장에서 협상력을 가졌으며 여기에 공유 및 개별 계약자로 확대되는 형태이기 때문에 자칫 혼란스러울 수 있는 저작권 및 권리관계를 정리하여 수익의 극대화를 이뤄낼 수 있었다. 그리고 이러한 각계의 노력은 전체적인 수익비율에서 광고 중심의 1차 시장과 방송 후 만들어진 2차 시장의 비율이 1:4.5 수준의 좋은 결과를 보여줬다.

두 번째 사례는 <대장금>을 통해 살펴볼 수 있는데, 부분적인 저작권 공유가 이뤄진 <겨울연가>에 비해 이 드라마는 방송사 주도적인 입장에서 비즈니스 모델이 만들어진 사례라 할 수 있다. 기획 및 제작, 편성, 방영 등 모든 것이 MBC에 의해 이뤄졌으며 모든 권리의 중심에는 MBC가 있었다.

2006년까지 <대장금>의 수익현황은 1, 2차 시장을 합쳐 약 502억

〈그림 2-8〉〈대장금〉의 수익구조(2006년 12월 기준)

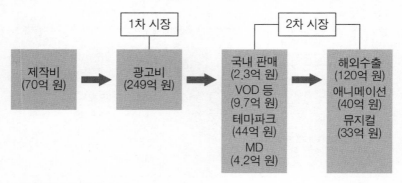

자료: 문화체육관광부(2008).

원에 달하는 것으로 보고되고 있다. 〈대장금〉의 시장은 아시아 전역이었으며, 규모나 제작비 면에서도 이전의 사례를 뛰어넘는 등 제2의 한국 드라마 붐을 조성하는 데 공헌을 한 드라마였다. 수익 역시 이러한 기대에 호응했다고 볼 수 있다.

〈대장금〉의 경우 사업권을 독점하는 형태에서 나타나는 장점만큼이나 단점도 있었다. 먼저, 장점으로는 일인사업자의 수익 극대화가 있다. 여기에는 다양한 사업을 한 번에 추진할 수 있는 기획적 단일성이 있었으며, 계약 및 협상에서 단일창구 효과를 가지고 협상력을 높일 수 있다는 이점이 존재했다.

그러나 산업 차원에서 〈대장금〉은 다양한 장르의 전문적 기획과 접근이 이뤄지지 못한 아쉬운 사례이기도 하다. 한 사업자를 중심으로 하고 나머지 하위사업자는 하청형태였기 때문에 수익동기 유발이 떨어질 수밖에 없었고, 장르적 전문영역의 이해도와 비즈니스 모델 개발이 취약할 수밖에 없었다. 한마디로 다양한 힘을 각 영역에 맞게 집중할 수 있는 동기부여가 약한 구조였다.

〈대장금〉은 확실히 콘텐츠로 성공한 드라마다. 하지만 수익 면에서는

〈그림 2-9〉 〈대장금〉 라이선싱 흐름도

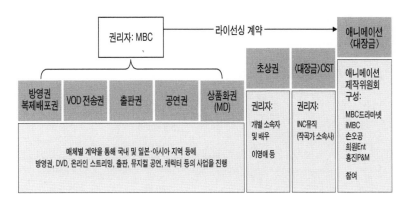

자료: 한국문화 콘텐츠진흥원 일본사무소(2009), 「전략적 킬러콘텐츠 일본진출보고」 재구성.

1차 수익인 광고비 249억 원을 제외하면 2차 시장수익이 대략 1:1 구조인 250억 원대로 <겨울연가>가 보여준 1, 2차 시장의 수익창출 비율인 대략 1:4.5와는 확연한 차이를 보여주고 있다는 점을 주목할 필요가 있다. 물론 아직도 다양한 형태의 파생상품 및 수익창출 기획이 이뤄지고 있지만 기간과 재투자 등을 고려할 때 <겨울연가>와 비교하기에는 수익적 차원에서 많은 아쉬움이 남는다.

세 번째 검토대상은 2007년 방영된 <태왕사신기>로 이 드라마의 제작 형태는 <대장금>과는 정반대다. <대장금>이 방송사 완전제작 형태라면 <태왕사신기>는 제작사와 투자자가 결집하여 대부분의 권리가 제작사에 귀속되어 있으며, 방송사는 방영권을 구입하는 형태의 사전기획형 드라마다. 총 24회를 제작했는데 총 430억 원(회당 18억 원 정도)이라는 보기 드문 예산이 투입된 대규모 드라마다. 이러한 <태왕사신기>는 일본 내에서 인기가 높은 배용준을 중심으로 제작됐으며, 제작 시 다양한 형태의 비즈니스 모델이 기획됐다.

(단위: 억 원)

국내	매출액(추정)	일본	매출액(추정)
출판	2.2	출판	31
DVD	-	메이킹 DVD	44
		DVD	50
머천다이징	-	머천다이징	108
OST	2.8	극장 상영	-
TV광고	96	OST	-
방송권	41	방송권	10
		출판권	15
소계	142	소계	258
합계	400억+α		

자료: 홍원석·김영덕(2008).

<태왕사신기>의 경우 다양한 비즈니스 모델을 창출한 데는 성공적인 요소가 많았다. 특히 드라마를 극장에 상영해 또 다른 형태의 이벤트와 영상의 결합이라는 비즈니스 모델을 창출하기도 했다.

그러나 수익부분에서는 막대한 자금조달에 따른 투자자 입장은 우선해야 하는 데다 드라마에서 핵심적 역할을 하고 있는 배용준에 대한 의존도가 너무 높아 메인 제작사에는 별다른 수익이 돌아가지 못하는 결과를 보여줬다. 더불어 제작사 중심으로 해외판매 활동 등이 진행되어 방송사가 가지고 있는 대외 신뢰도 및 협상력을 활용할 수가 없었다. 이는 해외 마케팅과 네트워크 활용에 약점으로 작용했으며, 전체적 수익규모를 확대하는 데도 취약할 수밖에 없었다. 사실, 제작사 단독으로 해외시장을 개척하기에는 한국 엔터테인먼트 산업의 규모나 신뢰도가 아직 여러모로 부족한 편이다.

<태왕사신기>는 결국 드라마는 성공적이었지만 드라마의 성공이 제

작사의 성공으로 연결되지는 못한 사례였던 것이다. 지나친 투자자금과 주연배우에 대한 의존도는 제작사 입장에서 '성공한 드라마, 실패한 사업'이라는 결과가 됐다. 총 430억 원가량이 투입됐지만 알려진 수익은 400억 원 선을 조금 상회하는 수준이었다. 지속적인 수익창출을 시도했으나 드라마 종영과 함께 이렇다 할 성과는 없었다.

그렇지만 <태왕사신기>는 여러 가지 가능성과 한계점을 시사해줬다. 그 첫 번째는 생각보다 더 다양한 형태의 해외자금이나 투자자금을 유치하고 이에 따른 파생상품군을 개발해야 한다는 것이었으며, 두 번째는 드라마 제작주체인 방송사, 제작사, 출연자가 서로 견제할 수 있는 상태에서만 가장 이상적인 비즈니스 모델을 창출할 수 있다는 점이다. 물론 합리적인 투자와 제작이 조합을 이룬다면 좋겠지만 기존의 방송사가 갖고 있는 해외시장 및 경제적 장점을 무시하면서 단독적인 진행을 펼치는 것은 사업의 안전성과 비즈니스 모델의 효율성을 극대화하는 데 많은 한계로 작용하게 된다.

이상적인 TV드라마의 비즈니스 모델

TV드라마 산업의 이상적인 비즈니스 모델은 아마도 드라마 제작주체 간의 상승적 결합을 통해서만 가능할 것이다. 그리고 현실적인 각 주체의 수익영역을 인정하면서 머천다이징 및 타 장르 진출에 대한 전략구성이 중요한 과제로 남는다.

우선 각 주체의 기본적 역할 및 수익내용을 검토해보자. 방송사의 경우는 편성 및 방송을 가장 기본적인 고유영역으로 가질 수 있다. 그리고 여기서 창출되는 1차 수익영역인 광고수익이 자신의 기본 수익이 된다. 제작사는 드라마 제작의 주체로 방송사에서 받는 제작비 수익과 제작지원 관련 수익이 주요하며 선택적으로 드라마 OST에 대한 수익구조를 가질 수 있다. 또한 매니지먼트사의 경우 배우의 출연료를 기본으로 드라마

구분		방송사	제작사	매니지먼트사
수익 영역		- 1차 TV광고 판매수익 - 2차 저작권 관련 수익 (방영권, 전송권, 복제권 등의 플랫폼 기반 저작권 내용을 중심으로) - 3차 타 장르 저작권자를 통한 분배수익(제작사 중 심 분배수익)	- 1차 드라마 납품수익, 제작지원과 PPL 수익 - 2차 저작권 분배수익 (방송사 중심 분배수익) - 3차 타 장르 창출 수익 (애니메이션, 출판, 공 연 등)과 상품화 머천다 이징 수익	- 1차 출연료수익 - 2차 초상권 관련 수익 및 CF광고수익 - 3차 해외매니지먼트 수 익, 방송사 및 제작사 파생상품 분배수익
비용 영역		- 드라마 및 방영권 구입비 - 본인 주체적 수익창출 제 비용과 일반관리비	- 드라마 제작비(출연료, 작가료, 일반제작비 등 포함) - 본인 주체적 수익창출 제비용과 일반 관리비	- 배우 매니지먼트비 - 본인 주체적 수익창출 제비용과 일반 관리비

흥행에 따른 부가적 CF 출연수익을 기대할 수 있는 구조를 가진다. 그리고
이러한 구조 내에서 각 주체별로 2, 3차 수익을 개발하는 것이 현재의
한국 드라마 산업구조상 안전성과 각 주체별 효용성을 극대화할 수 있다고
판단된다.

    <표 2-6>은 각 주체별 입장에서 가능하다고 판단되는 수익구조의
기본적 영역이다.

    먼저 방송사의 경우는 광고수익을 바탕으로 출발한다. 최근 광고수익에
대한 분배 요구가 제작사들로부터 나오고 있으나, 이러한 요구는 각 주체
별 기본 수익구조에 대한 이해관계를 더 첨예하게 만들 우려가 있다.
따라서 드라마 제작비 지출과 타 저작권 수익 공유 및 분배라는 차원을
고려하여 광고수익에 대한 방송사의 기본적 수익구도를 인정하는 것이
바람직할 수 있다.

    이러한 광고수익을 기본으로 방송사는 플랫폼 변동에 따라 발생하는
2차 수익인 방영권이나 전송권, 복제권 관련한 국내 및 해외 판매수익을

얻기가 용이하다. 용이하다는 판단은 지금까지 해외시장 및 해외 방송사 개척과 협조를 주로 방송사가 담당했으며, 신뢰도 및 업무교류에서도 제작사보다는 우월한 구조의 노하우가 있기 때문이다. 따라서 플랫폼 변동에 따른 수익을 주도하는 입장은 방송사가 가지는 것이 관련 저작권 수익을 증대시키는 데 효율적이다. 물론 여기서는 제작사와의 수익을 분배하는 계약이 타 장르 진출을 통한 수익모델과 연계되어 협의되어야 한다.

제작사 입장에서 1차 수익은 방송사 드라마 납품수익과 제작지원 수익 그리고 드라마 내의 PPL 수익이 기본이고 드라마 OST는 부가적인 것으로 볼 수 있다. 또한 이러한 수익형태 중 드라마 납품수익은 방송사 주도의 플랫폼 관련 수익에 연동하여 설정하는 것이 바람직하다.

지금처럼 회당 제작비 얼마라는 식의 평균적 접근이 아니라 실제 드라마 제작비에 대비해 창출 가능한 플랫폼 수익을 고려하여 드라마 납품수익이 결정되어야 한다. 그래야만 드라마의 1차적 성공을 통해 제작사의 사업적 안정성을 담보할 수 있으며, 타 장르 진출을 통한 파생상품화 수익의 기본 바탕이 재무적으로 이뤄질 수 있다.

또한 3차 타 장르 진출에 관한 저작권의 주도권은 드라마 제작사가 가지는 것이 콘텐츠의 제작 연속성을 증대시키는 데 바람직하다. 더불어 콘텐츠의 수익을 극대화하기 위한 상업적인 행보(트렌드 파악이나 의사결정 및 파트너 선정)의 효율성은 방송사보다 제작사가 높을 수밖에 없다. 그 이유는 투자 및 이윤추구가 제작사 자신의 미래와 직결되는 사안이기 때문이다. 특히 제작비가 50억 원대를 넘는 최근의 드라마 대형화 경향은 투자자들로 하여금 제작사에게 더 많은 상품화 능력을 요구한다. 따라서 이러한 요구를 수행하기 위해서는 관련 저작권이 제작사에 귀속되거나 제작사가 주도적인 입장이어야만 드라마 산업 속의 제작사 비즈니스 모델 이 영위될 수 있다. 또한 최근 드라마의 투자자 유치 경향은 방송사보다 제작사가 더 활발하게 움직이고 있으며 투자유치에서도 훨씬 더 유연한 입장에 있다.

방송사의 경우 공익적 목적과 타 방송 장르와의 형평성 및 다양성을 고려해야 하기 때문에 드라마 한 장르에 집중하는 것은 현실적으로 어려움이 많으며 바람직하지도 않다. 따라서 타 장르 관련 수익화 및 머천다이징이 제작사의 수익영역에 포함되는 것이 바람직하다고 볼 수 있다.

물론 여기서는 방송사와의 수익분배 노력이 2차 수익의 분배만큼이나 필요한 것은 당연하다. 또한 제작사는 이 영역에서 수익을 극대화하기 위해 출연자의 초상권을 공유하는 데서 매니지먼트사와 협의를 진행해야 한다. 최근의 드라마 수익화 과정은 특정 주체의 일방적인 노력만으로는 수익 극대화를 이루기에 모든 면에서 한계가 따른다.

매니지먼트사의 경우 1차적 수익에서는 출연료가 기반이라 할 수 있다. 다만, 여기서는 수익적 가능성을 근거로 출연료가 책정되어야 한다. 수익 극대화가 가능하다면 억대의 출연료가 결코 비싸다고 말할 수 없다. 특히 최근 아시아 내 지명도가 높은 배우들의 경우 그 배우들의 출연만으로도 관련국의 판매가 이뤄지는 경우가 많기 때문에 이에 상응하는 출연료 산정이 필요할 것이다.

그리고 스타 초상권 중심의 2차 수익이 가능하다. 최근의 초상권 관련 수익은 출연자의 스타 마케팅과 연계되어 드라마를 벗어난 다양한 기획이 시도되고 있는 상태다. 배용준의 경우 드라마가 인기를 얻은 지역에서 자신의 초상권 활용사업을 접목시켜 스타성을 극대화하는 전략을 펼치고 있으며, 드라마와 연계된 다양한 형태의 머천다이징에 주도적으로 참여하면서 매니지먼트 관련 수익을 다양화시키고 있다. 다만, 우려되는 부분은 지나치게 스타성을 내세우며 상품화가 이뤄진다면 상품의 수명이나 다양성이 현저히 떨어질 수 있다는 점이다. 그의 스타성이 현재까지 지속되는 것은 그 매니지먼트가 스타성과 함께 콘텐츠 개발이라는 다양성을 추구했기 때문이다. 그는 드라마에서 만들어진 이미지에서 출발하여 스스로 콘텐츠 능력을 키워 이미지 확장을 창출했으며, 이를 통해 팬들과의 지속적인 소통을 만들어냈다. 한마디로 그는 드라마 인기에 안주하지 않고 스스로 가치를 창출하여 오히려 드라마의 시간성을 확장시킨 것이다.

이러한 모습은 이상적인 매니지먼트의 전형으로 장기적인 수익구조를 창출하기 위해서는 드라마 제작주체 간의 협조와 독자적인 콘텐츠 창출전략이 반드시 필요하다는 것을 보여준 것이다.

이상의 각 주체 간 수익구조에 대한 논의와 제안은 반드시 고정적인 내용은 아니다. 다만, 각 주체의 역할과 기본 수익내용 및 효율성에 입각해서 검토한 것이며, 이러한 수익적 논의에는 지적재산권에 대한 상호 합의와 공유가 필수적인 요소다. 그리고 자신의 영역에 주요한 부분만을 주도해야 하며, 타 영역에 대해서는 분배를 받거나 혹은 타 주체의 지적재산권을 인정하는 형태로 가야 한다.

만약 이러한 저작권 공유 및 분배가 이뤄지지 않고 특정 제작주체가 독점하거나 과점한다면, 산업적으로 지향하고자 하는 이상적인 비즈니스 모델이나 수익구조의 창출은 각계의 이해관계로 소리만 요란할 뿐 미미한 결과를 가져올 것이다. 마치 <태왕사신기>나 <대장금>이 가지고 있던 뛰어난 가능성과 능력에 대비해 결과물은 약했던 것처럼 말이다.

제**3**장

TV드라마의 주요 수익요소

TV드라마의 주요 수익창구는 기본적인 수익분야와 플랫폼을 중심으로 한 방영 및 전송 등의 관련 수익, 개별 권리능력(2차 저작물[1] 작성권 등)을 중심으로 한 타 장르 진출 수익분야로 나눌 수 있다. 물론 이러한 수익원에 대한 접근점은 저작권에 대한 권리영역에 따라 그 주도적인 입장에서 확연한 차이가 난다.

이번 장에서는 이러한 구분을 바탕으로 세 가지 형태의 수익영역을 제시하고자 한다. 그 첫 번째 수익영역은 드라마의 제작 및 방영과 함께 수익이 발생하는 항목으로 정했으며, 2차 수익영역은 방송 영상물의 재투자 없이 수익이 발생하는 영역을 검토했다. 마지막 3차 수익영역은 드라마를 중심으로 신규제작 및 투자를 통해 타 장르에 진출한 수익형태를 검토했다.

---

1) 원저작물을 번역, 편곡, 변형, 각색, 영상제작 등의 방법으로 작성한 창작물을 말한다.

더불어 수익발생에서 기능적으로 더 유리한 주체들을 검토해보고자 했다. 물론 이러한 고려가 절대적인 사항은 아니며, 저작권 권리자가 어디에 있느냐에 따라 결정이 변동될 수 있는 사안이기도 하다.

1. 1차 수익영역

1차 수익영역은 드라마가 지상파를 통해 방영되면서 생기는 가장 직접적인 수익 내용을 말한다. 즉, 드라마 제작과 방영에 관한 비용 외에 추가비용이 투입되지 않는 상태에서 얻을 수 있는 내용으로 순수 드라마 제작 및 방영수익이라 하겠다.

지상파 TV광고 수익
• 성격: 드라마 방영 전후에 방송되는 TV광고 판매수익을 말하며, 단일 수익창구 중 가장 큰 비중을 차지하는 항목이다.

• 규모: TV광고 수익의 규모는 시청률에 의해 결정되는 광고 판매단가 기준에 따라 그 형태가 유동적이다. 국내에서 시행하는 방송광고 판매가 설정은 한국방송광고공사가 시행하는 탄력요금제 혹은 GS(Global Standard) 제도 방식에 의해 설정된다.

GS제도란 프로그램에 대한 고정적인 요금결정 방식이 아닌, 시청률, 수급상황, 광고주의 선호 욕구 같은 다양한 변수를 종합하여 만들어지는 것이며, 시청률처럼 변동되는 결과치에 따라 요금의 상승·하락폭이 탄력적으로 이뤄진다. 따라서 시청률과 같은 기준 자료의 신뢰성과 객관성이 주요한 내용이다.

그러나 이는 일반인 누구나 이해하기 쉬운 내용은 아니다. 따라서 한국

〈표 3-1〉 TV 방송광고비 산정방식

단계	항목	내역	산출 예
제1단계	평균 시청률 조회: ①	최근 2년간 평균 시청률과 최근 3개월간 평균 시청률을 평균하여 구함(테이블)	
제2단계	장르별 등급 조회: ②	프로그램의 장르별 평균 시청률을 지수화함(테이블)	
제3단계	프로그램 예상지수 산출: ③	평균 시청률과 장르별 등급을 곱하여 프로그램의 예상지수 산출(3.30~0.20점을 7단계로 구분하여 A~G 등급화)	①×②=③
제4단계	영업환경지수 조회: ④	수요가 150% 이상에서 40% 미만까지 13단계로 구분(테이블)	
제5단계	기준지수 산출: ⑤	영업환경 지수에 프로그램 예상지수를 곱하여 기준지수를 산출함	③×④=⑤
제6단계	매체별 초당요금 조회: ⑥	프로그램 총 재원에 프로그램 총 광고 허용량을 나눈 값(테이블)	
제7단계	광고초수 조회: ⑦	판매초수	
제8단계	기준요금 산출: ⑧	기준지수에 매체별 초당요금과 광고초수를 곱하여 산출	⑤×⑥×⑦=⑧

자료: 박원기·이규완(2008: 103).

방송광고공사가 발표하는 기준적인 광고판매가를 중심으로 평균적인 드라마 광고 판매수익의 규모를 어림잡을 수 있다.

예를 들면, 2009년 10월 서울 방영 15초 기준으로 미니시리즈의 광고판매단가는 약 1,200~1,300만 원 선에 형성되어 있으며, 이 금액을 기준으로 시청률에 따른 할증 또는 할인금액이 더해져 최종적인 광고판매가가 형성된다. 따라서 방송사들에게 시청률은 단순히 시청자들의 인기를 반영하는 수치가 아니라 경제적 지표로서 작용하는 것이며, 이것이 방송사들이 시청률 경쟁에 민감한 이유이기도 하다.

<표 3-1>은 한국의 방송광고비 책정과정을 도식화한 것이다. 위의 산정방식을 기초로 평일 미니시리즈 드라마의 대략적인 광고수익 예상금

〈표 3-2〉 한국방송광고공사 광고요금/편성표

구분	시간	KBS	기본단가(원/15초)
아침	6시	00 영상앨범산스페셜(월) 30 생방송오늘1부(월)	975,000 1,020,000
아침	7시	00 생방송오늘2부(월)	2,310,000
저녁	7시	10 무한지대(월)	6,075,000
저녁	8시	00 20시뉴스타임(월) 25 20시뉴스타임수도권(월) 35 스포츠타임(월) 50 위기탈출넘버원	9,120,000 9,120,000 10,125,000 10,530,000
저녁	9시	55 월화미니시리즈(월)	11,955,000
저녁	10시		
저녁	11시	05 미녀들의수다	10,170,000
저녁	12시	15 세계는지금(월) 45 이야기쇼락	3,570,000 1,320,000

주: '2009.10.26 KBS TV서울'의 광고요금/편성표.
자료: 한국방송광고공사(http://www.kobaco.co.kr/businessintro/business/market_fee.asp)

액을 산출해보면 우선, 프로그램당 방송광고 가능시간은 광고법이 허용하는 10/100을 적용할 때 70분 방영시간을 기준으로 7분이 나온다.

이를 15초 1단위로 나누면 28단위가 되며, 광고판매가 기준금액을 1,200만 원으로 산술 적용하면 회당 3억 3,600만 원이 가능하다. 이를 20회로 곱한 총액을 구하면, 67억 2,000만 원 정도의 광고수익이 가능하다. 물론 이는 드라마 시청률에 따라 증감이 생기며, 광고시간이 모두 팔려나가는 완판이 됐다는 가정이 필요하다.

좀 더 구체적인 사례를 확인하고 싶다면 "'선덕여왕' 광고 완판 130억 벌었다!"(≪뉴스엔≫, 2009년 8월 25일자)의 기사를 참조하면 된다. 이 기사는 드라마 <선덕여왕>의 광고수익에 관한 내용으로 현 광고비 산출의 구체적인 계산법이 기사화되어 있다.

제3장 TV드라마의 주요 수익요소

• 수익주체: 광고비에 관한 주요 수익주체는 방영 방송사라 할 수 있다. 최근 드라마의 대형화에 따라 수익 빈곤에 시달리는 드라마 제작사들에서 광고수익 배분을 요구하는 목소리가 일부 나오고 있지만, 기본적으로 방송사가 광고비 수익을 가져가며 이 중 일부가 드라마 제작비로 외주제작사에 지급되는 형태다. 따라서 광고수익 배분이라는 표현보다는 제작비와 저작권 권리에 대한 적절한 지급 및 허용을 요구하는 형태로 인식을 지속화시킬 필요가 있다. 개별 주체의 기본적인 수익내용을 흔드는 것은 산업적으로 기본 바탕을 흔들 수 있기 때문이다. 방송사 입장에서 제작사를 제외시키거나 하청구조로 산업을 진행시키는 것은 현실적으로 그리 어려운 일이 아니다. 만약 광고수익의 분배를 무리하게 요구한다면, 방송사는 아마도 저작권 및 수익분배를 고민할 필요가 전혀 없는 일본 TV방송사들의 드라마 제작방법론 중 일부인 제작프로덕션 계열사를 통한 재하청구조를 선택할 가능성이 높아지며, 이에 대해 반론을 제기할 만한 일반 제작사의 정당성은 급격히 취약해질 것이다.

드라마 제작비

• 성격: 드라마 제작사가 방송사에 납품하면서 방송사로부터 받는 금액으로 현재 그 성격에 대한 정의가 저작권 부분에 많은 이슈로 작용하고 있다. 만약 이 금액을 제작대행이라고 생각한다면 저작권은 방송사에 있으며, 제작사는 하청업체로서 제작비 이상의 저작권을 주장할 수가 없는 형태가 된다.

그러나 이 제작비를 방송사에 드라마 방영권을 파는 형태로 접근한다면 드라마 제작비는 방영권 판매가로 정의될 수 있으며, 기본적인 저작권은 제작사가 가진다. 다만, 방영권에 대한 영역 구분에 따라 1차 영상저작물에 대한 영역범주가 2차 논의가 될 수 있다. 그러니까 방영권 전체를 판 것으로 해석한다면 해외판매권은 방송사에 있지만, 이를 국내 자체 채널에 대한 방영권으로 적용한다면 해외방영권 역시 제작사에게 있는 것이다.

따라서 드라마 제작비에 대한 범위 적용에 따라 저작권 및 수익 가능한 영역의 범위는 아주 크다고 할 수 있다. 현재 한국 상황에서는 두 가지 내용이 혼재하면서 개별적 계약 상황에 따라 혼용되고 있다. 근본적으로 계약형태는 다양하게 만들어지는 것이 당연하다. 다만, 특정 주체가 지나치게 강조될 때 문제가 생기며 이에 대한 개선이 필요한 것이다.

• 규모: 드라마 제작비 금액은 실제 제작규모의 50~100%까지 지급되며, 미니시리즈의 경우 평균적으로는 80%를 기준으로 ±10% 선에서 결정되는 편이다. 더불어 일일극, 주말극, 미니시리즈 등의 극 형태에 따라서도 제작비 지급형태가 다양하다.

다만, 미니시리즈를 중심으로 본다면 보통 1억 원 선에서 지급된다고 볼 수 있다. 물론 그 이상의 경우도 많으며, 최대 1억 5,000만 원이 지급된 사례도 있다. 그러나 평균적으로 1억 원 선에서 ±10%가 보편적이며, 이를 기준으로 20회 방영을 산정한다면 20억 원 정도가 방송사에서 제작사로 지급된다.

• 수익주체: 드라마 제작사가 주요 수익주체이며, 제작사는 이 금액에서 출연료, 작가료 및 각종 제작비용을 지급하고 기초 수익을 구성한다. 물론 드라마가 대형화될수록 추가수익에 대한 여러 기획 및 장치들이 필요한 실정이다.

제작지원(제작협찬 수익)

• 성격: 제작지원은 드라마 제작비의 일부를 현금 혹은 현물 형태로 지원하면서 제작지원사의 자막 표기 및 기타 여러 가지 방법으로 드라마 상에 제작지원사의 서비스 및 상품 등을 간접적으로 노출해주는 형태를

〈그림 3-1〉 제작지원사 표기형태

말한다.

최근 드라마 제작비가 대형화되면서 제작지원 수익이 중요한 항목으로 떠오르고 있고, 방송사가 지급하는 제작비를 기본으로 생각한다면 제작지원 수익은 실질적인 드라마 제작수익으로 인식되는 경향이 있다. 따라서 제작지원사에 대한 의존도가 높아지고 있고, 이로 인해 제작지원사의 의도에 맞는 드라마 배경설정 등이 공공연하게 이뤄지고 있다.

방송사 역시 이러한 부분을 비공식적이지만 어느 정도 인정하고 있는 추세다. 이를테면 프로그램 말미에 붙는 제작지원 자막 노출은 기본으로 하면서 주인공의 직업이나 배경 등을 제작지원사가 원하는 형태로 변경하는 경우가 종종 있다.

• 규모: 제작지원비의 규모는 몇 개의 제작지원사가 드라마에 붙느냐에 따라 결정된다고 말할 수 있다. 2009년도 KBS 국정감사 자료에 따르면, 수목드라마 <아가씨를 부탁해>의 경우 8개의 제작지원사가 있었으며, 규모는 업체당 최대 2억 원에서 최소 8,000만 원을 지원받은 것으로 알려졌으며 총액은 9억 8,000만 원이었다. 이는 회당 9,000만 원 선의 제작비가 투입된 드라마 상황을 볼 때 10회 제작비에 해당하는 금액으로 제작지원이

유치된 아주 성공적인 사례라 할 수 있다.

　제작지원 유치는 기본적으로 드라마의 흥행성과 직결되는데 흥행성이 떨어진다는 판단이 들 경우는 제작지원이 없는 경우도 종종 있으며, 통상적으로는 3개의 제작지원사가 유치되는 편이다. 제작지원 금액은 평균적으로 1억 원 내에서 결정되며 총 3억 원 선의 제작지원 수익이 만들어진다. 물론 드라마의 화제성(話題性)과 예상 시청률에 따라 상당한 차이를 보이기도 한다. 어떤 드라마의 경우 제작지원사가 약 5억 원가량의 제작지원비를 지급한 경우도 있다.

　따라서 이러한 규모의 제작지원 수익은 드라마 전체의 수익구조를 예측하는 데 주요한 기초 수익원이며, 드라마 제작사들이 방송사의 드라마 제작비 다음으로 중시하는 수익원이라 할 수 있다.

　• 수익주체: 이 영역은 드라마 제작사가 주요한 수익주체이며, 주연배우 및 방송사의 협조도 일정 부분 요구된다. 배우의 경우는 특정 배우가 CF를 하고 있는 경우 이 부분과 어느 정도 영향관계하에 제작지원이 이뤄질 가능성이 높다. 자사가 광고하는 CF 주인공이 나오는 드라마에 제작지원하는 것이 전체적인 광고효과를 더욱 극대화할 수 있기 때문이다.

　또한 방송사의 경우 간접광고에 대한 일정 부분의 암묵적인 양해가 요구된다. 그러나 현실적으로 제작지원사의 모든 요구를 들어주기에는 방송 심의규정과 마찰이 일어날 소지가 크며, 방송사 내부의 심의규정과도 일정 부분 조율이 필요하다. 따라서 드라마 제작과정에서 방송사와의 소통을 통한 사전예방과 허용 가능한 범위를 찾는 과정이 필요하다.

PPL(Product Placement)

　• 성격: PPL이란 드라마나 영화 등에 사용되는 소품을 이용하여 제품 노출 및 서비스를 홍보하는 간접광고 방법론이다. 최초의 PPL은 영상제작사

〈그림 3-2〉 PPL 예시: 드라마 중 청소기 노출사례

가 소품을 구성하는 데 기업들로부터 제품지원을 요청하면서 시작됐다.

이러한 이유로 PPL은 제작사 입장에서 드라마 제작비 소품 및 각종 세트 비용을 줄이는 주요한 역할을 하는 장치다. 그러나 제품 제조사 입장에서 단순한 제품지원은 제품의 수명 및 관리 측면에서 그리 매력적이지 못했으며, 이러한 제조사의 불만을 해소하기 위해 제작사는 간접노출이라는 방법으로 제품을 홍보해준 것이다.

이 같은 PPL의 발전은 드라마 제작사 입장에서는 드라마 제작비 절감효과를 가져왔으며, 광고주 입장에서는 저렴한 광고매체의 발견으로 성장했다고 볼 수 있다. 더불어 제품시장의 경쟁이 치열해지면서 인기가 예상되는 드라마의 경우 PPL은 매력적인 제품홍보 수단이 됐다.

드라마 제작사 입장에서는 경쟁이 치열한 자동차, 통신서비스 등과 같은 제품의 경우 간접노출 수익을 받으면서 상품을 지원받는 경우도 있으며, 일반적으로는 소품 및 세트를 현물로 제공받아 제작비를 절감하는 효과를 보고 있다.

• 규모: PPL의 규모는 2009년 10월까지만 해도 음성적인 형태였다고 말할 수 있다. 2009년까지의 「방송법」은 TV드라마 간접광고를 엄격하게 규제하고 있는 상태였다. 따라서 정확한 규모를 예측하는 것은 현실적으로 어려웠다.

그러나 2009년 「방송법」이 개정되면서 2010년부터는 드라마나 오락프로그램에서 대사를 통해 해당 상품의 구매를 권유하거나 상품을 언급하는 것을 제외하고는 방송시간의 5%, 전체 화면의 25% 노출이 가능한 간접광고를 허용하기로 했다.

이로 인해 지금까지 음성적이던 PPL 시장은 크게 확대될 전망이며, 금전적인 규모로는 다소간의 시각차가 있지만 1,000~2,000억 원 정도의 시장이 형성되지 않을까 하는 의견이 있다. 아무튼 이 부분의 시장영역은 보다 활발하게 개발·확대될 것으로 예상된다.

또한 PPL은 금전적인 규모 외에도 실질적으로 제작비를 절감할 수 있는 다양한 장치들이 된다는 점에서 제작비 절감효과가 상당히 높은 영역이라고 말할 수 있다. 왜냐하면 최근 세트장 및 다양한 고가의 생활용품 등이 등장하고 있어 적절한 PPL이 없다면 드라마 제작에서 막대한 금전적 어려움을 겪을 수 있기 때문이다.

• 수익주체: PPL의 수익대상에 대해서는 2009년 11월 개정된 「미디어법」 적용에 따라 여러 가지 예측이 가능하다. 기존 PPL이 「방송법」에 위배되던 상황에서는 드라마 제작사들에게 (음성적인 상태로) PPL이 적용되어 주요 수익주체가 드라마 제작사였다. 그러나 PPL이 허용되면서 그 주도적인 수익주체로 방송사가 될 가능성이 높다는 인식이 커졌다.

드라마 제작사의 경우 그동안 방송사의 자체 심의에서 PPL이 일정부분 묵인하에 이뤄졌기 때문에 개정된 「미디어법」이 진행된다 해도 방송사 자체 심의부분은 여전히 해결해야 할 과제로 남는다. 그러나 방송사의 경우 PPL이 기존 방송광고 수익과 같은 항목으로 인식되어, 규모로는 광고수익에 비교되지 않겠지만 일정 부분은 수익영역으로 자리 잡을 가능성이 높다. 더불어 광고주 입장에서도 드라마 제작사와 계약을 진행하는 것보다는 방송사와 진행하는 것이 노출에 대한 보장성을 확보할 수 있다는 기대감을 높이는 일일 것이다.

이 같은 PPL의 정식 허용은 드라마 제작사로 향하던 PPL 기업들을 방송사로 이동시키고, 이로 인해 드라마 제작환경이 방송사로 향하는 PPL의 규모만큼 악화될 것이라는 우려를 낳고 있다. 다만, 이러한 우려가 정말 현실화될 것인지는 방송사와 제작사의 시각에 따라 달라질 수 있다. 현재의 드라마 제작비 규모상 드라마 제작환경은 규모가 큰 드라마일수록 제작사가 더 영향력을 행사하는 방향으로 갈 가능성이 높다. 따라서 PPL 영역 역시 이러한 주도권과 함께 움직이지 않을까 하는 판단을 해볼 수 있다.

물론 방송사의 자체제작이 많은 스포츠, 교양 및 오락 등의 영역이 있기는 하지만 이런 쪽으로 빠져나가는 PPL 규모가 드라마 제작사들이 생각하는 만큼의 영향력을 가질지는 좀 더 지켜봐야 한다. 만약 드라마 제작사들의 우려가 현실화된다면 이런 상황에 맞는 제도적 장치가 필요해진다. PPL을 허용한 근본적인 취지는 어려운 드라마 제작환경을 돕기 위한 것이며, 이는 방송사뿐만 아니라 외주제작사에게도 해당되기 때문이다.

국내 드라마 OST 발매

• 성격: 드라마 OST는 드라마의 배경음악을 말한다. 그러나 결과 면에서는 일반 가수의 음반 가치 이상의 결과를 보여주고 있다. 물론 여기에는 드라마가 화제성이나 시청률에서 성공해야 한다는 전제가 붙지만, 이것이 이뤄진다면 드라마 OST는 드라마 제작사 입장에서 상당히 순도 높은 수익원이라 할 수 있다.

〈그림 3-3〉〈에덴의 동쪽〉 OST

　드라마 OST의 매력을 보면, 우선 저작권과 관련한 권리가 대체로 OST 제작사에 있기 때문에 관련 수익 모두를 가질 수 있으며, 두 번째는 드라마 방영기간에 지속적인 노출을 통해 시청자들에게 꾸준히 선보일 수 있는 기회가 있다. 즉, 홍보에 대한 노력이 덜 들고, 시청자들의 호응이 높은 경우 일반 가수의 앨범보다 우월한 홍보채널을 확보하는 것이다. 마지막으로는 잘 만들어진 음원 한 곡만으로도 다양한 형태의 매출이 가능하다는 점이다. 인터넷, 휴대전화, 디지털기기 플레이어 등 여러 형태의 수요창구가 마련되어 관련 매출을 기대할 수 있다.

　더불어 드라마 OST는 드라마의 흥행 여부에 따라 해외 콘서트 등의 또 다른 가치를 창출할 수 있으며, 가수 발굴까지 가능한 만큼 여러 장점이 있다.

　이런 이유로 최근 많은 드라마 제작사 및 매니지먼트사가 드라마 OST 참여에 적극성을 보이고 있으며, 이는 단순한 음원수익에서 끝나는 것이 아니라 가수 발굴 프로젝트와도 연계되어 드라마 제작만큼이나 주요한 영역이 되어가고 있다. 특히 젊은 시청자가 주도적인 드라마의 경우 OST에 대한 관심은 더욱 높다.

• 규모: 드라마 OST 수익규모의 경우 명확하게 알려진 데이터는 없다. 따라서 몇몇 보도자료를 통해 그 수익규모를 어림잡을 뿐인데, 2009년 최고의 인기를 끈 <꽃보다 남자>의 경우 50억 원[2]의 수익을 올렸으며, 송승헌이 열연한 <에덴의 동쪽>은 OST 판권을 10억 원[3]에 양도했다는 보도가 있었다.

이처럼 드라마 OST는 드라마 수익구조에서 그 나름의 영역을 구축하며 침체된 음악산업에서도 꾸준한 수익을 내는 영역으로 알려져 있다. 그리고 이러한 강세 때문에 초기에는 참여를 잘 하지 않던 인기 절정의 가수들도 지금은 드라마 OST 참여에 적극적이며, 이를 통한 수익 및 인기를 확보하기 위해 많은 노력을 하고 있다.

드라마 OST의 제작비는 일관되게 형성되지는 않지만, 드라마의 형태에 따라 일일극이나 주말드라마는 5,000만 원 규모에서 만들어지며, 젊은 층 중심의 미니시리즈는 2억 원 이상의 제작비가 들어가는 경우도 종종 있다.

OST는 드라마 인기에 따라 제작구성이 조절되기 때문에 수익적 위험 부담이 비교적 적은 편이며, 수익이 발생한다면 수익률이나 수익기간 등에서 드라마와 함께 충분한 생명력을 가질 수 있다.

• 수익주체: 드라마 OST의 수익주체는 통상적으로 드라마 제작사인 편이다. 기존 방송사들이 제작지원, PPL과 함께 드라마 제작사의 고유한 수익영역으로 인식하면서 드라마 저작권과는 다르게 OST 부분의 저작권 문제는 없다. 물론 방송사가 드라마를 자체제작한 경우는 방송사에 있으며, 최근에는 드라마 OST에만 전문적으로 투자하는 유통사 및 전문 기획

2) "가수들 'OST 외도' '꽃보다 남자' 50억대 수익… 성공확률도 높아", ≪문화일보≫, 2009년 6월 3일자 참조.
3) "'에덴의 동쪽' OST, 日에 10억 원 판권 판매", ≪동아일보≫, 2008년 9월 9일자 참조.

사들도 있는 실정이다.

그만큼 드라마 OST의 비중이 드라마 산업뿐만 아니라 음악산업에서도 높아졌음을 알 수 있다. 이로 인해서 드라마 제작사들도 드라마 제작 시 OST 관련 판권을 관련 기업들에게 선판매하여 수익을 창출하는 경우도 종종 있다. 앞에서 언급한 <에덴의 동쪽>이 이와 같은 사례라고 볼 수 있다.

2. 2차 수익영역

2차 수익영역은 제작의 재투자가 이뤄지지 않은 상태에서 만들어지는 영역으로 방영 및 전송권, 복제권 등과 같은 저작권 영역[4]이 해당한다.

그러나 관련 권한 자체가 수익을 보장하는 것은 아니며, 특정 서비스 및 권리에 해당하는 저작권 내역이 단일하게 존재하는 것도 아니다.

더불어 2차 수익영역은 최근 드라마 제작사와 방송사 간의 첨예한 분쟁대상이 되고 있으며, 수익주체에 대한 정확한 구분은 현실적으로 무리가 있는 상태다. 이 절에서는 기능적 형태의 편리성 혹은 최근의 사례 등을 검토해보고자 한다.

국내 방송권

• 성격: TV에 방영된 드라마를 동시 혹은 일정 기간 이후에 재방영하는 권한을 말한다. 권리내용으로는 방송권과 전송권이 주요 해당 영역이며,

---

4) 저작권은 저작재산권이라고도 하며 그 주요 권리를 보면 복제권, 공연권, 방송권, 전시권, 배포권, 전송권 및 2차적 저작물 등 작성권으로 구성된다. 이 중 미디어 플랫폼에 관계되는 권리로는 복제권, 공연권, 방송권, 전송권 등이 핵심적인 사항이다. 다만, 이러한 권리가 명확하게 하나씩 존재하는 것이 아니라 다양하게 중첩되면서 권리·권한이 형성된다는 점이 중요하다.

최근 다양한 방영매체의 발달로 인해 관련 콘텐츠의 수요가 증가하면서 국내 방송권 시장도 조금씩 성장하고 있는 추세라 할 수 있다.

주요 대상매체로는 기존 케이블 채널에서 IP-TV, 위성채널, DMB 등이 있으며, 최근 각종 뉴미디어의 발달로 국내 방영 및 전송권 시장의 상당한 활성화가 기대되고 있다.

• 규모: 방송권에 대한 구체적 수익규모는 아직까지 정확하게 형성되어 있다고 볼 수 없다. 다만, 2009년 제작된 <꽃보다 남자>, <결혼 못하는 남자>, <아이리스> 등이 tvN과 OCN 등의 케이블 채널에서 지상파 방송시기와 별 차이 없이 방송되면서 관련 수요와 함께 시장의 가능성을 보여주고 있다. 그리고 이러한 흐름은 IP-TV 등을 통해 더욱 확대될 것으로 예상된다. 다만, 이전까지는 지상파가 방영된 후 일정 기간이 지난 후에 케이블에 유통되는 형태였으며, 그 수익규모도 큰 편이 못 되어 드라마 수익구조를 형성하는 데 큰 의미를 가지지는 못했다. 그러나 최근 케이블 채널의 시청자 선호도가 향상되면서 일정 부분 수익적인 모습이 나타나기 시작했으며, 드라마 제작사와 케이블 채널 간의 전략적인 편성이 나타나고 있는 추세다.

이는 그동안 케이블 채널이 지상파 프로그램의 재방송 채널이라는 인식에서 벗어나 수익적 구조로 발전해나가는 변화를 보여주고 있다. 또한 케이블 이 외에도 뉴미디어 채널들의 사업 개선은 국내 방송권 시장을 활성화시키는 요인으로 작용하고 있다.

• 수익주체: 국내 방송권 관련 주체로는 지상파 방송사가 주도적인 가운데 일부 드라마 제작사들도 수익률 배분 및 단독계약을 실행하고 있는 추세다. 또한 최근 케이블 채널의 시장성 확대와 드라마 제작사들의 능동적인 마케팅 활동이 증가하면서 기존 방송사 중심의 국내 방영권 사업이

조금씩 변화하고 있다.

특히 대규모 통신사들의 콘텐츠 유통채널로의 전략 변화와 케이블 채널의 대형화가 이뤄지면서 국내 방영권 시장의 활성화가 조금씩 증가하고 있는 추세다. 따라서 지금까지의 지상파 방송사 중심의 방송권 수익부분은 대체매체의 성장에 따라 변화의 여지가 점점 증가하고 있으며, 이는 드라마 제작사들에게 좋은 사업기회로 작용하고 있다.

스트리밍 서비스(VOD, 인터넷, 휴대전화)

• 성격: 스트리밍 서비스는 주로 인터넷 및 휴대전화를 통해 드라마를 재전송하는 서비스로 전송 및 복제권을 중심으로 이뤄진 형태라고 말할 수 있다. 케이블 등 타 미디어들은 일정 시간대에 서비스가 이뤄지는 데 반해, 이 서비스는 시청자 요구에 의한 VOD 서비스로 최근 급격한 활성화가 이뤄지고 있는 영역이라 하겠다. 특히 인터넷과 휴대전화가 개인 멀티미디어화되는 추세에 따라 해당 서비스의 영역은 드라마의 대중성을 떠나 특정 계층 및 마니아 중심의 성장이 이뤄지고 있는 추세다. 예를 들어 본 방송보다 인터넷 및 휴대전화 스트리밍 서비스 방송의 시청률이 더 높은 경우도 종종 있는데, 이는 특정 시간대에 고정된 방송시간 패턴을 피하고 싶어 하는 시청자층이 나타나고 있다는 것이다. 지상파 시청률 경쟁에서 실패한 드라마라도 작품성에 호평이 이어지는 경우 마니아 중심적 성향을 획득하여 VOD 서비스를 통해 다시 힘을 얻는 경우도 발생하고 있다.

• 규모: 드라마의 전체적인 수익 합계가 통계화된 사례가 없기 때문에 개별적으로 검토해보면 <대장금>의 경우 총 54회의 방영분을 통해 약 10억 원의 VOD 수익[5]을 올렸으며, 2003년 방영된 <올인>도 약 15억 원의 수익[6]을 올렸다. 특히 <올인>의 경우는 총 24회 방영된 드라마로

처음부터 인터넷 VOD 서비스(다시보기, 미리보기, 대본보기, NG컷 보기 등)에 대한 수익화를 기획하여 기대 이상의 성과를 달성한 사례라 하겠다.

물론 요즘은 불법 다운로드 및 스트리밍 서비스로 인해 수익효과가 극대화되지 못하고 있는 것이 사실이나, 이미 시청자들이 드라마를 스트리밍 또는 다운로드해서 볼 수 있는 여건과 욕구가 만들어진 상황이며, 2009년부터 더욱 강화된 「저작권법」에 의해 향후 수익시장의 전망은 더 좋아질 것으로 예상된다.

• 수익주체: 현재까지의 주요한 수익대상은 방송사였다. 그러나 VOD 시장의 여건이나 향후 성장세를 검토했을 때 방송사보다는 제작사가 더 많은 형태의 서비스 개발 및 사업제휴를 시도할 수 있는 상태라 할 수 있다. 왜냐하면 기존 지상파 방송사들은 일정 부분 케이블 시장도 장악하고 있기 때문에 VOD 서비스가 가능한 뉴미디어 영역의 신규매체(IP-TV, 디지털 방송 등)와 대립이 불가피한 상황에 있다. 따라서 지상파 방송사에게 경쟁적 관계인 신규 매체와의 협력을 기대하는 것은 일정 부분 한계가 있다.

또한 이미 독점적 사업자인 지상파 방송사의 영역 확대는 다매체 시대를 지향하는 미디어 정책에 부정적인 영향력을 발휘할 가능성이 높다. 따라서 신규 미디어 시장을 활성화하기 위해서는 우월적인 위치를 점하고 있는 지상파 방송사보다는 상호 협력이 가능한 제작사가 더 역동적인 사업제휴 및 사업개발을 시도할 여지가 많다.

---

5) 홍원식·김영덕, 「드라마 부가시장 활성화를 위한 고찰: 지상파 방송을 중심으로」, "국내드라마 경쟁력 확보 방안 II 세미나" 제2발제(한국방송영상산업진흥원, 2008), 26쪽, '표 6: <대장금> 수익 다각화 사례' 참조.

6) 이문행, 「방송 콘텐츠의 수익창출구조에 대한 연구」, ≪방송연구≫(2003, 여름호), 234쪽, '표2: 드라마 <올인>의 창구별 수익규모' 참조.

국내 DVD 발매

• 성격: 방영된 드라마를 DVD 저장매체를 통해 개인에게 판매하는 형태이며 주요한 권리내용으로는 복제 및 배포권이 있다. 최근의 드라마 DVD는 단순히 기존 드라마 원본 외에도 NG컷과 감독판 등의 다양한 콘텐츠로 구성되고 있다.

• 규모: 국내 드라마 DVD 시장은 아직 초기에 해당하며, 완전한 시장구조를 가지고 있다고 볼 수 없는 상태다. 다만, 이용자들이 불법 다운로드 등의 방법으로 기존 드라마 영상을 소유하고 있는 형태여서, 관련 시장의 성장 가능성을 점칠 수 있으며, 대규모 시장 확대보다는 CD 판매(음반산업) 규모의 시장(700억 원 전후, 2007년 기준)이 형성되지 않을까 예측해볼 수 있다.

물론 이러한 생각은 음반매체가 단순 감상용이 아닌 개인 소장용으로 소비가치의 변화를 가져오고 있는 점에 기반하며, 이러한 소비형태는 음반 외에도 영상분야로까지 확대될 가능성이 있다는 가정이다. 특히 개인의 문화적 취향과 소비능력이 향상되면서 드라마 DVD 시장도 소장용 시장으로서의 가능성이 있다. 다만, 영화 DVD 시장의 경우 약 200억 원대(2008년 기준) 수준으로 거의 고사상태라 볼 수 있는 상황이다. 이런 이유로 드라마 DVD 시장을 활성화하기 위해서는 그 나름의 아이디어가 필요하며, 또한 드라마 DVD 시장은 기존에 없었던 영역으로 새로운 기획과 아이디어에 따라 신규 수익항목이 될 가능성이 높다고 할 수 있다.

• 수익주체: 방송사가 가장 주도적인 수익주체이며, 제작사들이 일부 권리를 행사하고 있다. 현재로는 DVD 시장에 대한 신규 아이디어가 거의 없는 상황으로 새로운 수익주체들의 참여가 필요하다.

해외방영권(판권)

• **성격**: 해외방영권은 드라마에 대한 방송권리를 외국 방송사에 판매하는 것을 말한다. 여기에는 계약내용에 따라 여러 가지 차등이 있겠지만, 자국 내 방영 및 전송에 대한 배타적인 권리 일체를 판매하는 형태가 대부분이며, 통칭 해외판권이라는 표현을 쓰는 것이 방영권 판매라는 말보다는 더 일반적이다.

지금의 드라마 산업이 엔터테인먼트 산업 또는 문화산업 전반에 주요한 이슈로 부상한 것은 바로 이 해외방영권 판매수익에 따른 엄청난 부가사업의 신장 때문이라고 하겠다. 그러나 현실적으로는 해외방영권 자체가 큰 수익을 올려주는 경우는 드문 상태이고, 해외방영을 통해 해당 국가 내에서 인기를 얻은 경우 부가수익을 창출하는 교두보로서의 역할이 가장 중요하다고 하겠다. 따라서 해외판권 자체는 수익에서 큰 부분은 아니다. 하지만 부가수익을 위해서는 해외판권이 1차적으로 창출되어야 하기 때문에 가장 중요하면서도 직접적인 사안이라 하겠다.

• **규모**: 2009년까지 알려진 자료에 의하면 드라마 편당 최고 해외판매가는 이병헌이 주연한 <아이리스>(총 20회, 제작비 200억 원)로서 일본에 회당 2억 5,000만 원[7]에 판매되어 총 50억 원의 수익을 창출했다.

이 외에도 류시원이 주연한 <스타일>(총 16회)은 1억 5,000만 원, 일본 원작을 리메이크한 <꽃보다 남자>(총 20회, 제작비 70억 원)가 1억 2,500만 원, 소지섭 주연의 <카인과 아벨>(총 20회, 제작비 75억 원)이 1억 원, 송승헌 주연의 <에덴의 동쪽>(총 55회, 제작비 250억 원)이 1억 원에 일본에 판매됐다. 또한 배용준 주연의 <태왕사신기>(총 24회, 제작비 430억 원)는 회당 2억 800만 원에 판매되어 지금까지 역대 2위의 판매가를 기록하고

---

7) "이병헌 이름값=50억 원 가장 비싼 한류 일냈다", ≪스포츠동아≫, 2009년 8월 5일자 참조.

있다.

이러한 판매가격을 기준으로 한다면 일본에서 스타 혹은 국내 화제성이 높은 드라마의 경우 회당 1억 원 선의 판매가를 형성할 수 있다는 막연한 추론이 가능하다. 그러나 이러한 판매가는 실 제작비를 고려한다면 25% 내외라고 할 수 있으며, 아시아권 전체의 해외방영권 판매를 통해 얻는 수익규모는 총 제작비 대비 약 40~50%대의 금액이라 할 수 있다. 따라서 방영권 판매 이외의 수익장치가 반드시 필요한 것이다.

또한 실익을 위해 방영권 판매가를 지나치게 상승시킬 경우 오히려 드라마 수요를 위축시킬 수 있으며, 일본을 제외한 타 아시아권의 경제적 상황이나 환경을 참고한다면 한국의 제작원가를 고려한 드라마 수출은 현실적으로 불가능한 상태다.

더불어 해외방영권 판매가 상승을 통한 이익 확대는 드라마의 해외시장 진입을 막을 수 있으며, 이로 인해 부가상품 시장을 근본적으로 차단함으로써 득보다 실이 많을 수 있다. 따라서 전략적인 가격 산출 및 판단이 반드시 필요하다.

• 수익주체: 해외판매에서 가장 주요한 수익주체는 방송사다. 특히 해외 방송사와의 네트워크 및 교류창구가 기존 방송사에 있기 때문에 방송사가 지속적으로 창구 구성을 주도하는 상황이 유효할 것이다. 더불어 한국 개별 제작사의 계약 신뢰성이나 규모 등을 고려할 때 방송사가 계약의 주요한 창구 역할을 하는 게 더 효율적일 수 있다. 다만, 이러한 창구 독점화는 제작사의 성장을 저해할 수 있기 때문에 서로의 역할 분담을 통해 상호 보완능력을 강화해가는 것이 가장 바람직하다고 볼 수 있다. 더불어 현실적으로 몇몇 드라마 제작사들의 경우 섬세한 계약능력을 확보하기에는 좀 더 많은 시간이 필요한 상황이다. 따라서 방송사와의 상호 보완적인 작용이 필요하며, 이는 아시아 창구 및 세계 창구로 나아가는

한국적 시스템으로 발전시켜볼 만한 내용이 될 수 있다. 방송사가 주도적
으로 계약을 맡고, 제작사는 관련 파생상품 시장을 담당하는 상호 역할론
이 가능할 것이다.

해외 DVD 발매

• **성격**: 해외 DVD 발매수익은 지금까지 만들어진 부가상품 수익 중
가장 큰 비중을 차지하고 있다. 그리고 인터넷 및 뉴미디어의 확장으로
단순 시청용에서 소장가치를 중심으로 한 구매형태로 변해가는 추세에
있다. 다만 아시아권 DVD 시장의 경우 일본 중심의 시장이 형성되어
있을 뿐 타 아시아권 지역에서는 아직 저작권이나 관련 제도 및 합법적
유료시장이 형성되어 있지 않아서 불법 및 해적판이 난무한 상태다.

• **규모**: DVD 시장은 초기 한국 드라마의 일본 진출기에 가장 큰 부가
수익 영역이었으며, 인기가 높았던 <겨울연가>는 2005년 초까지 약
40만 장 정도가 팔린 것으로 조사됐다. 그러나 이런 판매흐름은 지속적
으로 하락하여, 제2의 한국 드라마 붐을 일으켰다고 평가받은 <대장
금>은 2005년 말까지 약 1만 장 정도가 판매된 것으로 알려졌다.

따라서 전체적인 해외 DVD 시장은 국내시장과 마찬가지로 축소되어
있으며, 예전처럼 시청용 구매가 아닌 소장 목적으로 구매되는 형태다.
특히 인터넷 등의 뉴미디어 채널들의 발달은 관련 DVD 시장의 단순가치
를 더욱 협소하게 만들고 있는 상태다. 따라서 기존 DVD에 대해 영상복제
물이라는 개념에서 새로운 형태의 발상 전환이 필요한 시점이다.

특히 다양한 휴대용 영상 플레이어의 발달은 관련된 콘텐츠 수용을
촉발시킬 여지가 많은 영역으로, 새로운 형태의 영상저작물 접근법에
따라 관련 DVD 시장 혹은 신규 영상저작물 시장의 가능성은 열려 있다고
볼 수 있다.

<표 3-3> TV드라마 DVD 판매량 랭킹 데이터(일본)

순위	타이틀	판매장수	발매일
1	겨울연가 DVD-BOX I	18만 9,743	2003.8.21
2	겨울연가 DVD-BOX II	18만 9,065	2003.10.22
3	24 시즌 Vol.1	7만 6,010	2003.11.1
4	다크엔젤 Vol.1	6만 4,408	2001.7.6
5	춤추는 대수사선 연말특별경계 스페셜 완전판	5만 4,833	2001.1.17
6	춤추는 대수사선 가을범죄박멸 스페셜 완전판	4만 7,292	2001.1.17
7	24 DVD콜렉터스박스1	4만 841	2003.11.21
8	24 시즌3 DVD콜렉터스박스	4만 62	2004.12.22
9	호텔리어 DVD-BOX	3만 7,678	2004.1.9
10	아름다운 날들 DVD-BOX II	3만 6,254	2004.6.23

자료: 1999.4.5~2005.2.14, 오리콘 조사(oricon.co.jp), 김만제(2006: 202)에서 재인용.

<표 3-4> 한국 드라마의 부가상품 판매현황(일본)

구분	겨울연가	아름다운 날들	올인	대장금
DVD(세트)	38만	8만	4만	1만
VHS(세트)	4만	2만	1만	5백
소설(권)	122만	31만	13만	-
가이드북(권)	46만 5,000	12만 7,000	11만 5,000	13만

자료: NHK(2005.12), 김만제(2006: 203)에서 재인용.

일본 내 최고의 인기를 구가하는 배용준 주연의 <태왕사신기>의 경우 일본 DVD 시장의 침체에도 불구하고 약 94억 원대의 추정 매출실적을 보여줬다. 물론 배용준이라는 특급 스타의 힘이 작용한 결과지만 이 역시 스타성을 극대화한 판매전략의 성과라 할 수 있다.

• 수익주체: 현재까지 해외 DVD 관련 수익주체의 중심은 방송사며, 여기에 계약이나 해외판권 판매 시 협의내용에 따라 다양한 수익배분이 일어나고 있는 형태다. 실제 <겨울연가>의 경우 주 계약은 방송사가 진행했으나 관련 수익은 제작사와 일정 부분 배분이 이뤄졌다. 그 결과 방송사와 제작사 모두 관련 드라마 성공에 따른 수익 결실을 이뤘다.

최근에는 드라마 투자금액을 중심으로 방송사와 다양한 형태의 계약이 진행되고 있으며, 이를 통해 제작사의 수익과 방송사의 수익이 상호 보완되는 형태를 보여주고 있다. 다만, DVD 발매수익이 현저히 줄어들고 있기 때문에 좀 더 다양한 아이디어와 전략이 필요한 상황이다.

3. 3차 수익영역

3차 수익영역은 드라마에서 파생된 다양한 형태의 이미지를 이용하여 신규제작 및 재투자가 이뤄져 상품화되는 것들이 이익을 창출하는 수익분야라 할 수 있다. 3차 영역의 특징은 드라마 제작 외의 또 다른 창작비용이 첨가되면서 일정 규모 혹은 드라마 제작비 이상의 재투자가 필요한 경우도 종종 있으며, 이를 통해 원래의 드라마 수익보다도 더 많은 수익 발생이 가능하다는 것이다. 다만, 이러한 대규모의 재투자가 필요한 만큼 3차 영역에 대한 투자는 장기간의 판단에 따른 전략이 필수적이다.

구체적인 규모를 산정하기가 어려운 관계로 몇 가지 사례를 통해 지금까지 이뤄진 내용을 검토해보기로 한다.

드라마 OST 해외 발매
• 성격: 드라마 OST의 해외 발매는 드라마 내의 배경음악과 함께 가수 발굴 및 해외 진출이라는 목적이 첨가되는 경우가 많다. 특정 드라마의

성공은 관련된 OST의 성공과 직결되며, 따라서 드라마 OST를 부른 가수 역시 그 지역 국가에 진출하는 데 상당히 유리한 지점을 차지할 수 있다.

• 주요 사례: 가장 성공적이었던 <겨울연가>의 경우 일본에서 드라마 OST 앨범이 약 100만 장 이상 판매됐으며, 이 외에도 초기 히트한 한국 드라마들의 OST가 일본 오리콘 차트에서 상위를 기록하며 관련 수익을 확대해나간 경우가 많았다.

특히 박용하, 류시원 등은 드라마 OST 참여를 통해 일본 내 음반활동을 시작했으며, 30만 장 이상의 판매고를 올리는 등 드라마가 만든 상품 중 OST 분야는 음반수익이라는 직접수익과 가수 발굴 및 매니지먼트 수익이라는 장르 파생효과를 가져왔다.

• 수익주체: OST 발매에서는 제작사와 가수 관련 매니지먼트사가 주도적인 수익자로 참여하고 있다. 더불어 현재 OST 관련 시장의 수익 안전성으로 인해 OST에만 전문으로 투자하는 음반기획사 및 투자사들이 나타나고 있으며, 이들은 국내뿐만 아니라 드라마가 방영되는 해외에서도 유기적인 마케팅을 시도하면서 관련 수익의 극대화를 유도하고 있는 상태다.

서적 발매

• 성격: 드라마 대본을 기초로 한 가이드북 또는 소설 등을 발매하는 형태다.

• 주요 사례 : 적절한 규모를 산정하기는 어려우나 일본에서 발매한 한국 드라마 관련 책자 판매량을 보면, <겨울연가>의 소설 및 드라마 가이드북은 170만 부가량 판매됐다. 이 외에도 <아름다운 날들>은 35만 부, <대장금>은 약 13만 부가 판매됐다고 한다.

물론 모든 드라마가 소설화되거나 가이드북이 나오는 것은 아니지만 성공적인 드라마의 경우 국내외적으로 소설 및 관련 출판저작물들이 발매된 사례가 많다.

• 수익주체 : 제작사를 중심으로 작가와 계약하는 형태에서 수익의 중심부가 결정된다.

드라마 콘서트 및 팬미팅

• 성격: 국내에서는 활성화되어 있지 않지만, 일본 및 아시아권에서는 국내 배우들의 스타성과 드라마의 화제성 등을 바탕으로 공연 및 콘서트, 팬미팅 등이 공연상품으로 구성되어 자리를 잡은 상태다.

• 주요 사례: 일정 수준의 규모는 형성되어 있지 않으며, 드라마의 화제성과 스타성에 맞추어 공연티켓 가격이 형성된다고 말할 수 있다. 기본적으로는 개별국 공연가격의 중상위 수준이 책정되는 경향이 강하다.

• 수익주체: 제작사, 매니지먼트사 그리고 방송사 등 다양한 형태의 수익주체로 구성되어 있다. 가장 장기적인 효과를 누릴 수 있는 주체는 배우다. 다만, 드라마 콘서트가 드라마 영상, OST, 배우로 구성되는 특징상 관련 제작주체들의 상호 협조가 필수적이다.

드라마 단일상품 개발

• 성격: 드라마 관련 소품 및 명칭 등을 이용한 개별상품 개발을 지칭하는 것으로, 주로 드라마 PPL과 연계된 형태의 상품이 주류를 이뤘으나 몇몇 드라마의 경우는 자체 드라마명을 브랜드로 내세워 본격적인 상품 개발을 이루기도 했다.

〈그림 3-4〉 드라마를 이용한 상품화 사례

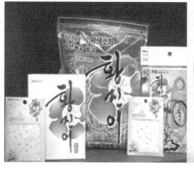

• **주요 사례**: 드라마 <황진이>를 이용한 '황진이 쌀', '황진이 화장품', <주몽>의 '주몽 복분자주' 등이 대표적인 사례다. 다만, 아직까지 대중적인 성공을 이룬 경우는 없는 실정이다.

그러나 드라마의 인기를 이용한 상품화 라이선싱과 시장 개발은 다양한 형태의 제조업과 사전 교감을 통해 전략적 런칭이 가능한 영역으로 지속적인 관심과 노력에 따라 새로운 가능성을 창출할 수 있다고 볼 수 있다.

• **수익주체**: 드라마 라이선스 권리자를 중심으로 제조업체와의 연관을 통해 수익주체가 형성된다. 기존의 방송사 중심적 라이선스 형태는 다양한 상품화 개발에서 드라마 제작사보다는 소극적인 입장일 가능성이 높다. 따라서 의사결정 관계나 투자유치에 다양한 계약형태를 수립할 수 있는 드라마 제작사가 주도적인 입장에 서는 것이 상품화 성공에 더 유리할 수 있다.

타 장르 진출(공연, 뮤지컬, 애니메이션, 영화, 게임)

• **성격**: 드라마 원작을 바탕으로 하여 타 장르 형식을 제작하는 형태로서 가장 왕성한 활동이 이뤄지고 있는 장르는 공연, 뮤지컬이며, 애니메이션

및 영화, 그리고 온라인 게임까지 다양한 형태의 진출이 이뤄지고 있다. 특히 성공한 원작의 다양한 콘텐츠 활용은 이러한 타 장르 진출현상을 더욱 본격화하고 있다.

• 주요 사례: <겨울연가>가 뮤지컬로 장르 진출을 한 이후 상당히 많은 히트 드라마들이 다양한 형태로 타 장르 진출을 이뤘으며, 특히 뮤지컬 분야에서 인기 있는 드라마들이 많이 활용되며 시너지를 올리고 있다. 2009년 방영된 <선덕여왕>은 높은 인기 덕에 드라마가 방영되는 중간에 뮤지컬화가 결정되어 제작에 들어가기도 했다.

현재 TV드라마의 인기를 바탕으로 만들어진 뮤지컬은 <겨울연가>, <대장금> 등이 있으며, 이들 뮤지컬에 투입된 제작비는 각각 20억 원과 60억 원이다. 그리고 <선덕여왕>에는 25억 원의 제작비가 투입됐다.

이 외에도 성공한 드라마의 타 장르 진출은 비교적 활발하다고 볼 수 있는데, <겨울연가>와 <대장금>의 경우 애니메이션으로까지 만들어져 드라마의 연속성을 지속적으로 이어가고 있는 상태다. 특히 <겨울연가> 애니메이션은 2009년 10월부터 일본에 방영됐다. 이는 드라마가 일본에 방영된 지 5년이 넘은 상태에서도 배용준을 중심으로 꾸준한 인기를 끌고 있음을 보여주는 것이다.

• 수익주체: 주요 수익주체는 권리자와 제작 참여자다. 다만, 방송사가 중심인 경우 특정 분야에 대한 전문성 확보 및 이해에 많은 시간이 소요되며 이에 따르는 기회비용이 높은 편이다. 이에 반하여 드라마 제작사 혹은 매니지먼트사에서 계약을 진행하는 경우는 수익률에 따르는 판단이 먼저 이뤄지기 때문에 비교적 꾸준한 진행이 가능하다. 다만, 제작사의 자본력이 약하면 콘텐츠의 지속적인 유지와 발굴이 이뤄지지 못하는 경우도 많다. 그런 이유로 방송사, 제작사, 투자자들 간의 2차 제작협의 구성이

필요하다고 할 수 있다.

물론 제작사의 자본투자 능력이 검증된다면 제작사 중심의 2차 제작구성이 콘텐츠 상품화 및 타 장르 진출을 통해 수익 극대화를 이루기 때문에 비교적 유리한 위치다.

드라마 세트장 테마파크

• **성격**: 테마파크는 드라마의 대형화와 맞물려 형성된 시장가치로 초기 드라마 한류가 확산되면서 드라마 촬영지가 일본 및 아시아 시청자들에게 관광명소로 자리 잡는 현상 가운데 만들어졌다.

드라마 테마파크는 적게는 몇십억 원에서 많게는 100억 원 이상이 투입되는 대규모 사업으로 장기적이면서 치밀한 콘텐츠 운영전략이 필요하며, 단순 드라마 촬영 및 드라마를 통한 수익 아이템 확보 차원에서 접근하기에는 여러모로 무리한 내용이 상존하고 있다. 따라서 드라마 종료 후에도 지속 가능한 운영능력 및 콘텐츠 발전전략이 필수적이다.

• **주요 사례** : 2009년도까지 만들어진 드라마 세트장은 약 32군데로 2005년도 전라남도에 제작된 드라마 <해신> 세트장에 150억 원의 제작비가 들어갔으며, 그 외에도 <올인> 29억 원, <풀하우스> 4.7억 원, <연개소문> 50억 원, <불멸의 이순신> 42억 원, <태왕사신기> 150억 원이 들었다. 현대극보다는 주로 사극에 평균적으로 세트장 제작비용이 많이 들었다. 그러나 이러한 세트장 중 관광객을 유치해 지속적인 수익화를 이루고 있는 곳은 몇몇에 불과한 실정이며, 이는 지방자치단체의 재정지출에 많은 문제를 야기하고 있다. 현재 운영비 대비 수익을 내는 세트장으로는 <서동요>, <불멸의 이순신>, <사랑과 야망>, <주몽>, <토지> 정도가 있는 것으로 조사됐다.

〈표 3-5〉 드라마 세트장 운영현황

(단위: 백만 원)

시·도 (시·군)	명칭	건립비용	연간 운영비 (조달내역)		입장료 등 수입금	비고
경기도 (용인시)	신돈	11,000 (시 5,500, MBC 5,500)	MBC 운영		무료개방 (한시적)	
충북 (제천시)	KBS	1,464(시비)	60		14(주차료)	
	SBS	2,000(시비)	80		173	
충남 (부여)	서동요 오픈	6,000(군비)	145(군비)		376	
전북 (부안군)	영상 테마파크	7,000 (도비 2,000, 군비 2,000, 민자 3,000)	351 (수입금)	110 (2007년 인건비 60 관리비 50)	340	
	전라좌수영	4,240 (도비 2,970, 군비 1,270)	24 (군비)		340 (2007년 입장 수입 260, 대 관수입 80)	
	석불산 영상랜드	1,760 (도비 1,530, 군비 230)	24 (군비)			
경남 (합천군)	합천영상 테마파크	8,500 (국비 2,015, 지방비 6,485)	50		133	문화관광부 관광자원 개발사업
제주 (서귀포시)	올인 하우스	2,950 (지방비 500, 민자 2,450)	792 (민자)		576(연간)	
전남 (순천시)	사랑과 야망 촬영장	6,400 (시비 5,100, 도비 1,300)	120 (2006.1.12~현재)		340 (2006.2.4~ 10.10)	
전남 (나주시)	삼한지 테마파크 (주몽 촬영장)	8,000 (교부금 400, 도비 2,000, 시비 5,600)	180 (2006.7.1~10.16, 운영수입으로 조달)		654 (2006.7.1~ 10.16)	국악공연 10회
전남 (완도)	해신 세트장	15,000 (도비 2,500, 군비 2,500, 민간 10,000)	97 (군비)		942	

경북 (문경)	가은오픈세 트장(연개소 문 촬영장)	6,000 (시비)	15 (시비, 6~9월)	-	세미나 2006.2.14
	태조왕건	3,000 (KBS 2,500, 시비 500)	20(시비)	1,500	
경북 (상주시)	상도 세트장	280 (상주시 200, MBC 80)	30(시비)	-	

자료: 국회입법조사처(2008: 22).

• **수익주체**: 현재 드라마 세트장 수익주체는 민간과 지방자치단체로 구분되어 있으며, 다양한 콘텐츠의 지속적 유지와 수익 발굴을 위해서는 좀 더 많은 민간 운영주체들의 전략적인 참여가 필요한 상황이다.

제4장

TV드라마 산업의 성공전략

TV드라마가 성공하기 위해서는 어떤 요소들의 결합이 필요한 것인가? 사실 이 부분에 대한 논의는 드라마 산업 관계자뿐만 아니라 드라마에 관심 있는 사람 대부분이 고민하는 내용이다. 하지만 이에 대한 해결책은 의외로 단순하다. 그것은 다름 아닌 좋은 작품과 스타의 적절한 결합이며, 여기에 산업적 기획이 동반된다면 성공은 명확한 것이다. 그러나 이러한 단순 논리를 해결하기에 현실은 수많은 난관에 봉착해 있으며, 최근 드라마의 대형화는 더더욱 제작, 투자, 편성 등 행위에 대한 결정을 주저하게 하고 있다.

이 장에서는 이 같은 내용에 대해 기술적인 요소를 세 가지로 나눠 드라마 실패의 주요 요인과 그러한 선택을 하게 되는 원인을 검토하며, 이런 논의과정을 통해 드라마 성공에 필수적인 요소들을 제안하고자 한다.

1. 스타의 치명적인 매력을 극복하라

스타의 매력은 무엇인가? 사실 드라마든 영화든 스타만으로 성공할
수 없다는 것은 거의 모든 제작자들이 알고 있다. 이론적으로나 현실적으
로 스타보다는 좋은 대본이나 시나리오가 성공요소로서 더 중요한 것이
사실이다. 특히 화면 크기에 제약이 따르는 TV드라마의 경우는 영화에
비해 볼거리의 요소가 상대적으로 취약할 수밖에 없으며, 따라서 스타
1인이 가질 수 있는 영향력은 더욱 낮아진다. 그리고 대부분의 제작참여자
들이 이러한 상황을 알고 있다. 그럼에도 오늘날의 모든 드라마 제작자들
은 스타를 찾아다니며, 그들을 캐스팅하기 위해 막대한 돈을 지불할 준비
가 되어 있다.

그렇다면 스타의 어떤 매력이 제작자들로 하여금 그들을 캐스팅하기
위한 모험을 하게 만드는 것인가?

첫째, 투자 및 해외판매의 가능성

2008년 <스타의 연인>이라는 드라마가 SBS에서 방영됐다. 이 드라마
는 영화 <노팅힐>에서 기본적인 줄거리를 가져왔으며, <겨울연가>의
한류스타 최지우와 영화를 통해 일본에서 두터운 팬층을 확보하고 있는
유지태가 주연으로 출연해, 제2의 <겨울연가>를 꿈꾸는 멜로드라마로서
국내뿐만 아니라 일본에서도 많은 기대와 관심을 모았다.

그러나 TNS미디어코리아 조사에 의하면 이 드라마의 국내 시청률은
2008년 12월 24일 5.9%를 차지, 평균 시청률 7.5% 수준을 보였다. 한마디
로 엄청난 배우들을 기용했음에도 형편없는 결과를 가져온 것이다. 결과적
으로 특급스타 효과를 봤다고 말할 수 없었다. 그럼에도 이 드라마가
제작자 입장에서는 다행스러운 점이 하나 있었는데, 그것은 다름 아닌
해외수출과 투자였다.

최지우와 유지태의 드라마 출연 그 자체만으로도 일본 수출 및 투자(일본 덴쯔사 및 소프트뱅크벤처스에서 제작투자가 이뤄짐)가 일정 부분 이뤄졌으며, 일본 수출용 드라마라는 표현이 붙을 정도였다. 비록 국내 시청률에서는 실패했지만 가장 큰 해외시장이라 할 수 있는 일본에 선보일 수 있는 기회를 두 스타를 통해 얻은 것이다. 이런 점이 바로 제작사들이 스타를 찾아다니는 이유다.

일정 정도 해외시장에서 입지를 다져놓은 스타는 출연작의 작품성을 떠나 출연 자체만으로도 수출 대상국으로부터 투자유치 및 선수출계약을 따낼 수 있는 장점이 있으며, 이러한 장점은 방송사를 움직여 드라마 편성에서 우월성을 선점하는 효과로 고스란히 이어진다. 하지만 이 같은 흐름이 좋은 결과를 가져오는 경우는 미미하다. 대체로 국내에서 주목받지 못한 드라마가 해외에서 성공하는 경우는 드문 편이다. 특히 국내 및 아시아권 대중문화가 일정 부분 동조현상을 나타내면서 특정한 흐름이나 유행이 상호 공감하며 흘러가는 분위기가 강해졌고, 인터넷 및 뉴미디어의 발달로 아시아권 혹은 인근 국가 간의 대중문화 소통의 기회가 증가해 유사한 수준의 문화적 패턴을 유지하는 경향이 높아졌기 때문이다. 따라서 국내에서 실패한 드라마가 인접 국가에서 성공할 가능성은 확고한 스타를 기용하지 않는 한 그리 높지 않다.

둘째, 방송사 편성에서의 우위 확보

최근 드라마 시장의 확대는 수익성 제고와 함께 새로운 경쟁자들의 참여를 이끌어냈다. 그러다 보니 이전보다 많은 외주제작사들이 등장하게 됐고, 방송사 입장에서는 시청률 확보 및 해외판매에서 좀 더 유리한 위치에 있는 외주사들을 선호하게 된 것이다. 이러한 흐름은 그동안의 제작경력보다는 스타를 캐스팅할 수 있는지 여부에 따라 편성권이 우선시되는 경향을 보여주게 됐다.

또한 신생 제작사들 역시 스타 캐스팅 능력을 통해 부족한 제작 노하우나 경험을 보완하면서 드라마 제작시장에 뛰어들고 있다. 사실 신생사 입장에서 스타 캐스팅 능력은 방송사에게 자사의 능력을 호소할 수 있는 거의 유일한 방법으로 작용하고 있다. 물론 유능한 작가 계약이라는 방법도 있으나 대중적으로 스타는 작가보다 화제성에서 높기 때문에 스타를 향한 신생사들의 욕구는 앞으로도 지속될 것이다. 그것은 스타가 수익적 차원을 떠나 드라마 제작시장에 진입할 수 있게 해주는 장치로서 그 가치가 충분하기 때문이다.

2009년 스타급 연기자가 출연하면서 드라마 관련 제작 노하우가 적거나 작품 수가 3편 미만인 회사들이 제작한 드라마를 살펴보면 지엔트로픽처스·필름북이 공동제작하고 박용하가 주연한 <남자 이야기>, 코어콘텐츠미디어가 제작하고 권상우가 주연한 <신데렐라맨>, 플랜비픽처스·DIMA 엔터테인먼트가 공동제작하고 소지섭이 주연한 <카인과 아벨> 등이 있다.

이 드라마 제작사들은 부족한 제작 노하우 대신 빅스타 캐스팅 능력을 통해 편성의 어려움을 해결하면서 드라마 제작시장에 진입하는 전략을 구사한 것이다. 이는 부족한 부분을 다른 큰 요인으로 극복한 성공적인 방법론이기도 하다.

그러나 이러한 시장 진입이 반드시 좋은 결과를 가져오는 것은 아니다. 시작부터 작품보다는 스타에 대한 의존도가 강하기 때문에 특정 스타에 대한 출연료가 높을 수밖에 없으며, 이로 인해 제작현장에서 균형적인 지출이 이뤄질 수 없다. 더불어 선택할 수 있는 작품의 폭이 출연하는 스타에 달려 있기 때문에 최상의 선택을 못하게 되는 경우가 많으며, 총체적으로 기대는 높으나 미진한 결과를 낳는 사례가 많다. 그리고 이러한 흐름은 어렵게 진입한 드라마 제작시장에서 선행작 실패라는 결과로 이어져 차기작 선정 및 방송사 편성을 따내지 못하고 재정적 어려움에 빠지는 경우도 빈번하게 발생하고 있다.

셋째, 시청자의 시선을 잡아끄는 화제성

마지막으로 꼽을 수 있는 스타의 치명적인 매력은 다름 아닌 화제성이다. 스타는 대중의 시선을 사로잡고 이슈를 만드는 데 가장 탁월한 능력을 보여준다. 특히 미디어 간의 경쟁이 치열해지면서 스타들의 행동 하나하나가 활자화되고 인터넷으로 실시간 전송된다. 따라서 이런 스타가 출연하는 드라마는 그 내용 여부를 떠나 일단 시청자들의 관심을 한몸에 받을 수 있는 기회를 갖고 있다. 이것이 바로 제작사들이 주목하는 홍보능력이며, 드라마의 성패를 좌우하는 최초 방송시청률을 높이는 힘인 것이다.

물론 스토리가 시청자의 호감을 사지 못하면 그다음 회 방송시청률이 곧장 하락하기는 하지만, 일단 중요한 것은 시청자들의 궁금증을 유발해 주목받을 수 있는 기회를 만드는 것이다. 시청률을 올리는 데 단시간이 드는 방법은 시청자들에게 작품성으로 호소하는 것이 아니라 스타의 출연으로 관심을 끄는 것이다. 물론 종국에 가서 드라마의 성공과 시청률은 작품성으로 결정되지만, 막 시작한 드라마에서 최소한 1~2회까지의 시청률은 스타를 향한 시선인 것이 현실이다.

이런 스타의 세 가지 장점은 단기간에 성장을 꿈꾸는 대부분의 드라마 제작사에게 피하기 어려운 유혹이라 할 수 있다. 더불어 신생 제작사들은 드라마 제작비용이 커지면 커질수록 스타에 대한 의존도가 높아질 수밖에 없는 것이 현실이다. 어떤 면에서 이 같은 드라마 편성 및 제작구조는 신생 제작사가 시장에 쉽게 진입할 수 있게 해주는 수단이기 때문에 무조건 나쁘거나 좋다고 평가할 수 있는 것은 아니다. 다만, 여기서 중요한 것은 드라마 제작도 이제는 개별수익에 의해 투자와 차기제작이 결정되는 산업적 흐름의 콘텐츠로 변했다는 사실이다. 따라서 무작정 스타부터 캐스팅하고 보는 제작 설정은 시장의 초기 진입을 쉽게 해줄 수는 있어도 수익내용이나 평가할 만한 성과를 도출하는 데는 적절한 선택이 될 수 없다.

산업이란 장기적 흐름과 전략 그리고 투자가 뒷받침이 되어야 하는 만큼 콘텐츠 및 문화산업은 기본기를 탄탄히 닦는 것이 중요하며, 드라마 같은 영상산업의 기초는 좋은 스토리를 발굴하고 이에 적합한 배우를 캐스팅하는 것이지 무턱 대고 스타부터 기용하는 것이 아니다.

<겨울연가>, <대장금>이 한류의 대명사로 성공할 수 있었던 이유는 배용준과 이영애를 캐스팅했기 때문이 아니라 각각의 드라마에 맞는 배우를 캐스팅하고 그 작품의 스토리가 탄탄했기 때문이다. 사실 배용준과 이영애는 드라마 상영 당시 국내에서나 유명세가 있었을 뿐 정작 아시아권에서 인지도는 그다지 높지 않았으며, 드라마의 성공을 통해 비로소 인지도가 확대됐던 것이다.

권상우, 정지훈(비), 송혜교, 송승헌, 이병헌, 원빈 등 한류스타라 호칭되는 이들은 드라마 작품의 성공으로 명성을 얻은 것이지, 역으로 그들의 명성을 통해 드라마가 잘된 경우는 없었다. 또한 명성을 얻은 스타를 중심으로 만들어진 전략적 드라마 대부분이 스타 후광효과로 인한 어느 정도의 해외방영권 판매를 이뤘을 뿐 오히려 높은 출연료와 제작비 때문에 전체적인 수익에서는 실패를 맛보아야 했다. 즉, 스타만을 내세운 드라마는 결국 제작사나 방송사 어느 곳에게도 투자 대비 적정비율의 수익을 만들어주지 못했으며, 스타에게도 전작보다 못한 작품성으로 해외에서의 지명도를 훼손시키는 결과를 가져다줬다.

<표 4-1>은 스타를 중심으로 제작된 몇몇 드라마 사례를 취합한 내용[1]

---

1) 일간지 기사내용은 다음과 같다.
　<태양을 삼켜라>: "'태삼'의 지성, 대변신 성공의 힘은?"(≪아시아경제신문≫, 2009년 7월 24일자)
　<신데렐라맨>: 「방송 3사 '3색' 수목드라마 '대전'」(≪PD저널≫, 2009년 2월 18일자)

〈표 4-1〉 주요 스타 출연 드라마 현황

작품명	방영/회차	주연배우	시청률 (TNS 자료, %)	제작사	제작비	수익 관련 보도자료
태양을 삼켜라	'09.7.9~ '10.1/25회	지성, 성유리, 이완	1회 14.8 평균 16.8 최고 25회: 18.8	뉴포트픽쳐스	120억 원	회당 1억 원에 일본 수출 총24억 원 수익
신데렐라 맨	'09.4.15~ 6.4/16회	권상우, 윤아	1회 9.3 평균 8.2 최고 7회: 10.2	코어콘텐츠미디어	20억 원 예상	20억 원 규모의 일본 수출계약 진행
남자 이야기	'09.4.6~ 6.9/20회	박용하, 이필립, 김강우	1회 6.6 평균 7.9 최고 15회: 9.8	지엔트로픽쳐스, 필름북	-	430만 달러 아시아권 수출가계약 체결
카인과 아벨	'09.2.18~ 4.23/20회	소지섭, 한지민, 신현준	1회 15.9 평균 16.9 최고 19회: 19.4	플랜비픽쳐스, DIMA엔터테인먼트	60~75억 원	회당 1억 원에 일본 수출, 20억 원 수익 발생
스타의 연인	'08.12.10 ~'09.2.12 /20회	최지우, 유지태	1회 9.5 평균 7.6 최고 1회: 9.5	올리브나인	60억 원	일본에서 25억 원 제작 투자유치
로비스트	'07.10.10 ~12.26/ 24회	장진영, 송일국, 한재석	1회 12.6 평균 13.3 최고 8회: 21.3	초록뱀미디어, 예당	120억 원	일본에 30억 원 판매계약

<남자 이야기>: 「KBS2 '남자 이야기' 일본·베트남·홍콩 선판매」(≪PD저널≫, 2009년 4월 30일자)

<카인과 아벨>: "이병헌 이름값=50억 원 가장 비싼 한류 일냈다"(≪동아일보≫, 2009년 8월 5일자)

<스타의 연인>: "[2009 불황을 넘자!] 드라마 해외수출─공동투자로 위기 타개"(≪아이뉴스24≫, 2009년 3월 4일자)

<로비스트>: 「'로비스트', 日에 30억 원 판매계약」(≪OSEN≫, 2007년 11월 13일자)

<에어시티>: "상상초월! '지우히메' 한류스타 파워!"(≪한국일보≫, 2007년 5월 5일자)

<슬픈연가>: "드라마 '슬픈연가' 일본 강타"(≪한국경제신문≫, 2006년 3월 9일자)

에어시티	'07.5.19~ 7.8/16회	최지우, 이정재	1회 12.7 평균 10.6 최고 1회: 12.7	HB엔터, 에이 스토리	60억 원 이상	일본에 2억 엔(18 억 원) 선판매
슬픈연가	'05.1.5~ 3.17/20회	권상우, 김희선, 연정훈	1회 18.1 평균 16.3 최고 14회: 19.5	김종학프로덕션	76억 원	일본 코판사와 미니 멈 개런티 17억 원 부가판권 현지판매 수익금의 10~15% 계약

이다. 스타 출연과 더불어 대규모의 투자가 이뤄진 드라마들은 대체로 수익적인 면에서 제작비 대비 만족할 만한 수익내용의 보도자료가 없었다. 다만, 스타가 출연함으로써 일본 등 아시아 국가에서 선판매 또는 제작비 투자 정도를 이끌어냈을 뿐이며, 드라마가 성공적으로 완성된다는 전제하에 이뤄진 계약에서 실제수익은 알려진 내용보다 더 낮았을 가능성이 높다.

또한 국내 시청률이 평균 15% 이하인 드라마의 대부분은 해외 시청자들에게도 큰 호응을 얻는 경우가 드물었으며, 수익 또한 흥행 여부와 관계가 있으므로 국내에서 부진한 드라마는 해외에서도 이렇다 할 부가수익 및 관련 판권수익을 올리지 못했다.

드라마에서 스타의 기능은 관심을 끌어내는 초두효과에 있는 것이지, 할리우드의 영화에서처럼 수익의 일정 부분을 책임질 수 있는 영향력은 미약하다고 말할 수 있다. 더불어 스토리 전개를 기본으로 하는 드라마에서는 스타 1인 중심이 아니라, 배역에 알맞은 연기자들의 연기가 어우러질 때 <겨울연가>, <대장금> 같은 성공적인 드라마가 탄생할 수 있는 것이다.

2. 대작드라마의 함정

2007년을 기점으로 한국 드라마 시장도 대형화가 급진전하고 있는 추세다. 특히 일본, 중국 및 아시아 시장을 중심으로 많은 제작사들이 기존 회당 제작비 수준에서 적게는 2배 많게는 5배 이상의 비용을 투자하며 공격적으로 드라마 제작에 나서고 있다. 현재까지 나온 최대 규모의 드라마는 일본시장을 타깃으로 삼은 배용준 주연의 <태왕사신기>였으며, 이 드라마의 제작비는 회당 18억 원이 넘었다. 이는 지금까지 최고의 제작비가 들어간 작품 리스트에 올라 있다.

그러나 보통의 미니시리즈 기획 드라마의 제작비가 회당 1억 5,000만~2억 원 수준을 유지하는 현실에서 최근의 이러한 변화는 드라마 산업의 외형적 성장과 함께 실패에 따른 많은 우려를 불러오고 있으며, 지나치게 고위험 고수익(high risk, high return) 형태의 산업구조를 만들고 있는 것은 아닌가 하는 걱정을 낳고 있다. 안정적인 산업기반과 이에 적합한 이윤 확보라는 합리적인 접근보다는 한 번에 많은 것을 얻으려는 모험적인

〈표 4-2〉 **2009년도까지의 주요 대작드라마 제작현황**

(단위: 억 원)

드라마	제작연도	제작비	회차	회당 제작비
아이리스	2009	200	20	10.00
카인과 아벨	2009	80	20	4.00
태양을 삼켜라	2009	120	25	4.80
꽃보다 남자	2009	70	25	2.80
에덴의 동쪽	2008	250	56	4.46
바람의 나라	2008	200	36	5.56
태왕사신기	2007	450	24	18.75
에어시티	2007	60	16	3.75
로비스트	2007	120	24	5.00

투자가 팽배해 있으며, 이러한 상황이 투자 실패로 이어질 경우 드라마 산업의 위축 및 악화를 초래할 수 있으므로 적절한 재검토가 필요한 시점이다.

대작드라마의 강점

여러 가지 위험요소가 많은 현실에서도 왜 대작(大作)드라마는 지속적으로 진행되고 있는가? 사실 이 부분에 대한 검토가 다른 어떤 논의보다 우선 되어야 하는데, 공급이란 수요가 있기에 이뤄지는 것이다. 흥행 실패를 거듭함에도 지속되고 있는 대작드라마 제작을 통해 대작드라마의 매력이 무엇인지 살펴볼 필요가 있다.

대작드라마의 매력은 세 가지 정도로 말할 수 있다. 그 첫 번째는 이슈 창출이다. 드라마가 상업적 이윤을 추구할 때 가장 큰 문제는 홍보와 이슈 창출이다. '한류스타 출연', '엄청난 대작'이라는 표현은 국내 방송사들의 이슈를 불러일으키기에 충분하며 이는 아시아권에도 영향력을 미치는 경우가 많다. 지금까지 만들어진 대작 대부분이 이러한 이슈 발생을 목표로 한류스타들을 기용한 사례가 많다. 배용준, 이병헌, 소지섭, 송승헌, 최지우, 송일국 등은 아시아 전역에 일정 규모의 팬층을 형성하고 있으며, 특히 한국 드라마의 최대 수익시장인 일본에서 그들의 인기는 견고하다. 따라서 이러한 스타들의 출연과 최대 규모의 대작이라는 표현은 언론과 팬들의 이목을 집중시키기에 충분하다. 이처럼 팬들의 기대심리를 자극하고 홍보 기대효과를 누리는 것은 이후 수출 및 부가상품 수익창출에 주요한 바탕이 될 수 있다.

또한 이러한 홍보 및 수익 기대효과 외에도 이슈 창출은 드라마 제작에서 발생하는 여러 가지 단점, 특히 신생 제작사의 약점을 보완해준다. 신생 드라마 제작사의 약점인 제작 노하우 부족, 경영 미숙 등은 '대작드라마'라는 타이틀로 단숨에 극복된다. 이런 이유로 의욕이 높은 신생 드라마 제작사들은 시장 진입 초기에 대작드라마를 선택하는 경우가 종종 있다.

두 번째 강점은 재원을 마련하기가 용이하다는 것이다. 수익규모가 작은 일반 드라마보다는 기대수익이 높은 드라마에 보다 많은 투자자금이 집중되고 있다. 특히 스타와 유명 스태프들로 구성된 드라마의 경우 기대수익이 높은 관계로 국내 및 아시아권(특히 일본)에서 투자자금 확보가 나름대로 원활하며, 이러한 과정을 통해 자연스럽게 제작규모가 커지는 편이다. 즉, 좀 더 많은 수익을 내기 위해 보다 많은 자금 투입이 이뤄지면서 드라마의 규모가 커지는 것이다.

또한 사실 지금의 100~200억 원 규모의 산업투자금은 일반적인 산업투자금의 규모로는 그리 큰 편이 아니다. 현재의 엔터테인먼트나 드라마 산업의 규모는 기존 제조업이나 금융투자 규모와 비교하면 아주 작은 규모로 30억 원 수준의 일반 드라마 제작규모로는 투자를 유인하는 데 큰 매력이 없는 것이 현실이다. 그러니까 투자하는 규모가 작으면 얻을 수 있는 수익이 적을 것이라는 통상적인 투자논리가 적용되어 일반 규모의 드라마에서는 오히려 투자금을 유치하기 어려운 경우가 많다. 따라서 투자를 받기 위해 일부 제작사들은 의도적으로 작품의 규모를 키우는 경우도 있다.

세 번째 매력은 다름 아닌 편성이 원활하다는 것이다. TV드라마는 결국 지상파 방송사의 편성이 이뤄져야만 사업이 시작된다. 물론 몇몇 제작사가 편성 없는 드라마 제작을 이룬 사례가 있기는 하지만 그 결과는 방송사와 제작사의 힘겨루기였으며, 이는 수익 실패 및 경영위기로 귀결됐다. 따라서 TV드라마는 결국 편성의 확정 없이는 아무것도 진행할 수 없는 영역이다.

이러한 한계를 비교적 무난하게 극복할 수 있는 것이 대작드라마다. 대작드라마는 방송사 입장에서 막대한 광고수익을 기대할 수 있으며, 지급되는 비용 대비 큰 수익원으로 작용한다. 그리고 이런 이유로 대작드라마의 경우 제작사가 신생업체라 할지라도 몇 가지 점검사항, 즉 스태프, 배우 등의 요소에서 점검이 이뤄지면 편성이 비교적 원활하게 이뤄지는 편이다.

외주제작사가 제작하는 드라마의 경우 들어가는 비용과는 큰 관계없이 방송사는 최대 1억 5,000만 원 정도의 제작비만 지급하면 대체로 외주사에게 의무를 다했다고 보는 것이 업계 관례다. 물론 해외저작권 부분에 대한 조정이 있지만 결국은 분배수익의 문제이지 비용에 대한 문제는 아니다. 결과적으로 방송사는 100억 원대가 넘는 드라마여도 회당 1억 5,000만 원 혹은 20부작 기준으로 30억 원 정도만 외주사에게 지급하면 된다. 하지만 방송사는 이러한 드라마를 통해 100억 원 이상의 직접적인 광고수익을 발생시키며, 최소 50억 원 이상의 직접수익을 창출할 수 있는 것이다.

2009년 KBS2에서 방영된 <아이리스>의 경우 6회 방영분 만에 광고완판(광고 완전판매 32개분)이 이뤄져 24억 5,000만 원[2]을 벌었으며, 또한 시청률에 따라 최대 92억 원가량의 수익이 이뤄진 것으로 알려졌다. 이는 외주사에게 지급한 비용이 최대 30억 원 정도가 된다 하더라도 60억 원가량의 1차 수익이 발생한 것이다. MBC도 높은 시청률을 기록한 <선덕여왕>으로 62회 광고완판을 달성해 약 330억 원[3]의 광고수익을 창출했으며, 이는 제작비 200억 원을 단숨에 만회하고도 100억 원 이상의 수익을 낸 것이었다.

이렇듯 대작드라마는 기본적으로 다양한 화제를 통해 시청률을 올릴 수 있는 유인가가 많으며, 높은 시청률을 기록할 경우 방송사 입장에서는 막대한 직접수익을 창출할 수 있다는 강점 때문에 선호도가 상승할 수밖에 없다. 더불어 이러한 기대요인이 대작드라마를 들고 오는 제작사들에게

---

2) [2009 국감] 진성호, 「KBS2 '아이리스' 외주제작사와 정식계약 안 했다」, ≪아시아경제≫, 2009년 10월 12일자 기사 참조.
3) "여성사극 첫 성공… 광고수익 328억 원", ≪한국경제≫, 2009년 12월 20일자 기사 참조.

제작경력을 떠나 편성의 기회를 더 주는 유인가로 작용한다.

대작드라마의 현실

앞에서도 말했듯이 대작드라마는 이슈 창출, 거대자본 유치, 편성 등에서 여러 강점을 가지고 있는 것이 사실이다. 그러나 이런 장점에도 불구하고 대작드라마의 높아진 비용구조는 이를 충당할 수 있는 다양한 수익경로가 미비하여 투자한 만큼의 기대수익을 올리지 못하고 있는 실정이다.

현재까지 제작된 대작드라마를 놓고 방송사와 제작사의 수익현황을 비교해보면, 시청률이 높아 드라마가 성공했어도 방송사와 달리 제작사는 제작비조차 회수하지 못해 어려운 상황에 빠진 경우가 많으며, 부가수익을 창출하는 데 힘쓰기보다 제작비 회수에 더 많은 노력을 기울이고 있는 상황이다. 즉, 수익을 많이 내기 위해 대작을 만들면서도 정작 수익계획은 수익률이 아닌 제작비 회수에 치중하는 아이러니에 빠지는 것이다.

국내 최초의 대작드라마라 할 수 있는 <태왕사신기>의 예를 들면, 약 450억 원의 제작비가 투입되고 일본에서 최고 인기배우인 배용준이 참여해 <겨울연가> 못지않은 수익을 기대했지만 그 결과는 투자자들의 이익 일부만을 보전하는 수준이었으며 제작사인 김종학프로덕션은 경영난에 빠져 타 기업에 인수되었고 김종학 대표는 경영진에서 물러난 상황이다. 이 외에도 대작드라마 제작에 적극적이었던 초록뱀미디어와 올리브나인 역시 드라마 제작 후 수익 부재에 따른 경영위기에 빠져 경영진이 바뀌거나 타 기업에 인수되는 어려움을 겪었다.

이 세 회사는 한국 드라마 제작사 중에서도 상위권 회사로, 역량이나 여러 가지 측면에서 대작드라마 시스템을 받쳐줄 만한 환경에 있다고 판단되는 곳이었다. 그런데도 결국은 수익원 개발 및 다변화에 실패하면서 비용을 감당하지 못하는 결과를 낳고 만 것이다. 이 회사들 외에도 몇몇 회사들이 대작드라마를 제작했으며 그중 대부분이 경영난에 빠져 회생불

능이 되었다. 극단적인 예로는 첫 작품이 마지막 작품이 된 경우도 있다.

다만, 예외적으로 방송사가 제작한 <대장금>이나 <선덕여왕>은 이러한 수익난에서 비교적 자유로울 수 있었다. 그것은 다름 아닌 1차 광고수익이 제작자인 방송사에 귀속됨으로써 시청률에 따르는 막대한 광고수익을 얻을 수 있었기 때문이다. 이는 외주제작사들이 가질 수 없는 가장 큰 직접수익을 가지는 것으로, 방송사에게는 대작드라마의 수익원 개발에 따른 위험 부담을 1차적으로 해결할 수 있는 수익원이 있는 것이다.

그러나 외주제작사는 지상파 광고수익에 직접적으로 관여할 수 없다. 단지, 방송사가 주는 제작비만을 수령할 뿐이며 이 금액은 최대가 회당 1억 5,000만 원 수준이다. 광고비가 회당 창출할 수 있는 금액은 최대 5억 원 선이므로 방송사의 수익은 산술적으로 봤을 때 3억 5,000만 원가량이다. 물론 여기서 운영비 및 인건비 등 각종 비용이 차감되기 때문에 실수익이 되지는 않지만 방송사 자체의 수익률은 외주사와 비교가 되지 않는다.

KBS2에서 방영되어 높은 시청률을 올린 대작드라마 <아이리스>도 정작 제작사인 태원엔터테인먼트는 200억 원의 제작비용을 회수하기 위해 여러 가지 고민을 해야 했다. 결과적으로 일본 선판매와 다양한 PPL 계약 등을 통해 제작비의 일정 부분은 회수했고, <아이리스> 시즌 2 격인 <아테나>를 통해 차기작을 히트시킨 제작사로서 주목받는 성과를 이루기는 했다.

다만, 여기서 주의 깊게 봐야 할 부분은 제작비 회수가 수익창출을 말하는 것은 아니라는 점이다. 다시 말해 수익이 없는 기업이 지속되기란 근본적으로 어려운 것이다.

결론적으로 제작사가 직접적으로 최대의 수익원인 광고수익을 (방송사처럼) 가질 수 없기 때문에 드라마가 성공해도 제작사는 실패할 수 있는 것이 현실이다. 이러한 수익구조는 영화 제작사와 드라마 제작사의 커다란 차이점이며 드라마 제작사가 보다 더 많은 수익을 창출하고자 고민하는 이유이기도 하다.

대작드라마 진행 시에는 방송사와 제작사의 연합전선이 필요하다

2009년 한국 드라마 시장은 다양한 대작들의 경연장이었다. 그러나 완전한 승자는 <선덕여왕>뿐이었다. MBC의 <선덕여왕>은 KBS2의 <아이리스> 및 다른 대작드라마와 비교하면 정작 대작드라마라 할 수는 없다. 물론 200억 원에 달하는 제작비는 대작이라고 표현할 만한 요소에 해당하겠지만, 방송회차가 62회였으며 평균 제작비는 3억 2,000만 원 수준이었다. 또한 사극에 보통 드라마보다 1.5배 높은 제작비가 소요된다는 점을 고려할 때 <선덕여왕>은 회당 제작비가 4억 원을 넘는 다른 드라마에 비하면 대작이라고 말하기는 왜소한 편이며, 회당 10억 원이 들어간 <아이리스>와는 비교도 안 되는 규모라 할 수 있다.

그러나 드라마의 수익적 모델에서는 방송사 자체제작으로 광고수익에서 이미 제작비를 보전하고 100억 원대 이상의 수익을 창출했으며, 향후에도 뮤지컬 및 해외 방송판매 등 다양한 부가수익원이 기대되고 있는 실정이다. 이에 비해 <아이리스>는 제작비 회수라는 1차 목표를 만족시키고 차기작 <아테나>를 만들어냈을 뿐 기대를 모았던 일본 수출에서도 이렇다 할 수익효과가 없었다.

유사한 제작비가 들어갔음에도 이렇게 수익결과에서 차이가 난 것은 드라마 제작 시 수익에 대한 원가계산의 바탕이 달랐기 때문이다. <선덕여왕>은 방송사 제작에서 시작해 수익의 내면화를 이뤘고 실제 제작비 규모는 일반 사극 수준에서 조금 더 추가된 것이었지만 대작으로 포장해 다양한 초기 이슈를 창출하는 데 성공했다.

<선덕여왕>은 그 나름대로 원가 분석이 잘 이뤄진 상태에서 출발했기 때문에 다양한 이슈 창출 및 자원 활용에 여유가 있어서 뮤지컬 및 파생상

품 등 기타수익을 창출할 수 있었다.

반면 <아이리스>는 제작비를 조달하기 위해 다양한 노력을 들여야 했으며, 이에 따르는 상품 및 배경에 대한 대가성 노출이 많았기 때문에 직접수익을 파생시키기에는 한계가 많았다. 촬영지 및 노출상품 모두가 이미 제작지원금으로 사용됐기 때문에 향후 추가될 유형의 상품 개발에 미약할 수밖에 없었다. 즉, 광고비 때문에 이미 주도권이 상실된 상품들만 남았던 것이다. 큰 기대를 모았던 해외판권 부분은 핵심 판매처인 일본에 선판매 형식으로 제작비 조달이 이뤄져 향후 매출에 큰 기대를 걸기는 제한적이었다.

그 외 초상권은 배우와 매니지먼트가 관계될 가능성이 높았으며, 기타 저작권은 방송사와의 협의내용에 따라 여러 요소가 달랐다. 또한 OST는 제작비용이 높았던 만큼 수익규모가 커야 일정 규모의 이익을 창출할 수 있었다.

<선덕여왕>과 <아이리스>는 둘 다 시청률 면에서 성공한 드라마로, 2009년 하반기 가장 주목받았던 작품인 것은 확실하다. 하지만 수익적 측면에서는 완전히 처지가 달랐으며, 이러한 결과는 근본적으로 수익 예측과 관계가 있다. 물론 신생 드라마 제작사인 태원엔터테인먼트 입장에서는 <아이리스>에 대해 시장 진입과 향후 가능성을 열어둔 것으로 성공적인 평가를 내릴 수도 있다. 그러나 <선덕여왕>보다 더 많은 투자가 이뤄진 상황에서 수익현황이 완전히 다른 것은 투자전략의 변화가 절실하다는 것을 보여준다.

대작을 통해 시장 진입 및 차기작의 가능성을 확보한다고는 하지만 향후 제작비 충당에 실패하거나 동일한 전략의 신생사가 치고 들어온다면 기존 제작사는 결국 무너질 가능성이 높다. 따라서 규모에 맞는 수익전략을 세워야 할 필요가 있다. 이는 방송사와의 합작형식이라는 수익전술로 나타나야 할 것이다.

대작드라마의 결론은 다음과 같다. 외주제작사가 단독으로 진행한 경우 지금까지 시청률은 성공했어도 수익에서는 실패했다. 그 이유는 수익적 한계성이 1차적인 것이며, 2차적으로는 수익이 발생하는 기간이 생각보다 길며 재투자가 필요했기 때문이다. 또한 드라마 시장에 진입하기 위해 수익적 접근보다는 대작 정책을 우선시했기 때문이다. 그러나 이러한 전략은 대부분 차기작 제작을 지연시키고 여러 가지 재정난에 빠지는 사태를 불러왔다.

그러나 방송사 중심이었던 대작드라마 <대장금>, <선덕여왕>은 1차적으로 안정된 수익원의 내면화가 가능하여 큰 무리 없이 드라마 진행 및 후속시장 개발을 이뤘다. 단지, 방송사라는 거대 조직의 특성상 드라마 방영 후 파생상품 개발이 미진했을 뿐 드라마 자체에서 발생하는 수익은 광고 및 해외판권 등에서 성공적으로 진행됐다.

따라서 현재 초기단계를 막 넘어서고 있는 한국 드라마 산업 현실에서 외주제작사 단독으로 100억 원대 이상의 대작드라마를 진행하는 것은 현실적으로 득보다는 실이 많다. 오히려 치밀한 수익 예측을 통해 방송사와 공생하는 제작 및 수익방식으로 접근할 필요가 있으며, 바로 이 영역에서 방송사와 외주사 간의 상생적 역할론이 가능할 수 있다. 지금과 같이 경쟁관계에 주목하는 것이 아니라 각자 더 효과적인 부분을 발굴하고 강화시켜야 하며, 방송사와 제작사의 합리적인 연합이 이뤄질 때 대작드라마의 성공 가능성은 더욱 높아질 것이다.

3. 공감할 수 있는 이미지를 발굴하라

TV드라마는 평균 20회 정도의 긴 방영횟수와 TV 화면크기의 제약 때문에 영화처럼 볼거리에 집중하는 것이 아니라 '이야기'를 발전시켜 시청자의 흥미를 유발해야 한다. 즉, 볼거리가 주가 되기에는 방영횟수가 많고 이에 따라 지출되는 제작비가 엄청나기 때문에 산업채산성이 맞지 않는 것이다. 따라서 드라마는 결국 '이야기'가 성공을 위한 기본이라고 할 수 있다.

그럼 과연 어떤 이야기가 성공을 위한 기본적인 토대인가? 성공을 이끌어내는 이야기를 만들기 위한 고충은 드라마 작가뿐만 아니라 기획자, 연출자 등 모두가 가지고 있는 것이며, 이들은 오늘도 새로운 소재와 이야기를 찾기 위해 수많은 시도와 노력을 하고 있다.

이 절에서는 드라마 성공방식에서 가장 기본이라 할 수 있는 이야기에 집중해보고자 한다. 계량적으로 접근할 수 있는 영역은 아니지만, 드라마의 성공을 위한 기본적 요소로서 이야기에 대한 방향성을 제안하고자 한다.

보편성은 공감대를 형성한다

드라마에서 이야기란 근본적으로 공감을 이뤄야 한다. 어떤 이야기든 시청자와 소통이 되지 않는다면, 빛나는 스타의 연기력이나 대본의 완성도도 본연의 가치를 발휘할 수 없게 된다.

한국 드라마가 '한류'라는 이름으로 일본, 중국 및 아시아 전역에 확산될 수 있었던 것도 보편적인 스토리로 아시아인들과의 공감대를 형성했기 때문이다. '한류' 초기를 개척한 드라마에는 국가와 종교 그리고 경제력 등을 뛰어넘어 모두가 공감할 수 있는 이야기가 고스란히 담겨 있다.

초기 한류를 이끈 <가을동화>와 <겨울연가>의 경우 '첫사랑'이라는 보편성이 국경을 넘어 많은 시청자들에게 공감대를 형성했으며, 배용준, 최지우, 송승헌, 송혜교 등의 스타를 배출한 것이다. 이러한 '첫사랑'의 공감대는 국내에서 개봉한 일본영화 중 가장 성공한 이와이 슌지 감독의 <러브레터>에서도 나타난다. 한국과 일본의 정서적 차이로 여러 일본영화가 한국에서 기대 이하의 성적을 올렸지만 '첫사랑'의 공감대 형성에 성공한 <러브레터>는 큰 성공을 거두었다.

이런 '첫사랑'뿐만 아니라 청춘남녀 간의 사랑 및 행동양식을 보편적인 정서로 표현한 드라마인 <옥탑방 고양이>, <풀하우스>, <아름다운 날들>, <천국의 계단>, <궁>도 국내뿐만 아니라 아시아 전역에서 많은 인기를 끌었으며, 현재 한국 드라마의 인기를 확산시키는 데 일조했다. 또한 가족 중심의 통속극인 <사랑이 뭐길래>, <인어 아가씨>, <소문난 칠공주>도 유교적 전통과 가족 중심의 세계관이 관통하는 아시아 지역에서 인기를 끌며 한국 드라마를 선전하는 데 한 축으로 작용했다.

이러한 보편성의 힘은 비단 드라마에만 있는 것은 아니다. 명작이라 불리는 대부분의 소설과 영화는 인간애라는 기본적인 공통분모를 주제로 삼고 있다. 이를테면 사랑, 이별, 분노, 복수, 가족, 연인 등 인간의 기본적 정서와 그와 관련된 주제를 이야기하는 것이다.

장르형 드라마에도 이러한 보편성은 적용된다. 이를테면 멜로, 통속, 공포, 수사, 법정, 의학 등 여러 가지 장르가 있는데 각 장르가 시청자에게 익숙하다면 장르에 충실한 드라마도 보편성을 획득하는 데 상당히 유리하다고 볼 수 있다.

한국이 주로 아시아권에서 호응을 얻은 드라마 장르는 멜로 및 통속극 형태였다. 이는 이 장르가 보편적인 인간의 감성 및 가족사에 집중하기 때문에 정서적 융합 측면에서 공감도가 높았다고 볼 수 있다.

이와 반대로 공포 및 법정 드라마들은 제작편수도 적었고 몇몇 드라마마저도 국내 및 아시아에서 그리 인기를 끌지 못했다. 이는 기존에 인기 있는 미국 드라마 및 일본 드라마에 비해 표현능력이 떨어지며, 해당 장르에 대한 공감도가 대중적이지 못했기 때문이다. 이런 이유로 장르 중심의 드라마를 제작할 때는 개별 장르에 대한 대중적 기반이 어느 정도인지를 파악하고 이에 맞는 제작투자가 이뤄져야 한다.

물론 한국의 드라마 제작 추세는 단일 장르 중심이 아니라 멜로를 기본으로 하되 여러 장르가 복합되는 측면이 강하다. 이는 장르 중심적 드라마 제작에 따른 실패의 부담감을 덜기 위한 결과물이라 하겠다.

이러한 보편성에 부적합한 드라마 장르가 있는데, 그것은 역사극이다. 역사극은 국내에서는 보편성을 가질 수 있는 반면 국외에서는 그 보편성이 외형적으로는 통하지 않는다. 그러나 '한류'의 중반기를 만든 <대장금>의 경우는 사극을 기반으로 했음에도 불구하고 아시아 전역에서 인기와 공감대를 끌어냈다.

그렇다면 <대장금>이 보여준 보편성은 무엇인가? 그것은 음식문화와 여성의 몸으로 고난을 극복하면서 성과를 만들어내는 휴머니즘일 것이다.

중국 고대문학 전공자인 푸단대학 중문학과의 사오이핑(邵毅平) 교수는 ≪북경청년보(北京靑年報)≫와의 인터뷰에서 <대장금>의 성공요인은 평범한 여성의 성공신화, 한방식품 문화의 아시아적 공감대, 탐미주의가 선사하는 예술적 감동, 건강하고 적극적인 도전정신에 있다고 말했다.[4]

즉, <대장금>은 배경에 사극적 형식을 사용한 것이지 주제로 사극을 선정한 것이 아니며, 이 드라마의 진짜 주제는 음식과 여성의 성공신화 그리고 도전정신인 것이다. 따라서 사극이라는 국가적 특수성을 주제의 보편성으로 극복하고, 국가적 특수성을 일종의 차별적인 개성으로 활용해 큰 성공을 이룰 수 있었던 것이다.

이러한 사극의 제작 흐름은 2009년 <선덕여왕>에서도 확인할 수 있다. 이 드라마 역시 역사적 배경은 신라시대지만 주요한 보편성은 여성 지도자의 권력을 그린 정치드라마로 이해할 수 있다. 이러한 극의 흐름은 최근 사회적으로 중요해진 리더십과 연관되어 많은 계층에 공감대를 형성했으며, 이런 공감대는 한국을 넘어 아시아 시청자들에게도 형성되었다. 만약

---

4) "중국학자, '대장금' 성공의 문화적 가치 언급해 눈길", ≪마이데일리≫, 2005년 9월 13일자 기사 참조.

이 드라마가 신라시대의 역사적 내용을 나열하는 식이었다면 국외에서 대중적 성공을 거두지 못했을 것이다.

결과적으로 성공한 드라마의 기본 전제는 형식적인 부분을 넘어 모든 사람이 공감할 수 있는 보편성을 갖고 있다는 것이다. 이는 드라마의 성공 여부를 결정짓기 이전에 드라마가 시청자와 소통할 수 있는 기본이기도 하다.

소재의 참신함은 보편성을 차별화시킨다

보편성을 통해 시청자들에게 공감을 획득했다고 해서 드라마의 성공이 보장되는 것은 아니다. 보편성이란 글자 그대로 보편적인 가치이기 때문에 이는 식상함으로 연결될 수도 있다. 즉, 보편성은 드라마의 성공을 위한 기본적인 공감을 끌어내는 장치이지 성공을 위한 촉매제는 아닌 것이다.

그렇기 때문에 여기서는 소재의 참신함이라는 다소 모호한 개념이 도입된다. 사실 보편성이란 모두가 소통하는 정서나 도덕이기 때문에 크게 이견의 여지가 없다. 하지만 소재의 참신함이란 받아들이는 사람의 입장에서 차이가 천차만별이기 때문에 모호함과 실험성이 뒤따르는 요소라 할 수 있다. 그리고 이 요소의 선택에 따라 드라마의 성패가 좌우된다.

그렇다면 소재의 참신함을 뒷받침해주는 요소에는 어떠한 것들이 있는가? 다른 유사한 이야기들과 보편성 측면에서 차별화되며 시청자의 공감과 환호를 끌어내는 요소로서 첫 번째는 신선한 에피소드를 들 수 있다. 이는 드라마 작가의 역량 혹은 스토리의 소재라고 할 수 있는데 대표적인 예를 들어보면, 뚱뚱한 30대 노처녀의 연애 성공담인 <내 이름은 김삼순>, 백수 남편을 둔 쾌활하고 활동적인 아줌마의 활약상을 다룬 <내조의 여왕>, 카지노 대부의 성공기인 <올인>, 어느 날 문득 황실 가족이 된 고등학생 소녀의 에피소드인 <궁> 등이 있다. 이 드라마들은 차별화된 이야기 구조를 통해 보편적 주제의식을 전달하여, 시청자들로부터 공감과 찬사를 끌어내는 데 성공한 것이다.

이 외에도 전문직업 분야의 에피소드를 통해 드라마의 차별성을 유도한 사례도 많다. 다만, 직업군이 의사, 변호사, 소믈리에, 건축사, 프로그래머 등 사회적으로 선망되거나 많이 통용되어야 한다는 한계성을 드러냈다.

이렇듯 차별화된 에피소드는 드라마의 성공을 넘어 다양한 장르적 변화를 통해 2차 성장으로 이어지는 경우도 많다. 즉, 영화, 드라마, 만화, 소설, 뮤지컬 등 다양한 형태로 발전해 드라마의 구성요소 중 가장 산업적 발전이 기대되는 분야로 급성장하고 있다. 또한 성공한 타 장르의 에피소드도 이러한 차원에서 드라마화되는 경우가 최근 빈번해지고 있다. 이제 참신한 에피소드는 문화 콘텐츠 산업에서 가장 핵심에 자리 잡고 있는 것이다.

두 번째는 연기자를 통한 참신함의 발견이다. 배역과 연기자의 조합이 이상적일 경우 드라마의 흡입력은 극도로 높아지는데, 가장 대표적인 사례로 <겨울연가>를 들 수 있다. 이 드라마에서 배용준과 최지우의 연기는 배역에 최적으로 작용하여 <겨울연가>의 가치를 극대화하는 데 성공했다. 특히 배용준은 <겨울연가>를 대표하는 이미지로서 드라마의 대표성을 획득하여 꾸준한 인기를 유지하고 있다. 그는 <겨울연가>를 통해 스스로를 발전시켰으며, <겨울연가> 역시 '배용준'이라는 배우를 통해 독자적인 참신함을 획득하여 일본 시청자들에게 높은 지지를 받고 있는 것이다.

<겨울연가> 외에도 <풀하우스>의 정지훈(비)과 송혜교 역시 드라마의 단순한 구조를 배우의 힘으로 차별화하는 데 성공한 사례이며, 2009년도에 방영된 <꽃보다 남자>의 네 남자 주인공 역시 식상할 수 있는 드라마 내용을 차별화하는 데 성공적인 역할을 해준 사례라 할 수 있다.

<꽃보다 남자>의 경우는 이미 만화를 통해 드라마 내용이 알려졌고 일본 및 대만에서 2번씩이나 드라마화가 이뤄져 식상할 수 있는 요소가

다분했다. 그러나 이는 네 남자 배우(이민호, 김현중, 김범, 김준)의 배역 차별화를 통해 극복됐으며, 일본 및 대만에서는 이미 자국 드라마로 방영되어 큰 인기를 끌었음에도 불구하고 한국 드라마의 각 배역 배우들이 인기를 끄는 현상까지 보여줬다.

결국 이는 배우가 가진 참신함의 결과라고 할 수 있다. 이런 선상에서 많은 제작자들이 검증된 스타급 연기자들을 선호하는 것이다. 능력 있는 배우들은 평범한 드라마 내용도 비범하게 바꾸는 힘이 있다.

세 번째는 배경 혹은 공간을 통한 소재의 구성이다. 다시 말해 특정 환경이나 역사성을 드라마의 배경으로 설정하여 이야기 구조를 차별화한다. 예를 들면 배경이 조선시대인 <대장금>, 고구려 초기인 <태왕사신기>, 신라시대인 <선덕여왕> 같은 사극을 들 수 있다. 이러한 드라마들은 시대적 특성을 이용해 보편성을 차별화시켰다고 볼 수 있다. 각 시대의 배경에서 나타나는 차별적인 볼거리와 형식은 이야기를 구성하는 데 양념 같은 요소로 작용하여 드라마의 성공적인 이미지를 형상화하는 데 공헌한 것이다.

물론 여기서 중요한 것은 특정 시대가 이야기의 주된 요소는 아니라는 점이다. 사극형 드라마는 배경이자 구조의 형태로 반드시 시대성을 제시할 필요가 없다. 만약 역사성이 드라마를 이해하는 데 주요한 단초가 된다면 보편성은 무너지는 것이다. 따라서 시대를 드라마의 단순한 배경이자 환경적 특성으로 이해하려는 노력이 필요하다. 시대극 역시 이러한 연장선상에 있다고 할 수 있다. 이야기의 진실성을 극대화하면서 공간에 특이성을 부여하여 시청자의 시선을 사로잡을 수 있다.

이러한 역사성이나 시대성 외에 장소 및 공간의 특수성을 이용한 드라마도 있다. 이를테면 <커피프린스 1호점>은 공간이 참신한 소재로 이용된 경우다. 이 드라마는 장소적 특성에 따라 그 분위기가 상당히 변할 수 있는 정서를 가지고 있었다. 이 드라마의 주요한 에피소드가 커피에 집중

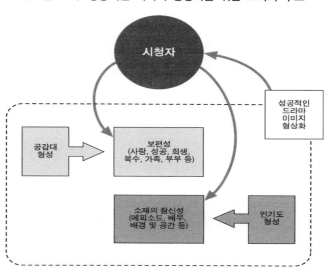

〈그림 4-1〉 성공적인 이미지 형상화를 위한 드라마 구조

되어 있었기 때문이다.

이렇듯 에피소드, 배우, 환경 등은 보편적인 주제를 참신하게 변모시키는 역할을 한다. 물론 이 세 가지 요소 외에도 다양한 요소들이 이 같은 역할을 할 수 있다. 다만, 여기서 세 가지 요소에 집중한 것은 이것들이 가장 대표적인 예이기 때문이다.

보편성과 참신함이라는 두 가지 요소가 완전하게 결합할 때 드라마는 시청자의 공감과 환호를 이끌어낼 수 있다. 아무리 좋은 소재라도 공감대가 형성되지 않는다면 작품성만 높은 드라마가 될 가능성이 높다. 즉, 마니아층만을 위한 드라마가 되는 것이다. 또한 보편성만 강조한다면 지루하거나 언젠가 봤던 것 같은 진부한 드라마로서 시청자에게 외면받을 가능성이 높다. 따라서 보편성과 참신한 소재의 결합이 이뤄져야 드라마는 시청자에게 판타지와 감동적인 이미지의 극대화를 창출할 수 있다.

보편성과 참신함을 갖춘 드라마는 무조건 성공하는가?

이 질문에 대해서는 두 가지 답변을 내놓을 수 있다. 첫 번째, 드라마의 성공 여부는 드라마의 전체적인 모습을 하나로 통합하는 이미지화에 달려 있다는 것이다. 결국 관건은 시청자의 향수가 어느 지점에서 통합되어 형상화되느냐 하는 것이다.

그것은 <겨울연가>의 '욘사마'처럼 스타를 통해 형상화될 수도 있고 <대장금>의 '궁중음식' 같은 사물로도 형상화될 수 있다. <내 이름은 김삼순>에서는 배경음악과 돼지인형이 주요한 도구로 사용됐다. 또한 의도적이기는 하나 몇몇 드라마에서는 남녀 주인공의 사랑의 증표인 반지, 목걸이가 형상화의 소재로 사용되기도 했다. 그러나 중요한 것은 이러한 이미지의 형상화가 주제 및 소재와의 자연스러운 결합을 통해 이뤄져야지 작위적으로 만들어지면 성공하는 경우가 거의 없다는 것이다.

두 번째 성공요인은 실질적인 통제가 불가능한 요소로서, 트렌드와 당대 이슈의 연계를 들 수 있다. 아무리 잘 만들어진 드라마라도 시대의 흐름이나 트렌드에 부합하지 않는다면 결국 시청자의 외면을 받을 것이다.

드라마는 대체로 방영되기 1년 정도 전에 기획된다. 따라서 완벽하게 방영 당시의 이슈 및 트렌드에 부합하기란 현실적으로 불가능하다. 다만, 이 영역은 실제 제작시기에서 어느 정도 변화를 주는 방법으로 그 격차를 줄이고 있는 것이 현실이다.

이러한 두 요인 간에 괴리가 발생하면 아무리 잘 만들어진 드라마도 결국에는 실패하게 되고 만다. 이것이 바로 최초로 일본시장에 진출한 기획드라마인 <슬픈 연가>, <스타의 연인>, <로비스트> 등이 스타 배우의 출연과 작품에 대한 기대감에도 불구하고 시청자에게 외면받은 이유다. 또한 이들 드라마는 완성도에 대비해 지나치게 의도적인 요소로 자연스러운 이미지화에 실패한 사례라 할 수 있다.

가장 한국적인 것은 한국인도 모른다

최근 콘텐츠의 중요성이 부각되면서 한국적인 이야기와 소재에 대해 많은 관심이 생기기 시작했다. 여기서 전통문화에 대한 원론적인 접근을 모색하고자 하는 목소리가 나오고 있다. 물론 자국문화 속에서 콘텐츠의 기초를 만들자는 논의는 바람직한 것이다. 다만, 이때 고려해야 할 것은 이 콘텐츠가 전 세계인이 공감할 수 있는 보편성이라는 큰 틀 안에 있는 것이어야 한다는 점이다.

특정한 형식을 가져와 차별성을 부각시키는 것은 바람직하지만 형식 그 자체를 주제로 삼는다면 그것은 한국을 벗어나 경쟁력 있는 콘텐츠가 될 수 없다. 즉, 주제가 아닌 소재로서 한국문화를 콘텐츠화해야 하는 것이다. <대장금>이 조선시대를 소재로 궁중요리에 대해 이야기한 것처럼, <선덕여왕>이 신라시대 선덕여왕을 소재로 여성적 리더십을 이야기한 것처럼 자국문화의 특성을 강조하는 것이 아니라 소재로서 활용하는 안목이 필요하다.

지나치게 역사성을 부각시킨다면 한국인이라 할지라도 그 분야에 관심이 없는 한 이해하기가 어렵다. 문화 교류란 자국 중심의 사고가 아니라 보편성과 상호 소통을 전제로 국경을 넘어 호흡하고 산업화를 추구하는 것이다. 자신의 것만 주장한다면 국경을 넘는 것은 둘째치고 자국민 스스로도 문화를 내면화시키기 쉽지 않을 것이다.

제 5 장

드라마 제작사의 성공과 좌절

드라마 <겨울연가>의 산업적인 성공은 한국 드라마 산업에 새로운 가능성을 보여줬다. 특히 제작사인 팬엔터테인먼트의 경제적 성공은 다른 드라마 제작사와 기업들에게 많은 자극을 줬고, 이는 드라마 시장에 대한 기존 산업자금의 관심과 투자를 이끌어 새로운 형태의 기업 창출 및 산업 변화를 유도했다. 결과적으로 한국 드라마 산업의 급성장을 견인하게 된 것이다.

1. 한류를 꿈꾼 삼인방

한류가 산업화되면서 이 흐름에 상승세를 탄 대표적인 드라마 제작사로는 캐슬인더스카이(현 IHQ), 올리브나인, 초록뱀미디어를 들 수 있다. 이 세 회사는 초기 한류 절정기인 2004년에서 2005년 사이에 설립되어 한국 드라마 산업을 대변하는 데 앞장섰다. 더불어 이 세 회사는 시장 확대를 통한 성장세를 보여줌으로써 한국 드라마 산업의 외형 확대 및 시스템 구축에 크게 공헌했으며 그와 동시에 유명 배우, 작가, 스태프들의 개런티를 대폭 인상시키는 단초를 제공했고 캐스팅을 위한 무한경쟁 시대를 만들어내기도 했다.

결과적으로 이 세 회사는 각자의 기반 구축 및 외형적 성장에서 성공을 거두었다. 그러나 무리한 성장과 경쟁 유발로 인해 지금은 여러 가지 경영위기에 직면한 상태다. 다만, 현 위기를 잘 극복한다면 시장 경험과 다양한 노하우로써 내실 있는 성장이 가능할 것으로 보인다.

지속적인 외형 성장을 선택한 캐슬인더스카이

캐슬인더스카이는 2004년 SBS 드라마 <파리의 연인>을 통해 드라마 제작의 새로운 기대주로 등장했다. 이 드라마는 50%대의 시청률과 아시아권 수익사업에서 상당한 성과를 올렸으며 초기 한류의 흐름을 타는 데 성공했다. 그리고 캐슬인더스카이는 당시 최대의 매니지먼트 회사인 IHQ와 합병하면서 한국 드라마 외주제작사 중 가장 막강한 캐스팅 능력을 거머쥐고 잠재능력을 키워왔다.

(1) 캐슬인더스카이의 주요 경영상 연혁[1]
- 1999년 극작가 출신 이찬규 대표를 주축으로 쇼비즈아시아 설립
- 2001년 캐슬인더스카이로 사명 변경, 드라마 단막극 제작
- 2003년 5월 MBC 미니시리즈 <남자의 향기>로 본격적인 드라마 제작시장 진입
- 2004년 6월 SBS 드라마<파리의 연인>이 국내외에서 빅히트
  * <파리의 연인>은 시청률 및 수익 면에서 큰 성공을 거두었으며 이것이 드라마

---

1) IHQ, 금융감독원 전자공시 2011.3.31 사업보고서 내용을 참조하여 작성.

제작업에 진출하고자 하던 IHQ와의 합병 계기가 되었다.

- 2004년 10월 IHQ와 (주)캐슬인더스카이 합병(대표 정훈탁)

 * 이 기간에 캐슬인더스카이는 제조업체에서 종합 엔터테인먼트로 변신하여 코스
 닥에 입성한 IHQ와 합병하면서, 매니지먼트 및 영화와 드라마 제작까지 포함하
 는 종합 엔터테인먼트 기업 IHQ로 변신했다.

- 2005년 2월 제3자 배정 유상증자[SK텔레콤(주)]

 * 2005년 최대 통신사인 SK텔레콤으로부터 투자유치를 받으며, 통신과 콘텐츠의
 결합을 위한 성장판을 확보했다.

- 2005년 12월 타법인 주식 취득[(주)YTN미디어 주식 인수]

- 2006년 7월 타법인 주식 취득[영화사 청어람(주) 주식 인수]

 * 지속적인 인수합병을 통해 사업영역을 확장(영화제작·배급 및 케이블 방송사업
 에 진출)했다.

- 2006년 9월 SK 계열사 편입

 * SK그룹으로 편입되면서 산업 인프라 및 재정적인 면에서 최상의 조건을 형성했다.

- 2008년 1월 베이징싸이더스IHQ 계열회사 추가

- 2008년 8월 계열회사인 (주)씨유미디어 증자 참여(30억 8,500만 원)

- 2008년 11월 (주)워크원더스 유상증자 참여(10억 원)

 * 지속적인 사업 확장 및 해외 진출을 추진했다.

- 2009년 3월 23일을 합병기일로 계열회사인 (주)드라맥스가 (주)씨유미
 디어를 흡수합병

- 2009년 6월 25일 계열회사인 (주)아이필름코퍼레이션 지분매각 결의
 (2009년 9월 30일부로 계열분리 확정)

- 2010년 3월 15일 당사의 최대주주인 SK텔레콤(주) 보유주식을 2대주
 주인 정훈탁 이사(또는 정훈탁 이사가 지정하는) 및 제3자에게 매각하
 는 계약 체결

- 2010년 7월 16일 최대주주가 SK텔레콤(주)에서 정훈탁 씨로 변경

〈표 5-1〉 5년간 IHQ 요약 재무제표

(단위: 백만 원)

구분	제49기 (2010년)	제48기 (2009년),	제47기 (2008년)	제46기 (2007년)	제45기 (2006년)
[유동자산]	9,700	17,613	24,200	35,294	26,457
·당좌자산	9,262	16,995	23,852	34,530	26,302
·재고자산	438	618	348	764	155
[비유동자산]	29,792	28,931	31,023	33,165	43,953
·투자자산	27,222	24,692	25,740	25,350	35,176
·유형자산	356	695	1,351	1,806	2,171
·무형자산	955	2,296	2,641	4,312	4,473
·기타비유동자산	1,259	1,248	1,291	1,697	2,133
자산총계	39,492	46,544	55,223	68,459	70,410
[유동부채]	15,312	14,638	18,915	11,811	9,633
[비유동부채]	942	1,148	1,090	1,049	17,535
부채총계	16,254	15,786	20,005	12,860	27,168
[자본금]	20,168	20,168	20,168	20,168	19,074
[자본잉여금]	31,375	31,375	31,375	31,375	21,369
[자본조정]	575	608	608	1,795	1,842
[기타포괄적손익누계액]	433	3	-330	10	62
[이익잉여금]	-29,313	-21,396	-16,603	2,251	895
자본총계	23,238	30,758	35,218	55,599	43,242
매출액	39,262	42,954	44,828	41,395	47,815
영업이익	-2,390	-2,742	-8,997	-8,015	-2,671
계속사업이익	-7,915	-4,794	-16,671	1,440	-5,422
당기순이익	-7,915	-4,794	-16,671	1,440	-5,422

자료: 금융감독위원회 전자공시 시스템(2011.3.31), IHQ 사업보고서(2011) 29쪽.

* SK그룹이 철수하면서 다시 정훈탁 씨가 최대주주로 변경됐다.

- 2010년 11월 26일 (주)아시아인베스트먼트 지분 취득(26.43%)

캐슬인더스카이는 앞서 본 연혁에서처럼 IHQ와의 합병, SK그룹 편입을 통해 외형적인 성장과 사업 다각화를 진행해왔으며, 대기업의 후원을 통해 과감한 투자와 함께 급속한 성장을 이뤘다. 그러나 재무적인 내용에서는 이렇다 할 실적을 보여주지 못했다.

<표 5-1>에 나타난 자산총계 상황을 검토해보면 2006년까지는 어느 정도 성장 흐름을 보이다가, 2007년부터는 하락세에 있다. SK그룹의 투자와 도움이 있었음에도 재무상태는 오히려 감소하고 있다. 매출에서도 2006년에서 2010년까지 상승곡선이 아닌 하락곡선을 나타내며 영업이익 및 순이익에서 지속적인 손실을 보이고 있다. 특히 SK그룹에 편입된 2006년 이후에도 이러한 적자상태가 지속되어 개선 가능성을 보여주지 못했으며, 만약 SK그룹의 재정적 지원이 없었다면 현실적으로 회사를 운영하기가 어려운 상태였다.

이러한 적자 누적과 기대 이하의 효과 때문에 SK그룹은 엔터테인먼트 사업에 대해 부정적인 시각을 보이기 시작했으며, 결국 2006년 투자에 참여한 지 5년을 넘기지 못하고 다시 이전 최대주주인 정훈탁 씨 손으로 최대주주 자리를 넘겨줬다.

(2) IHQ 주요 제작 드라마

- 2005년 1월 SBS 드라마 <봄날>

  연출 김종혁, 극본 김규완, 출연 고현정·조인성·지진희

- 2005년 2월 SBS 드라마 <홍콩 익스프레스>

  연출 조남국, 극본 김성희, 출연 조재현·송윤아·차인표

- 2005년 4월 SBS 드라마 <건빵선생과 별사탕>

연출 오종록, 극본 박계옥, 출연 공효진·공유·김다현·최여진
- 2006년 4월 MBC 드라마 <닥터깽>
연출 박성수, 극본 김규완, 출연 양동근·한가인·이종혁
- 2006년 9월 SBS 드라마 <독신천하>
연출 김진근, 극본 이해정·염일호, 출연 김유미·유선·문정희
- 2007년 3월 MBC 드라마 <고맙습니다>
연출 이재동, 극본 이경희, 출연 장혁·공효진·서신애
- 2008년 1월 SBS 드라마 <불한당>
연출 유인식, 극본 김규완, 출연 장혁·이다해·김정태
- 2008년 3월 MBC 드라마 <누구세요?>
연출 신현창, 극본 배유미, 출연 윤계상·아라·강남길·김성은·진이한
- 2009년 12월 SBS 드라마 <크리스마스에 눈이 올까요?>
연출 최문석, 극본 이경희, 출연 고수·한예슬·조민수·천호진·선우선

IHQ가 제작한 드라마의 특징은 자기 소속사 배우들이 주연급으로 출연한 경우가 많다는 것이다. 조인성, 공효진, 장혁 등 소속사 배우들을 이용해 우수한 캐스팅 능력을 보이며 드라마 제작의 힘을 창출해왔다. 다만, 배우 출연료 및 제작투자금에 대비해 뚜렷한 상업적 성공을 거둔 작품은 없었다.

초기작이라 할 수 있는 <파리의 연인> 이후 이렇다 할 대표작이 없었으며 제작역량 확대 외에 사업 다각화를 위한 인수합병이 많았다. 이런 무리한 인수합병은 재정 악화를 가져왔으며, 결국 SK그룹의 철수로 이어졌다. 회사현황에서도 매니지먼트 부문을 제외하면 제작기반이 침체에 빠져 있는 상태다.

IHQ의 지난 몇 년간 행보는 결국 제자리를 찾아오는 과정을 보여주고 있다. 개별기업으로 시작하여 종합 엔터테인먼트 기업으로 변신하고 여기에 미디어까지 접목하는 상당히 큰 산업적 시스템을 구축했던 IHQ는

다시 엔터테인먼트 형태로 돌아간 상태다. 이는 한마디로 아쉬운 대목이다. 다만, IHQ의 행보를 통해 알 수 있는 것은 국내 대기업 정서와 엔터테인먼트 산업 간에 시스템적 괴리와 산업적 특성이 존재한다는 사실이다.

즉, 시스템과 조직을 중시하는 기존 미디어 및 대기업 형태와 사람을 중심으로 기업가치가 형성되는 엔터테인먼트 산업의 차이를 확인한 것이다. 그렇다고 이런 결합이 전혀 득이 없었던 것은 아니다. IHQ의.사례는 기존 경영체계가 미약했던 엔터테인먼트 분야에 대규모 기업 시스템이 접목된 첫 번째 시도였다.

산업적 투자와 대작을 선보인 올리브나인

올리브나인 역시 '한류' 분위기를 타고 드라마 산업에 진출해 한국 드라마 산업의 선봉에 선 기업이라 할 수 있다. '한류' 초기 신생기업 중 가장 많은 드라마 제작 및 해외수출을 주도했으며, 특히 대작드라마 제작에 많은 노력을 보였다. 또한 드라마 제작편수에서도 신생기업으로서는 비교적 빠른 시점에 시장 점유율 1위를 차지하며 2000년대에 진출한 기업 중 가장 대표적인 드라마 제작사가 됐다.

이 회사가 성장할 수 있었던 것은 산업적인 측면 외에도 드라마 제작 인프라 및 국가 드라마 산업 진흥정책을 유도하는 측면에서 초기 공헌한 바가 크게 작용했으며, 국내 양대 통신사 중 하나인 KT그룹에 편입되면서 성장기반이 가속화됐다는 점을 들 수 있다. 다만, 이 회사 역시 성장 대비 수익률 악화와 부채 증가로 KT그룹에서 퇴출되어 어려움을 겪고 있는 실정이다.

(1) 올리브나인의 주요 경영상 연혁[2]

---

2) 올리브나인, 금융감독원 전자공시 2010.5.17 분기보고서 중 회사연혁을 참조하여 작성.

- 1999년 11월 (주)시그엔 설립

- 2002년 7월 코스닥 상장

- 2004년 12월 (주)시그엔 최대주주 변경(최대주주: 고대화), (주)지패밀리 엔터테인먼트 인수

- 2005년 1월 연예인 매니지먼트 강화 및 쇼·오락 프로그램 제작배급 진출

- 2005년 2월 (주)올리브나인으로 사명 변경

- 2005년 3월 창립작 SBS 드라마 <불량주부> 방영

  * 코스닥에 상장된 기업을 인수하여 엔터테인먼트 업종으로 변경하는 우회상장 (back-door listing)3) 방법을 이용해 코스닥에 진출했으며, 이는 많은 엔터테인먼트 기업의 자본시장 참여방법론으로 사용되고 있다.

- 2005년 5월 TU미디어 위성 DMB 프로그램 <생방송 What's Up> 방영

- 2005년 7월 TU미디어 위성 DMB 프로그램 <여섯시&채널블루> 방영

  * 올리브나인은 지상파만을 고집하지 않고 다양한 뉴미디어 채널(DMB, 케이블, IP-TV)과의 교류를 통해 지상파 중심 사업채널을 다양화하는 노력을 보였다.

- 2006년 1월 (주)더컨텐츠엔터테인먼트(구 스타즈엔터테인먼트) 계열회사 추가, 투니버스 어린이드라마 <에일리언★샘> 방영

- 2006년 3월 '골든브릿지-올리브나인 한류드라마 펀드(100억 원)' 조성

  * 제작사가 직접 드라마 펀드 조성에도 참여하여 드라마 대형화 및 수출기반을 마련하는 데 다양한 노력을 경주했다. 이는 기존 방송사 중심의 제작비 수급에서 보다 산업적인 차원의 투자 확장을 이끌게 된다.

- 2006년 10월 KT, 올리브나인 지분출자(204억 원, 19.3%) 결정, 투어테

---

3) 비상장기업이 합병, 주식교환, 제3자 배정 유상증자 등을 통해 상장기업 경영권을 인수해 사실상 상장효과를 누리는 행위를 말한다. 직상장의 까다로운 심사절차를 피하면서 자본시장에 참여할 수 있는 방법론으로 엔터테인먼트 회사들의 상장에 자주 사용됐다.

인먼트 설립(MBC·모두투어와 합작법인)

* KT의 지분투자 및 방송사와의 합작회사를 설립하여 재정적 안전성과 콘텐츠 수익창출 극대화를 위한 창구 다양화를 시도했다.

- 2006년 12월 KT, 올리브나인 지분출자(204억 원, 지분율: 19.3%), 최대 주주 변경
- 2007년 2월 KT 계열사 편입

* KT에 계열 편입됨으로써 성장을 위한 재정 및 영업적 배경을 획득하며, 뉴미디어 채널을 통한 수익 다변화를 추진했다.

- 2007년 10월 Mega TV <처음하는 법>, <최신 영화정보> 방영

* IP-TV인 Mega TV에 콘텐츠 제작배급을 시작했으며, 이후 지속적인 제작공급을 통해 수익채널의 다변화를 진행했다.

- 2009년 7월 (주)아월패스로 최대주주 변경
- 2009년 12월 임병동으로 최대주주 변경
- 2010년 2월 홍인석으로 최대주주 변경
- 2010년 10월 코스닥 상장 폐지

* KT그룹 및 드라마 제작 활성화를 통한 외형 성장에도 불구하고 지나친 급성장에 따른 경쟁 심화와 제작비 급증으로 경영 손실이 증가하여, KT그룹 계열에서 분리됐다. KT가 2006년 약 220억 원에 매입했으나 2009년 온라인 교육업체에 53억 원대에 매각됐다. 그러나 이후에도 지속적으로 최대주주가 변경되며 경영 불안 등의 위기를 보였으며, 2010년 10월에는 코스닥에서 퇴출됐다.

올리브나인은 KT에 막대한 손실을 기록, 결국 철수조치가 내려진 드라마 제작사로 현재 경영난에 처해 있다. 2009년 9월 MBC <인연 만들기>, 2010년 1월 MBC <파스타> 등 꾸준한 제작활동을 통해 재기 가능성을 모색했으나 경영상의 신뢰 부족 등으로 2010년 10월 결국 코스닥에서 퇴출됐다.

<表 5-2> 5년간 올리브나인 요약 재무제표

(단위: 천 원)

구 분	제11기 (2009년)	제10기 (2008년)	제9기 (2007년)	제8기 (2006년)	제7기 (2005년)
[유동자산]	10,072,772	26,029,046	24,698,370	31,742,776	11,383,618
·당좌자산	10,072,772	26,017,825	24,687,472	31,701,496	11,380,259
·재고자산	-	11,222	10,898	41,280	3,359
[비유동자산]	16,543,896	17,636,911	16,889,295	11,836,841	7,123,007
·투자자산	29,613	1,360,094	2,737,907	3,378,065	3,180,175
·유형자산	285,757	921,999	1,168,797	913,413	275,106
·무형자산	9,201,515	14,810,048	12,328,551	7,070,101	1,994,941
·기타비유동자산	7,027,010	544,770	654,039	475,262	1,672,785
자산총계	26,616,668	43,665,958	41,587,665	43,579,618	18,506,625
[유동부채]	23,697,785	26,620,684	18,681,928	17,421,919	7,628,342
[비유동부채]	22,455	2,832,504	3,755,475	4,590,967	1,592,001
부채총계	23,720,241	29,453,188	22,437,403	22,012,887	9,220,342
[자본금]	4,661,450	23,738,601	22,791,631	22,228,475	16,763,856
[자본잉여금]	78,071,464	48,845,018	46,327,227	44,923,390	27,469,381
[자본조정]	23,159	206,799	220,804	276,510	-9,370
[기타포괄손익누계액]	0	-15,961	-23,102	-	-
[결손금]	79,859,646	58,561,686	50,166,298	45,861,644	34,937,584
자본총계	2,896,427	14,212,770	19,150,262	21,566,731	9,286,283
매출액	19,573,840	40,154,122	35,172,907	27,967,392	11,074,415
영업이익	-4,762,419	-5,324,405	-3,193,867	-6,286,780	-6,063,836
계속사업이익	-21,297,960	-8,395,388	-4,304,654	-10,924,060	-8,489,370
당기순이익	-21,297,960	-8,395,388	-4,304,654	-10,924,060	-8,489,370
기본및희석주당 순손실	4	1	1	-	-

자료: 금융감독위원회 전자공시 시스템(2010.5.17), 올리브나인 사업보고서(2009).

<표 5-2>의 재무제표를 보면 2006년 KT의 투자 후 자산 증가는 거의 없으며, 오히려 부채가 증가해 경영난을 초래하게 된다. 매출의 경우 2006년부터 외형 성장을 통한 확대를 보이나 지난 5년의 영업기간 동안 한 번도 수익을 발생시키지 못하고 오히려 80억 원에서 최대 200억 원대의 적자를 보인다. 매출액이 늘어도 적자 폭은 줄어들지 않는 구조를 보이면서 결국 KT의 사업 철수를 초래했다.

(2) 올리브나인 주요 제작 드라마
 - 2005년 3월 창립작 SBS 드라마 <불량주부>
   연출 유인식·장태유, 극본 강은정·설준석, 출연 신애라·손창민·유민·조연우
 - 2005년 3월 SBS 드라마 <그린로즈>
   연출 김수룡·김진근, 극본 유현미·김두삼, 출연 고수·이다해·이종혁·김서형
 - 2005년 9월 SBS 특별기획 드라마 <프라하의 연인>
   연출 신우철·김형식, 극본 김은숙, 출연 전도연·김주혁·김민준·윤세아
   * 당시 전도연(1,500만 원), 김주혁(1,500만 원), 김민준(1,500만 원) 등 주요 출연진의 출연료가 1,000만 원대를 넘었으며, 회당 약 1억 5,000만 원의 제작비가 소요됐다. 이는 당시 최고가의 제작비였으며, 상업적인 면에서는 PPL이 사전기획되어 TV 홈쇼핑몰에서 '프라하의 연인'이라는 기획상품전이 만들어지는 등 다양한 형태의 파생상품을 내놓으며 그 나름의 성과를 보였다. 이는 드라마 수익모델 발굴 및 체계화에서 선도적인 모델로 평가될 만한 시도였다.
 - 2006년 5월 KBS2 미니시리즈 <미스터 굿바이>
   연출 황의경, 극본 서숙향, 출연 안재욱·이보영·오윤아
 - 2006년 5월 KBS2 미니시리즈 <위대한 유산>
   연출 김평중, 극본 이숙진·김태희, 출연 김재원·한지민·김지훈

– 2006년 5월 MBC 특별기획 드라마 <주몽> 공동제작(초록뱀미디어)

연출 이주환·김근홍, 극본 최완규·정형수, 출연 송일국·한혜진·오연수

* <주몽>은 방영횟수 총 81부작, 회당 3억 7,000만 원, 총 300억 원의 제작비를
기록한 대작드라마로 외주제작사가 만든 사극 중 자원, 완성도 및 수익적으로
가장 우수한 기록을 보였다. 특히 방영 후 드라마 촬영지를 테마파크로 조성하고
다양한 PPL상품을 선보였다.

– 2006년 10월 KBS2 드라마 <황진이>

연출 김철규, 극본 윤선주, 출연 하지원·김재원·왕빛나·류태준

– 2007년 3월 KBS2 미니시리즈 <마왕>

연출 박찬홍, 극본 김지우, 출연 엄태웅·신민아·주지훈

– 2007년 3월 KBS2 미니시리즈 <헬로, 애기씨>

연출 이민홍, 극본 박영숙, 출연 이다해·이지훈

– 2007년 6월 SBS 드라마 <황금신부>

연출 운군일·백수찬, 극본 박현주, 출연 이영아·송창의·송종호

– 2007년 8월 SBS 드라마 <왕과 나>

연출 김재형·손재성, 극본 유동윤, 출연 오만석·구혜선·고주원·정태우

– 2008년 1월 KBS2 미니시리즈 <쾌도 홍길동>

연출 이정섭, 극본 홍미란·홍정은, 출연 강지환·성유리·장근석

– 2008년 6월 KBS2 드라마 <최강칠우>

연출 박만영, 극본 백운철, 출연 에릭·유아인·구혜선·전노민

* 저작권을 KBS로부터 독립적으로 수행할 수 있게 계약한 상태에서 제작사 주도적
으로 수익화를 이룬 드라마로서 새로운 형태의 제작 및 투자구조를 보여줬다.

– 2008년 9월 SBS 드라마 <타짜>

연출 강신효·백수찬, 극본 설준석·진헌수·임정기, 출연 장혁·한예슬·
김민준

– 2008년 12월 SBS 드라마 <스타의 연인>

연출 부성철, 극본 오수연, 출연 최지우·유지태·이기우

- 2009년 3월 SBS 드라마 <사랑은 아무나 하나>

연출 이종수, 극본 최순식, 출연 지수연·유호정·한고은

- 2009년 10월 MBC 드라마 <인연 만들기>

연출 장근수·이성준, 극본 현고운, 출연 유진·기태영

올리브나인이 추구한 드라마 제작방식은 최고의 출연자를 통한 최고의 드라마 제작정책으로, 보다 많은 수익을 위해 대규모 투자를 진행해왔다. 이러한 흐름은 <프라하의 연인>, <주몽>, <황진이>, <최강칠우>, <타짜>, <스타의 연인> 등에 나타나며 이는 한국 드라마 산업의 규모 확장에 많은 영향을 미쳤다. 다만, 문제점은 확장된 규모에 비하여 기획된 파생상품의 수익창출이 기대만큼 이뤄지지 못해 재정적인 어려움을 만드는 요인으로 작용했다는 점이다.

하지만 수익창출을 위한 다양한 투자 및 제작방식 도입과 파생상품의 전략 개발에서 선도적인 역할을 했으며, 수익창출을 위한 지원 및 제도장치 마련에 많은 논의를 제공하면서 드라마 산업 발전에 기여한 부분이 크다.

독립적 발전과 대형화를 지향한 초록뱀미디어

올리브나인과 캐슬인더스카이가 대기업과의 제휴를 통해 대형화를 지향한 데 반하여 초록뱀미디어의 경우는 자체적인 성장을 통해 대형화를 진행해왔다. 그리고 이러한 과정을 통해 꾸준한 드라마 제작과 기업구조의 수평적 확장을 이루면서 파생상품 개발 및 테마파크 운영 등 그 나름대로 다양한 가능성을 창출하며 기업 성장을 진행해왔다. 그러나 대작드라마 제작 후유증과 세계적 금융위기에 따른 투자자 철수 등의 악재가 겹치면서 경영상의 위기를 맞고 있는 실정이다.

초록뱀미디어 역시 올리브나인과 함께 한국 드라마 산업의 새로운 패러 다임을 구축하는 데 지대한 공헌을 했으며, 자체적 성장을 지향했던 2000 년대 신생 제작사로서 여러 가지 투자 및 기업 형성 측면에서 주목할 만한 제작사라고 평가할 수 있다.

(1) 초록뱀미디어의 주요 경영상 연혁[4]

- 2000년 9월 법인 설립
- 2003년 1월 SBS 드라마 <올인> 제작

  * <올인>은 초록뱀미디어의 최고 대표작이라고 말할 수 있다. 방영횟수 총 24회, 회당 제작비 2억 원, 총 제작비 50억 원이 투자된 드라마로 그 당시 최고 대작이었다고 할 수 있다. 더불어 <올인>은 산업적으로도 많은 수익을 발생시켜 이후 초록뱀미디어의 코스닥 진출 등에 영향을 주었고, 제주도 올인하 우스 등 파생상품 전략에도 각종 노하우를 제공하며 초기 한류 전성시대의 혜택을 누리게 했다.

- 2004년 8월 벤처기업 인증
- 2005년 5월 제주도 올인하우스 개관
- 2005년 8월 (주)코닉테크를 인수해 코스닥 우회상장

  * 코스닥 상장사를 인수, 우회상장을 통해 자본시장에 참여하고 이로써 다양한 형태의 자금조달이 이뤄지게 된다.

- 2005년 11월 젤리박스 설립출자
- 2005년 11월 카후나빌 올림픽파크점 자산 양수
- 2006년 11월 식음료 사업부문 분할[신규법인명: (주)초록뱀에프앤비]
- 2007년 8월 (주)초록뱀SA, 9월 (주)초록뱀매니지먼트그룹 설립
- 2008년 6월 섬유 사업부문 분할[신규법인명: (주)초록뱀테크]

  * 지속적인 계열사 설립 및 확장을 통해 종합 엔터테인먼트 기반을 구축하지만

---

4) 초록뱀미디어, 금융감독원 전자공시 2011.3.31 사업보고서 중 회사연혁을 참조하여 작성.

과도한 성장과 대작드라마에 대한 지나친 투자로 수익성 악화 및 재정부실을
유발시켜 경영위기를 초래하게 된다.

- 2009년 3월 대표이사 변경(공동대표에서 길경진 단독대표로 변경)
- 2009년 12월 최대주주 변경(엔에이치피홀딩스 외 1인에서 조재연 외
  5인)
- 2010년 2월 자본감소(2:1 감자 후 자본금 18,187,128,000원)
  * 경영부실로 인한 기존 대표체제, 최대주주 변경 및 자본감소를 통해 새로운
    경영환경을 만들고 있으며, 여러 경영분야에서 잡음을 일단락 짓고 다양한
    가능성을 추구하고 있다.

초록뱀미디어는 다른 주요 신생기업들과는 달리 단독 성장을 추구하면
서 수평적 사업구조 확장을 지향했다. 드라마에서 매니지먼트, 파생상품
및 테마파크 형식으로 하나의 콘텐츠를 통한 다양한 비즈니스 기회 창출의
패러다임을 만들고자 했다. 그런 이유로 여러 대작드라마를 통해 비즈니스
기회 창출을 시도했으나, 무리한 재정투자와 기대수익 부족은 경영난에
빠지는 결과를 가져왔다.

하지만 드라마 제작 시스템 및 파생상품 개발이라는 시스템 발전에
지대한 공헌을 했으며, 새로운 드라마 제작환경 구축에도 많은 노력을
기울였다. 특히 방송사와 공동투자하는 문화산업전문회사 형식의 드라마
제작 프로젝트 진행을 통해 방송사와 드라마 제작사 간의 저작권 수익
부분에 대한 해결책을 제시하는 데 선도적인 모습을 보여주고 있다.

<표 5-3>의 재무내용을 검토해보면 2006년에서 2007년 사이 부채가
급격히 증가, 2009년까지는 특별한 감소 없이 유지되면서 경영 압박을
하게 되며, 자산의 경우 2008년까지는 증가하다가 2009년부터 급격히
감소한다. 매출의 경우는 2006년을 최고점으로 지속적인 축소세를 보이
며, 영업이익 역시 적자에 시달리는 모습이다. 다만, 2007년 대규모 적자

<표 5-3> 5년간 초록뱀미디어 요약 재무제표

(단위: 백만 원)

구분	제13기 (2010년)	제12기 (2009년)	제11기 (2008년)	제10기 (2007년)	제9기 (2006년)
[유동자산]	11,752	3,448	8,189	20,501	15,247
· 당좌자산	11,752	3,434	8,023	18755	12,902
· 재고자산	-	14	166	1,745	2,345
[비유동자산]	9,049	23,238	29,212	17,301	16,657
· 투자자산	5,789	16,270	17,365	3,281	4,624
· 유형자산	125	183	275	5,857	6,571
· 무형자산	693	3,340	8,353	6,209	4,779
· 기타비유동자산	2,442	3,444	3,217	1,952	681
자산총계	20,801	26,686	37,402	37,802	31,905
[유동부채]	1,500	16,685	9,381	9,850	9,734
[비유동부채]	8	3	8,734	10,235	4,786
부채총계	1,508	16,689	18,115	20,086	14,520
[자본금]	11,575	36,374	36,374	34,555	28,010
[자본잉여금]	53,712	9,486	9,486	9,504	1,319
[자본조정]	△2	-	-	950	△3,281
[기타포괄손익누계액]	311	4,049	3,837	-	-
[이익잉여금]	△46,303	△39,911	△30,410	△27,294	△8,663
자본총계	19,293	9,998	19,286	17,716	17,385
매출액	11,645	10,102	19,196	25,039	25,535
영업이익	△1,309	△3,954	702	△10,929	369
계속사업이익	△6,391	△9,502	△3,115	△18,631	△8,663
당기순이익	△6,391	△9,502	△3,115	△18,631	△8,663

주: △는 부(−)의 수치.
자료: 금융감독위원회 전자공시 시스템(2011.3.31), 초록뱀미디어 사업보고서(2010).

이후 조금씩 회복할 수 있는 가능성을 보여주고 있다.

현재 초록뱀미디어는 각종 위기상황에 있는 것은 확실하지만 꾸준한 제작활동을 통해 재기의 발판을 만들어가고 있다. 경영난 속에서 제작된 KBS2 드라마 <추노>가 높은 시청률을 기록해 제작사의 가치를 유지시켜 줬다. 따라서 현 위기가 수습된다면 IHQ나 올리브나인과는 다른 새로운 도약 가능성이 높은 제작사라고 볼 수 있다.

(2) 초록뱀미디어 주요 제작 드라마
- 2003년 1월 SBS 드라마 <올인>
  연출 유철용, 극본 최완규, 출연 이병헌·송혜교·지성
- 2003년 8월 SBS 드라마 <요조숙녀>
  연출 한정환, 극본 이희명, 출연 김희선·고수·손창민
- 2003년 10월 SBS 드라마 <때려>
  연출 이현직, 극본 이윤정, 출연 주진모·신민아·성시경
- 2004년 3월 SBS 드라마 <2004 인간시장>
  연출 홍성창·손정현, 극본 장영철, 출연 김상경·박지윤·김소연·김상중
- 2004년 4월 MBC 드라마 <불새>
  연출 오경훈, 극본 이유진, 출연 이서진·이은주·정혜영·에릭
- 2005년 2월 SBS 시트콤 <귀엽거나 미치거나>
- 2006년 1월 MBC 드라마 <늑대>
  연출 박홍균, 극본 김경세, 출연 에릭·엄태웅·한지민
- 2006년 5월 MBC 드라마 <주몽> 공동제작(올리브나인)
  연출 이주환·김근홍, 극본 최완규·정형수, 출연 송일국·한혜진·전광렬
  * 메이저 제작사인 올리브나인과 공동제작을 시도해 투자위험을 분산시킨 사례로, 수익창출에서도 양대 제작사의 역량이 집중되어 다양한 파생상품(테마파크, 술, 담배 등)을 창출했다.

- 2006년 5월 MBC 드라마 <불꽃놀이>

  연출 정세호·김홍선, 극본 김순덕, 출연 한채영·강지환·박은혜
- 2006년 11월 MBC 드라마 <90일, 사랑할 시간>

  연출 오종록, 극본 박해영, 출연 강지환·김하늘
- 2006년 11월 MBC시트콤 <거침없이 하이킥>

  연출 김병욱·김창동·김영기, 극본 송재영·이영철 등, 출연 이순재·박해미·정일우
- 2007년 2월 MBC 드라마 <케세라세라>

  연출 김윤철, 극본 도현정, 출연 에릭·정유미·이규한
- 2007년 9월 SBS 드라마 <로비스트>

  연출 이현직·부성철, 극본 최완규·주찬옥, 출연 장진영·송일국·한재석
- 2008년 5월 SBS 드라마 <일지매>

  연출 이용석, 극본 최란, 출연 이준기·박시후·한효주·이영아
- 2008년 9월 KBS2 드라마 <바람의 나라>

  연출 강일수·지병현, 극본 정진옥·박진우, 출연 송일국·최정원·정진영

  * 제작사와 방송사가 공동출자한 '문화산업전문회사'[5]를 통해 제작됐으며, 이는 제작사와 방송사가 수익에서 손실까지 함께 나누는 방식이다.
- 2009년 9월 MBC 시트콤 <지붕 뚫고 하이킥>

  연출 김병욱·김영기·조찬주, 극본 이영철·이소정 등, 출연 이순재·정보석·최다니엘·윤시윤
- 2010년 1월 KBS2 드라마 <추노>

  연출 곽정환, 극본 천성일, 출연 장혁·오지호·이다혜

  * <추노>는 KBS와 공동투자한 문화산업전문회사 (유)추노를 통해 제작이 이뤄졌다. 이는 방송사와 제작사가 50:50의 공통투자를 이룬 첫 사례로서 대작드라

---

5) 영문 약자는 'SPC(Special Purpose Company)'이며 이에 대한 자세한 내용은 제6장 2절에서 살펴본다.

마에 대한 위험 부담을 방송사와 제작사가 양분하며 수익창출을 시도한 주요한 사례가 됐다.

초록뱀미디어의 드라마 제작경향은 상당히 실험적이며 대작에 대한 과감한 투자가 많았다. <올인> 50억 원, <주몽> 300억 원, <로비스트> 120억 원, <바람의 나라> 200억 원, <추노> 60억 원 등 일반적인 평균 제작비에 비해 상당한 액수다. 그리고 이러한 제작 흐름은 드라마가 수익을 창출하는 데 실패했을 때 막대한 경영상 부담으로 작용했다.

특히 2007년에서 2008년까지 대작드라마의 경우 드라마 수익모델 발굴 실패가 경영 악화의 주요 요인으로 작용해 기존 경영진 및 최대주주의 변화를 가져왔다. 그러나 안정된 제작기반과 특히 시트콤 분야에서의 강점은 회사의 제작 시스템 안정화에 도움을 줬고, 현재 새로운 도약을 위한 발판을 모색하고 있는 상태다.

현재 IHQ, 올리브나인, 초록뱀미디어는 급속한 성장에 따른 성장통을 겪고 있으며, 이로 인해 기업의 존폐 및 경영상의 새로운 도전에 직면해 있다. 이러한 성장통은 어쩌면 급속하게 성장해온 한국 엔터테인먼트 산업구조에서 어쩔 수 없는 부실이자 과정일 수도 있다. 그러나 중요한 것은 이 세 기업을 통해 비로소 한국 드라마 산업이 체계화되지 못한 경영구조에서 탈피하여 산업적인 성장과 시스템화를 학습했다는 것이다. 물론 과도한 비용 상승과 스타 캐스팅 및 대작드라마의 문제점을 유발시킨 일정 책임도 있지만 이는 산업화 과정에서 어느 누군가에 의해 반드시 나타날 수밖에 없는 과정이라고 볼 수 있다.

기존 기업들이 기득권 중심의 경영을 지향할 때, 이 세 기업은 모험적인 투자와 시장 확대를 주도하면서 한국 드라마 산업이 아시아 및 세계시장에 진출하는 데 일정 부분 기여했다.

2. 빅3의 전략과 선택

한국 드라마 외주제작사 중 가장 오래된 기업이 있다면, 단연 삼화네트웍스와 김종학프로덕션[6]일 것이다. 이 두 회사는 드라마 외주제작 태동기인 1990년대 초·중반부터 드라마 제작에 참여하여 지금까지 꾸준히 활동하고 있으며, '한류'와 '산업 발전'이라는 급격한 흐름 속에 독자적인 영역을 구축하며 성장해왔다. 그리고 이 두 전통적인 기업과 함께 '한류드라마'라는 용어를 탄생시킨 <겨울연가>의 제작사 팬엔터테인먼트를 전통적인 외주제작사 빅3로 구분할 수 있다.

이 세 회사는 2000년대 중반에 등장한 신생기업들과는 다른 형태로 드라마의 산업화 및 생존전략을 구사하고 있다. 신생기업들이 대기업과의 제휴 및 인수합병을 통한 대규모 성장전략을 추구했다면, 이 기업들은 독자적인 행보를 보이며 한국 드라마 산업 발전에 한 방향성을 제시하고 있다.

안정된 성장을 추구하는 삼화네트웍스

삼화네트웍스는 한국 최초의 드라마 제작사인 삼화프로덕션의 전신으로 2006년 코스닥 상장사인 이즈온을 인수, 우회상장되면서 사명이 현재의 명칭으로 변경됐다.

삼화는 한국 드라마 제작사에서 가장 오래 역사를 가진 기업으로 한국 드라마 제작의 역사성을 대표하는 기업이라 하겠다. 더불어, 안정된 기업 경영으로 변동이 심한 엔터테인먼트 산업환경에서도 꾸준히 자기 기반을 유지하고 있는 몇 안 되는 드라마 제작사다.

---

6) 2010년 1월 신규로 교육사업에 진출함에 따라 이미지를 제고하기 위해 상호를 (주)김종학프로덕션에서 (주)더체인지로 변경했으며, 2011년 5월 (주)더체인지에서 다시 김종학프로덕션으로 분사됐다.

(1) 삼화네트웍스의 주요 경영상 연혁7)

- 1980년 9월 삼화비디오프로덕션 설립(방송, 영화제작 및 복제), 한국 최초로 비디오 복제생산 개시
- 1985년 5월 삼화비디오프로덕션(주)로 법인 전환
- 1982년 11월 기업 홍보영상 제작 개시(대한전선 <대한 VTR 작동법>)
- 1983년 9월 정부 및 공공기관 홍보영상 제작 개시(공무원교육원 <공무원 교육자료>)
- 1987년 4월 TV드라마 제작 개시(KBS1 <TV문학관> '저 은하에 내 별이')
- 1990년 7월 삼화프로덕션(주)로 개명
- 1994년 6월 SBS 드라마 <작별> 제작(최초의 장편 외주제작 드라마, 57부작)

  * 이 시기까지 삼화프로덕션의 모든 행보는 한국 드라마 및 외주제작의 첫 시발점으로 작용한다. 비디오 복제생산에서 교양물 제작, 단편 및 장편 드라마 제작 등 한국 드라마 산업 및 방송 외주제작 분야에서 선도적인 역할을 수행했다.

- 2002년 2월 영화 <명성황후> 공동제작 및 투자협정 체결(랜드마크아시아, 중국 ZONBO MEDIA, 하명중영화사)

  * 삼화는 설립 초기에 영화, 일반 영상물 제작 및 유통에도 참여했으나 현재는 드라마 중심으로 운영되고 있다.

- 2002년 5월 매니지먼트 사업 팀 설치
- 2005년 5월 지상파 DMB 사업 참여를 위해 (주)YTN DMB 출자
- 2006년 8월 코스닥 기업 (주)이즈온, 삼화프로덕션(주)으로 최대주주 변경
- 2006년 10월 신현택 대표이사 취임, (주)이즈온을 (주)삼화네트웍스로

---

7) 삼화네트웍스, 금융감독원 전자공시 2011.3.31 사업보고서 중 회사연혁을 참조하여 작성.

<표 5-4> 5년간 삼화네트웍스 요약 재무제표

(단위: 천 원)

구 분	제20기 (2010년)	제19기 (2009년)	제18기 (2008년)	제17기 (2007년)	제16기 (2006년)
[유동자산]	8,116,153	9,617,222	13,364,140	17,493,379	7,626,220
· 당좌자산	8,116,153	9,617,222	13,364,140	17,493,379	7,626,220
· 재고자산	-	-	-	-	-
[비유동자산]	32,397,535	21,150,809	14,808,858	8,738,033	9,651,861
· 투자자산	13,135,472	7,451,280	7,684,400	4,628,975	7,361,703
· 유형자산	1,157,477	965,724	948,740	1,068,102	933,299
· 무형자산	9,776,902	5,495,536	5,162,118	2,066,516	588,682
· 기타비유동자산	8,327,682	7,238,268	1,013,598	974,437	768,176
자산총계	40,513,688	30,768,031	28,172,998	26,231,413	17,278,082
[유동부채]	6,114,392	2,243,143	4,851,158	4,593,934	5,264,359
[비유동부채]	6,082,230	2,092,412	370,489	268,553	162,916
부채총계	12,196,623	4,335,556	5,221,647	4,862,487	5,427,275
[자본금]	7,230,481	6,916,609	6,916,609	6,916,609	3,500,000
[자본잉여금]	16,879,552	14,061,804	14,061,804	14,061,804	-
[자본조정]	△2,605,002	△4,034,058	△5,772,604	△5,772,604	△8,174
[기타포괄손익누계액]	△1,025,000	321,428	△89,170	231	△149,885
[이익잉여금]	7,837,034	9,166,691	7,834,710	6,162,882	8,508,866
자본총계	28,317,065	26,432,475	22,951,350	21,368,925	11,850,806
매출액	24,738,603	15,682,798	28,053,665	12,534,982	12,518,747
영업이익	1,051,374	291,011	2,957,877	△745,345	1,987,365
계속사업이익	211,134	1,331,980	1,671,828	△2,245,283	1,875,508
당기순이익	211,134	1,331,980	1,671,828	△2,337,809	1,347,791

주: 1) △는 부(-)의 수치.
2) 공시자료에는 원 단위로 기록됐으나 이 자료에서는 천 원 단위로 변경하여 재작
성. 그런 이유로 천 단위에서 개별합산 수치의 오차가 발생할 수 있음. 재작성
시 천 원 단위 이하의 수치는 버림.
자료: 금융감독위원회 전자공시 시스템(2011.3.30), 삼화네트웍스 사업보고서(2010).

사명 변경

- 2006년 10월 (주)홈티브이 방송 100% 출자
  * 드라마 산업 확대에 따른 사업 확장을 보여주면서, 케이블 및 뉴미디어 분야인 DMB 사업을 진행한다. 다만, 타 기업 대비 공격적인 형태는 아니며 경영 안정성을 기반으로 진행하는 것이 특징이다.
- 2007년 4월 삼화프로덕션(주)와 합병

삼화네트웍스의 행보는 한국 드라마 산업의 기본을 만들어가는 역할을 했다고 볼 수 있다. 가장 오래된 외주제작사로서 꾸준한 제작실적을 보여주며 한국 드라마의 외주제작 관행을 정착시키는 데 기여한 바가 크다. 더불어 특정한 산업 흐름에 큰 동요를 보이지 않고 보수적이면서도 안정적인 경영을 통해 꾸준한 기업성과를 만들어가고 있다.

<표 5-4>의 재무제표를 검토해보면 삼화프로덕션과 합병한 2006년 이후 확연한 부채 감소 및 자산 증가를 보여주면서 건실한 형태의 재무개선을 달성했으며, 매출에서도 증가 및 안정세를 보여준다. 영업이익 및 당기순이익에서도 2007년에만 적자를 기록했을 뿐 이후 지속적인 흑자를 보이며 꾸준히 기업가치를 유지하고 있음을 알 수 있다. 이러한 흑자형태의 건실한 재무구조는 엔터테인먼트 업계 전체를 통틀어도 드물다. 특히 드라마 제작의 경우 다수의 회사가 적자구조를 보이고 있는 게 현실이다.

(2) 삼화네트웍스 주요 제작 드라마
- 2004년 3월 KBS2 드라마 <애정의 조건>
  연출 김종창, 극본 문영남, 출연 채시라·이종원·한가인·지성·송일국
- 2004년 10월 KBS2 드라마 <부모님 전상서>
  연출 정을영, 극본 김수현, 출연 김희애·허준호·이동욱·송선미

- 2005년 9월 MBC 주말드라마 <신돈>

  연출 김진민, 극본 정하연, 출연 손창민·정보석

- 2005년 10월 KBS2 드라마 <웨딩>

  연출 정해룡, 극본 오수연, 출연 장나라·류시원·명세빈·이현우

- 2006년 11월 SBS 드라마 <눈꽃>

  연출 이종수, 극본 박진우, 원작 김수현, 출연 김희애·고아라·이재룡

- 2007년 4월 SBS 드라마 <내 남자의 여자>

  연출 정을영, 극본 김수현, 출연 김희애·김상중·배종옥

- 2007년 9월 SBS 드라마 <조강지처 클럽>

  연출 손정현, 극본 문영남, 출연 김혜선·오현경·오대규·손현주·김해숙

- 2008년 2월 KBS2 드라마 <엄마가 뿔났다>

  연출 정을영, 극본 김수현, 출연 김혜자·신은경·김정현

- 2008년 5월 MBC 드라마 <달콤한 인생>

  연출 김진민, 극본 정하연, 출연 정보석·오연수·이동욱·박시연

- 2009년 10월 SBS 드라마 <천사의 유혹>

  연출 손정현, 극본 김순옥, 출연 이소연·배수빈·김태현·홍수현

- 2010년 3월 SBS 드라마 <인생은 아름다워>

  연출 정을영, 극본 김수현, 출연 김영철·김해숙·송창의·우희진

- 2010년 6월 KBS2 드라마 <제빵왕 김탁구>

  연출 이정섭·이은진, 극본 강은경, 출연 윤시윤·유진·이영아·전광렬

삼화네트웍스의 제작특징은 타 제작사들이 청춘멜로 드라마에 집중할 때 주로 주말극 중심의 홈드라마를 제작하면서 안정적인 매출 및 수익기반을 지향한다는 점이다. 또한 정을영 연출자와 김수현 작가를 중심으로 연출과 작가가 한 팀을 형성하며, 작가 중심의 드라마 제작성향을 보여준다. 즉, 스타 중심의 흥행성을 추구하기보다 역량 있는 작가 중심의 제작방

향을 설정해 드라마 완성도를 높여 시청률을 확보하는 정책을 보인다. 이는 방송사와 제작사에 안정된 시청률을 제공하여 방송사 및 제작사 모두가 상승하는 효과를 가져왔다. 이러한 제작 흐름은 김수현 작가 외에도 문영남, 정하연, 김순옥 등의 작가 형태로 지속되며, 재정적인 안정과 시청률 확보라는 성과를 이루고 있다.

결과적으로 삼화네트웍스의 제작 시스템은 작가와 방송사의 신뢰를 바탕으로 안정된 경영성과를 보여준다. 또한 삼화네트웍스는 가장 오래된 1세대 외주제작사로서 급성장하는 드라마 산업의 현안 해결 및 다양한 정부정책을 이끌어내면서 (사)드라마제작사협회 및 관련 이익단체 설립에 주도적인 역할을 했다.

대한민국 대표 드라마 제작사 김종학프로덕션

김종학프로덕션은 한마디로 대한민국 대표 드라마 제작사라 할 수 있다. 삼화프로덕션이 한국 드라마 산업의 시작을 만들었다면, 김종학프로덕션은 성장 그 자체를 만들어왔다.

MBC 드라마 <여명의 눈동자>를 통해 한국 드라마의 새로운 흐름을 창출한 연출자 김종학 씨가 1998년 독립하여 설립한 제작사로 인기작가 송지나 씨와 함께 대한민국 드라마 산업 성장에 지대한 공헌을 했다. 특히 다양한 형식의 드라마 제작을 통해 한국 드라마 산업의 지평을 넓히면서 산업적인 역량에서도 가장 폭넓은 힘을 발휘해왔다.

현재까지도 가장 대표적인 드라마 제작사로 손꼽히며, 최상의 드라마 제작역량을 보유하고 있는 상태다. 다만, 역대 최고의 제작비가 투여된 대작드라마 <태왕사신기>(총 24회분, 회당 16억 원, 총 400억 원의 제작비가 투입) 제작 이후 경영상의 후유증으로 사업 다각화의 노력을 경주하고 있으며, 이러한 과정에서 회사명을 더체인지로 바꿨다.

<태왕사신기>는 드라마의 경제적 성과를 떠나, 한국 드라마사에 한

획을 그은 작품으로 드라마 발전 및 산업적인 모든 요소에서 논의할 만한 가치가 가장 큰 드라마였다. 한마디로 김종학프로덕션은 한국 드라마 제작에서 최상의 그리고 최선의 모습을 보여주며 대표자 역할을 해왔다.

(1) 김종학프로덕션의 주요 경영상 연혁[8]

- 1998년 2월 김종학프로덕션 설립
- 1999년 10월 문화창업투자로부터 투자유치
- 2000년 5월 Y&B 커뮤니케이션에 투자
- 2000년 8월 문화창업투자, 시네마서비스 삼자간 투자계약 체결
- 2001년 3월 자본금 13억 원으로 증자 완료
- 2005년 4월 지상파 DMB 사업자 KMMB에 4억 원 출자
- 2005년 8월 일본 TBS, Nikko Principal 3자 배정 유상증자로 자본금이 3,412,286,000원으로 증가
- 2005년 10월 (주)케이씨엔터테인먼트 지분 50% 인수
- 2005년 12월 드라마 제작 및 유통회사 (주)채널케이 설립 지분 100%
  * 설립 후 드라마 전문업체로서의 실적을 쌓으며, 관련 미디어 및 엔터테인먼트 분야의 사업 확장을 진행해왔다.
- 2005년 12월 드라마 <태왕사신기> 제작을 위한 (주)티에스지컴퍼니 설립 지분 50%
  * 국내 최초로 드라마 제작만을 담당하는 SPC(특수목적회사)를 설립하여 2007년 최고의 제작비가 들어간 <태왕사신기>를 제작방영한다. 이후 SPC는 많은 드라마 제작사의 제작투자 및 진행방법론으로 활용된다.
- 2006년 1월 매니지먼트 사업부 분사 후 (주)스타케이에 매각
- 2006년 4월 타이허미디어코리아 등 3자 배정 유상증자로 자본금이

---

8) 더체인지, 금융감독원 전자공시 2011.3.31 사업보고서 중 회사연혁을 참조하여 작성.

4,126,572,000원으로 증가

− 2006년 11월 제주도 오픈세트장 (주)청암영상테마파크 지분 64% 양수

− 2006년 12월 (주)청암영상테마파크 지분 (주)써니스지엠에 일부 매각

 * <태왕사신기> 제주도 세트장을 테마파크로 개발하여 운영하다가 드라마 종영

   후 지속적인 손실이 발생하자 매각한다.

− 2007년 9월 MBC <태왕사신기> 제작방영

 * 총 제작비 400억 원 대작으로 한국 드라마 대형화의 시발점이 된다.

− 2007년 9월 (주)퓨어나노텍과의 합병 완료

− 2007년 10월 코스닥 상호변경 상장

 * 코스닥 제조사를 인수합병하여 우회상장한다.

− 2008년 3월 회사가 발행할 주식의 총수를 2억 주로 변경, 사업 다각화를
  위한 사업목적 추가(연예인 및 기타 공연, 매니저업, 인터넷, 디지털
  콘텐츠 제작 및 유통, 게임 소프트웨어 제작, 유통 및 판매업, 국내외
  콘텐츠 투자사업, 예술학교 및 기타 교육 서비스업)

− 2008년 7월 드라마 제작회사 유한회사 베토벤 바이러스 설립

− 2008년 9월 (주)에이치투온 지분 51% 인수

− 2009년 3월 무상감자(90%)로 자본금이 2,857,715,500원으로 감소

 * 경영상의 어려움으로 무상감자를 실시한다.

− 2009년 3월 김종학 외 4인에서 공현정으로 최대주주 변경

− 2009년 6월 드라마 제작회사 유한회사 제중원 설립

− 2009년 7월 공현정에서 박석전 외 1인으로 최대주주 변경

− 2009년 7월 박석전 외 1인에서 유티씨앤컴퍼니로 최대주주 변경

 * 경영 악화 및 최대주주 변경으로 김종학 씨가 대표이사직에서 물러난다.

− 2009년 9월 교육과 미래홀딩스, 비비코, 제일교육, 이아이에프, 프라임
  에듀 등 교육업체 9곳의 지분을 취득해 교육사업에 진출

− 2010년 1월 (주)더체인지로 상호 변경

(단위: 백만 원)

구 분	제16기 (2010년)	제15기 (2009년)	제14기 (2008년)	제13기 (2007년)	제12기 (2006년)
[유동자산]	21,440	27,306	31,777	35,030	19,393
・당좌자산	19,010	25,279	29,144	32,836	19,393
・재고자산	2,430	2,218	2,026	2,194	-
[비유동자산]	61,138	64,394	29,412	27,206	21,774
・투자자산	35,672	41,264	11,743	5,934	13,054
・유형자산	3,854	2,866	3,057	4,102	255
・무형자산	12,143	12,610	6,481	8,188	14
・기타비유동자산	9,469	7,653	8,131	8,982	8,451
자산총계	82,578	91,700	61,189	62,236	41,167
[유동부채]	59,023	14,600	45,593	53,802	22,959
[비유동부채]	725	27,330	725	881	690
부채총계	59,748	41,930	46,318	54,683	23,649
[자본금]	30,682	29,324	28,577	12,767	4,127
[자본잉여금]	22,940	44,381	5,807	31,488	9,760
[자본조정]	△1,850	△1,754	△1,751	△1,762	68
[기타포괄손익누계액]	406	236	498	57	△78
[이익잉여금]	△29,348	△22,418	△18,260	△34,997	3,641
자본총계	22,830	91,700	14,871	7,553	17,518
매출액	17,975	18,205	36,060	22,426	13,764
영업이익	△9,659	△3,813	△2,964	△9,075	△2,772
계속사업이익	△29,348	△22,551	△12,190	△38,164	908
당기순이익	△29,348	△22,418	△12,620	△38,638	380
기본주당이익(원)	△490	△1,620	△331	△3,089	48
희석주당이익(원)	△490	△1,620	△331	△3,089	48

주: △는 부(-)의 수치.
자료: 금융감독위원회 전자공시 시스템(2011.3.31), 더체인지 사업보고서(2010).

- 2011년 5월 (주)더체인지에서 드라마 사업부분 물적분할 김종학프로
  덕션으로 분사
  * 더체인지에서 분사되어 코스닥 시장에서 나오는 결과를 가져온다. 그러나 다시
    드라마에 집중하는 회사구조를 갖추게 된다.

현재 김종학프로덕션은 대작드라마 제작 후 수익창출 부진에 따른 후유
증으로 대표이사 및 최대주주였던 김종학 씨가 경영에서 물러나 드라마
제작에만 전념하고 있으며, 김종학프로덕션을 실질적으로 인수한 기업의
사업 다각화 차원에서 교육사업 등 다양한 사업부분이 함께 운영되며
회사명이 (주)더체인지로 변경됐다가, 2011년 물적분할의 형태로 분사되
어 김종학프로덕션의 회사명을 다시 유지하게 됐다. 이로써 김종학프로덕
션은 2007년 9월 퓨어나노텍과 합병하여 코스닥 우회상장한 뒤 3년 6개월
여 만에 증시에서 나오게 됐다.

<표 5-5>의 재무제표를 검토해보면 자산은 합병이 이뤄진 2007년도부
터 급격한 증가를 보이며, 2009년에는 드라마 제작사로는 가장 높은 수준
인 900억 원대의 자산규모를 달성한다. 그러나 <태왕사신기> 제작시기
인 2007년에는 500억 원대의 대규모 부채 증가를 보이며 이후 경영 압박에
시달리게 된다. 영업이익에서도 2007년 <태왕사신기> 제작방영 이후
380억 원, 2008년 120억, 2009년 220억 원대의 연이은 손실을 보였으며,
매출 역시 2008년 360억 원을 정점으로 2009년에는 180억 원대의 대규모
감소를 보이며 경영상의 불확실성을 더해갔다. 이로써 결과적으로 대표이
사 및 최대주주가 변경되는 대규모 변화를 겪었다.

(2) 김종학프로덕션 주요 제작 드라마
- 1995년 1월 SBS 드라마 <모래시계>
  연출 김종학, 극본 송지나, 출연 최민수·고현정·박상원·이정재

* 60%라는 경이적인 시청률을 기록, '퇴근시계'라는 별칭으로 인기를 누렸다.

- 1998년 8월 SBS 드라마 <백야>

  연출 김종학, 극본 한태훈·강은경, 출연 최민수·이병헌·심은하

- 1999년 7월 SBS 드라마 <고스트>

  연출 민병천, 극본 강은경, 출연 장동건·김민종·명세빈·김상중·박지윤

- 2000년 11월 MBC 드라마 <황금시대>

  연출 이승렬, 극본 정성희, 출연 차인표·김혜수·박상원·김선아

- 2001년 3월 SBS 드라마 <아름다운 날들>

  연출 이장수, 극본 윤성희, 출연 이병헌·류시원·최지우·이정현

 * <겨울연가>에 이어 '일본 드라마 한류'를 이끈 두 번째 작품, 이 드라마를
   통해 이병헌과 류시원이 한류스타의 반열에 올랐다.

- 2001년 10월 SBS 드라마 <신화>

  연출 김종학·최윤석, 극본 김영현, 출연 김지수·김태우·박정철·고두심

- 2002년 2월 MBC 미니시리즈 <선물>

  연출 이승렬, 극본 박정후, 출연 송윤아·박정철·손지창·김지영

- 2002년 3월 SBS 특별기획 드라마 <유리구두>

  연출 최윤석, 극본 강윤석, 출연 김현주·김지호·김정화·한재석

 * <유리구두>는 베트남 전 국민의 25%가량인 2,000만 명이 시청할 정도로
   폭발적인 인기를 누렸으며, 동남아시아 한류의 견인차 역할을 했다.

- 2002년 10월 SBS 특별기획 드라마 <대망>

  연출 김종학, 극본 송지나, 출연 한재석·장혁·이요원·손예진

- 2002년 11월 SBS 드라마 스페셜 <별을 쏘다>

  연출 이장수, 극본 윤성희, 출연 전도연·조인성·박상면·이서진

- 2003년 8월 SBS 드라마 <첫사랑>

  연출 최윤석, 극본 고은님, 출연 신성우·조안·김지수·조현재·류수영

- 2003년 8월 MBC 미니시리즈 <좋은 사람>

연출 유정준, 극본 강은경, 출연 신하균·조한선·소유진·한지민·유민

- 2003년 10월 KBS2 미니시리즈 <로즈마리>

  연출 이건준, 극본 송지나, 출연 유호정·김승우·배두나·연정훈

- 2003년 10월 SBS 드라마 <흥부네 박터졌네>

  연출 안판석, 극본 최윤정, 출연 연정훈·김태희·이순재·김용림

- 2004년 2월 SBS 드라마 <햇빛 쏟아지다>

  연출 김종혁, 극본 조정화, 출연 송혜교·류승범·조현재·최유정

- 2004년 7월 KBS2 미니시리즈 <풀하우스>

  연출 표민수, 극본 민효정, 출연 송혜교·정지훈(비)·한은정·김성수

  * '동남아시아 한류'에 견인차 역할을 했으며, 송혜교와 정지훈(비)이 한류스타로
    명성을 얻었다.

- 2004년 9월 SBS 드라마 스페셜 <남자가 사랑할 때>

  연출 최윤석, 극본 김윤정, 출연 고수·박정아·박예진·배수빈

- 2004년 9월 KBS2 미니시리즈 <오필승 봉순영>

  연출 지영수, 극본 강은경, 출연 안재욱·채림·박선영·류진

- 2004년 11월 KBS2 특별기획 드라마 <해신>

  연출 강일수, 극본 정진옥, 출연 최수종·채시라·송일국·수애·김홍수

  * 사극이면서도 아시아권에서 많은 사랑을 받았다.

- 2005년 1월 MBC 미니시리즈 <슬픈 연가>

  연출 유철용, 극본 이성은, 출연 권상우·김희선·연정훈·김연주

  * 최초의 일본 한류시장을 겨냥해 기획된 드라마로 많은 관심을 받았으며, 이후
    일본시장을 대상으로 한 드라마 기획제작의 교과서 역할을 했다. 최초의 캐스
    팅은 일본에서 인기가 높은 송승헌이었으나 병역문제로 도중 하차하고 연정
    훈이 재캐스팅됐다. 이는 일본 흥행의 실패를 초래했다.

- 2005년 5월 SBS 광복 60주년 대기획 <패션70>

  연출 이재규, 극본 정성희, 출연 이요원·김민정·주진모·천정명

- 2005년 5월 MBC 드라마 <사랑찬가>

  연출 조중현·김승수, 극본 최윤정, 출연 장서희·전광렬·임지은·김민

- 2005년 7월 SBS 드라마 스페셜 <루루공주>

  연출 손정현, 극본 권소연·이혜선, 출연 김정은·정준호·김흥수

- 2006년 1월 KBS2 미니시리즈 <안녕하세요 하느님>

  연출 지영수, 극본 강은경, 출연 유건·김옥빈·이종혁·나영희

- 2006년 2월 MBC 미니시리즈 <내 인생의 스페셜>

  연출 이재원, 극본 박경수, 출연 김승우·명세빈·신성우

- 2006년 3월 MBC 미니시리즈 <넌 어느 별에서 왔니>

  연출 표민수·한주석, 극본 정유경, 출연 김래원·정려원·강정화·박시후

- 2006년 7월 KBS2 시트콤 <웃는 얼굴로 돌아보라>

  연출 박중민, 극본 목연희·이상덕, 출연 이덕화·박상면·우희진·이승민

- 2006년 7월 KBS2 드라마 <포도밭 그 사나이>

  연출 박만영, 극본 조명주, 출연 윤은혜·오만석·이순재

- 2006년 9월 SBS 특별기획 드라마 <서동요>

  연출 이병훈, 극본 김영현, 출연 조현재·이보영·류진·김영호

- 2007년 1월 SBS 미니시리즈 <사랑하는 사람아>

  연출 정세호, 극본 최윤정, 출연 김동완·홍경민·조동혁·황정음

- 2007년 1월 KBS2 미니시리즈 <달자의 봄>

  연출 이재상, 극본 강은경, 출연 채림·이현우·이민기·이혜영·공형진

- 2007년 1월 MBC 미니시리즈 <하얀 거탑>

  연출 안판석, 극본 이기원, 출연 김명민·이선균·차인표·송선미

- 2007년 3월 MBC 미니시리즈 <히트>

  연출 유철용, 극본 김영현·박상연, 출연 고현정·하정우·김정민·윤지민

- 2007년 9월 MBC 드라마 <태왕사신기>

  연출 김종학, 극본 송지나·박경수, 출연 배용준·문소리·이지아

* '일본 한류시장'을 바탕으로 제작된 대작드라마로서 최고의 한류스타인 배용준이 캐스팅되어 국내 및 일본에서도 높은 관심을 끌며 제작방영됐다. 약 400억 원 이상의 총 제작비가 투입되었고 회당 제작비가 16억 원에 이르는 엄청난 규모의 드라마였다. 또한 다양한 수익모델의 기획 및 전략적인 상품 개발도 이뤄졌지만 기대에 못 미치는 성과를 보여 김종학프로덕션에 많은 어려움을 던져줬다.

- 2007년 9월 MBC 드라마 <이산>

  연출 이병훈·김근홍, 극본 김이영, 출연 이서진·한지민·조연우·성현아

  * 한류드라마로서 아시아에서 높은 인기를 얻었으며, 이 드라마로 아시아에서 이서진의 지명도가 높아졌다.

- 2007년 11월 KBS2 드라마 <인순이는 예쁘다>

  연출 표민수, 극본 정유경, 출연 김현주·김민준

- 2008년 4월 KBS2 드라마 <아빠 셋 엄마 하나>

  연출 이재상, 극본 조명주, 출연 유진·조현재·재희·신성록

- 2008년 9월 MBC 드라마 <베토벤 바이러스>

  연출 이재규, 극본 홍진아·홍자람, 출연 김명민·이지아·장근석

- 2010년 1월 SBS 드라마 <제중원>

  연출 홍창욱, 극본 이기원, 출연 박용우·연정훈·한혜진

김종학프로덕션의 드라마에는 선도적인 내용들이 많았다. <모래시계>에서 <태왕사신기>까지 '한국 드라마 최초'라는 수식어가 붙은 작품의 대부분은 김종학프로덕션에서 제작해왔다고 볼 수 있다. 특히 '한류붐'이 일어나던 시기에 주도적인 드라마 제작모델인 드라마 제작 SPC[9] 등을

---

9) 'Special Purpose Company'의 약자로 보통 특수목적회사로 불린다. 드라마 산업 분야에서는 김종학프로덕션이 제작한 <태왕사신기>가 시발점으로 지금은 대작드라마 제작 시 광범위하게 사용되고 있다. 실제 회사라기보다는 드라마 제작에 참여하는 주체들(제작, 투자, 머천다이징, 방송사 등)이 필요에 따라 결합하여 특정 드라마 제작·방송 및

선보이면서 '한류붐'을 산업적으로 연결시키고자 많은 노력을 기울였다. 다만, 최초의 선도자가 겪어야 하는 시행착오 및 경험 미숙을 견뎌야 했으며, 이러한 과정 때문에 경영상의 어려움에 빠지기도 했다.

이 외에도 김종학프로덕션은 역량 있는 드라마 작가와 신예스타를 기용 및 발굴하여 드라마 산업 전반에 많은 영향력을 행사했다. 또한 방송사 중심의 드라마 기획제작 관행에서 외주제작 중심의 기획·제작·수출이라는 일련의 과정을 타 제작사들에게 보여줌으로써 외주제작사의 역량 발전에 가장 큰 공헌을 했다.

더불어 드라마 산업의 한계 및 해결해야 할 과제인 저작권 및 수익모델 개발이라는 현안을 도출시켜 줬으며, 경영성과와 수익창출의 어려운 현실인 '드라마의 성공과 경영상의 성공'의 괴리를 직시하게 해줬다.

한류의 중심 <겨울연가>의 팬엔터테인먼트

팬엔터테인먼트는 한마디로 '한류'의 행운이 따른 제작사라 하겠다. 원래는 음반기획사로 시작해 드라마 OST 시장에 참여하면서 드라마 제작을 진행하게 됐으며, 바로 그 첫 드라마가 <가을동화>로 유명한 윤석호 PD 연출의 <겨울연가>였다. 그 당시 드라마 제작비 회수 차원에서 방송사로부터 인정받은 일본 판권수익에서 엄청난 이익이 발생했는데, 이는 일본에서 <겨울연가>가 빅히트한 결과였다. 팬엔터테인먼트는 이를 발판으로 드라마 제작사로는 최초로 코스닥 시장에 직상장했다.

팬엔터테인먼트를 제외하고 대부분의 드라마 제작사가 부실한 코스닥 상장기업을 인수하여 우회상장하는 방식을 택한 사례와 비교해보면, 직상장을 이룬 이 회사의 수익가치는 상당한 수준이라고 볼 수 있다.

이 외에도 팬엔터테인먼트는 꾸준히 작품을 내놓으며 타 제작사와는

수익사업을 수행하는 페이퍼컴퍼니로서, 제6장 2절 '드라마 문화산업전문회사의 가능성'에서 보다 자세히 다룬다.

다른 경영 안정성을 보여준다. 특히 대부분의 제작사들이 '한류'를 따라서 스타 및 대작 위주의 다소 무리한 기획 및 제작을 시도하는 데 반해, 팬엔터테인먼트는 역량 있는 작가를 내세워 스토리 중심의 제작을 꾸준히 시도하고 외형적인 성장보다는 내실 위주의 성장을 지향하며 가장 건실한 드라마 제작사로서 차분한 성장을 이뤄가고 있다.

(1) 팬엔터테인먼트의 주요 경영상 연혁[10]

- 1998년 4월 HS미디어(주) 설립(서울 강남구, 납입자본금 1억 원)
- 2000년 11월 대표이사 변경(양근식 → 박영석)
- 2000년 11월 자본금 9억 원 증자(보통주, 증자 후 자본금 10억 원)
- 2001년 1월 (주)팬엔터테인먼트로 상호 변경
- 2002년 1월 KBS2 드라마 <겨울연가> 제작방영

 * 2002년 제작된 <겨울연가>는 2004년 일본에서 공전의 히트를 보이며 '일본 한류'의 도화선으로 작용했다. 이 같은 경영성과를 바탕으로 2006년 코스닥 직상장을 이뤘다.

- 2006년 7월 코스닥 증권시장 상장
- 2007년 1월 계열회사 추가[(주)파워비젼프로그램네트워크]
- 2007년 4월 계열회사 제외[(주)파워비젼프로그램네트워크(합병)]
- 2009년 5월 계열회사 추가[(주)헤븐리스타엔터테인먼트]

 * 합병 및 계열회사를 추가하고는 있으나 타 기업처럼 사세 확장의 측면보다는 드라마 제작역량 및 방송 외주역량을 강화시키는 행보를 보여준다. 따라서 이런 합병이나 계열사 추가가 재무적 불안요인으로 작용하지 않았다.

- 2009년 8월 유상증자(자본금 21.83억 원에서 22.99억 원으로 변경)
- 2010년 3월 신규시설 투자(상암동 글로벌미디어콘텐츠센터 신축공사)

---

10) 팬엔터테인먼트, 금융감독원 전자공시 2011.3.31 사업보고서 중 회사연혁을 참조하여 작성.

* 글로벌미디어콘텐츠센터는 방송영상물, 음반, 문화 콘텐츠의 기획 및 제작보급, 한류문화 체험관, 문화 콘텐츠 제작인력 양성, 서울시 청소년 엔터테인먼트 육성사업 등의 업무시설로 사용할 예정이다.
- 2010년 5월 계열회사 추가[(주)팁스위원회(지분율 61%)]
- 2010년 12월 계열회사 추가[(주)빅아이엔터테인먼트(지분율 60%)]

팬엔터테인먼트는 타 제작사와 비교해 드라마 제작 이 외에는 눈에 보이는 사업 확장이나 경영 다각화를 추구하지 않았으며 드라마 제작이라는 본연의 사업에 집중하면서 꾸준한 성장을 이루고 있다. 타 드라마 제작사들이 종합 엔터테인먼트 기업을 지향하는 데 반해, 팬엔터테인먼트는 현재까지 전문제작사로서의 길을 유지하고 있다. 또한 '한류시장'을 바탕으로 한 스타 중심의 기획성 드라마보다는 작가 중심의 드라마를 꾸준히 제작했다.

그리고 수익창출보다는 비용 절감과 작품성 중심의 보수적 제작성향을 유지해 다른 제작사가 경영난을 겪을 때도 안정된 제작기반을 꾸준히 유지했다. 지금까지 열거한 드라마 제작사 중 삼화네트웍스와 팬엔터테인먼트만이 대표이사 및 최대주주의 변동 없이 지속적인 경영성과를 보이고 있으며 건실한 재무구조를 유지하고 있다.

<표 5-6>의 재무제표를 검토해보면 자산의 경우는 코스닥 상장 이후 일정 수준의 성장을 이뤄 2010년 기준 402억 원이며, 재무 건전성을 나타내는 부채수준은 2010년 105억 원으로 경영상의 위험요소는 낮다고 볼 수 있다. 매출의 경우 약간의 변동 폭이 있었으나 약 150억 원 선에서 안정된 모습을 형성하고 있으며, 영업이익은 2007년과 2008년에 손실을 기록하기도 했지만 당기순이익은 2008년을 제외하고는 지속적인 흑자를 보여준다. 거의 큰 변동 없는 매출과 수익형태를 유지하고 있는 것이다. 따라서 전 재정 차원에서 안정적이고 건실한 형태를 꾸준히 유지하며 기업역량을

<표 5-6> 5년간 팬엔터테인먼트 요약 재무제표

(단위: 천 원)

구분	제13기 (2010년)	제12기 (2009년)	제11기 (2008년)	제10기 (2007년)	제9기 (2006년)
[유동자산]	11,252,449	13,131,488	14,143,239	15,533,660	21,626,457
·당좌자산	10,170,127	12,335,133	13,473,944	15,135,958	21,556,115
·재고자산	1,082,321	796,356	669,296	397,701	70,342
[비유동자산]	28,957,184	12,650,270	9,524,703	8,848,907	5,503,385
·투자자산	3,136,134	2,177,569	1,893,652	3,102,202	3,096,200
·유형자산	22,899,136	6,115,214	2,906,660	870,808	302,495
·무형자산	187,461	356,317	612,559	700,947	339,722
·기타비유동자산	2,734,452	4,001,169	4,111,832	4,174,939	1,764,969
자산총계	40,209,632	25,781,759	23,667,942	24,382,566	27,129,842
[유동부채]	8,670,094	1,587,731	2,284,910	1,534,906	2,631,904
[비유동부채]	1,926,756	1,548,379	52,657	127,657	473,379
부채총계	10,596,850	3,136,110	2,337,567	1,662,564	3,105,283
[자본금]	2,299,000	2,299,000	2,183,000	2,183,000	2,183,000
[자본잉여금]	11,166,552	11,103,959	10,222,965	10,222,965	10,222,965
[자본조정]	$\triangle$2,480,772	$\triangle$2,480,772	$\triangle$2,380,468	$\triangle$1,628,041	-
[기타포괄손익누계액]	6,604,339	$\triangle$227,524	$\triangle$297,648	$\triangle$89,204	$\triangle$22,052
[이익잉여금]	12,023,664	11,950,985	11,602,525	12,031,282	11,640,646
자본총계	29,612,783	22,645,648	21,330,375	22,720,002	24,024,559
매출액	18,033,206	15,877,092	18,121,262	9,635,960	16,232,121
영업이익	305,808	1,674,805	$\triangle$660,557	$\triangle$1,027,588	4,844,502
계속사업이익	219,745	1,731,538	20,780	610,946	4,943,312
당기순이익	72,678	429,166	$\triangle$76,975	390,636	3,582,221

주: $\triangle$는 부(-)의 수치.
자료: 금융감독위원회 전자공시 시스템(2011.3.31), 팬엔터테인먼트 사업보고서(2010).

축적하고 있다고 볼 수 있겠다. 다만, 이러한 안전성에 대비해 매출 성장이 2006년 코스닥 상장 시점을 기준으로 큰 변화가 없다. 기업은 성장과 이익 극대화라는 가치 아래 움직이는데, 코스닥이라는 자본시장에 참여하고 있는 상태에서 성장세에 변화가 없는 것은 투자자 입장에서 볼 때 매력적이지 못하며 미래에 대한 투자가치도 그만큼 줄어들기 마련이다.

(2) 팬엔터테인먼트 주요 제작 드라마

- 2002년 1월 KBS2 미니시리즈 <겨울연가>

  연출 윤석호, 극본 윤은경·김은희·오수연, 출연 배용준·최지우·박용하

  * 일본 드라마 한류의 원동력으로 이 드라마에 출연한 배용준, 최지우, 박용하 등이 높은 인기를 얻었고 지금까지도 그 인기가 지속되고 있다. 더불어 드라마 연출자인 윤석호 감독 역시 일본에서 인기가 높다.

- 2002년 7월 KBS2 드라마 <태양인 이제마>

  연출 고영탁, 극본 김항명, 출연 최수종·김유미·유호정·오대규

- 2002년 10월 KBS2 미니시리즈 <고독>

  연출 표민수, 극본 노희경, 출연 이미숙·류승범

- 2003년 6월 KBS2 아침드라마 <장미 울타리>

  연출 배경수, 극본 이선희, 출연 홍은희·손창민

- 2003년 7월 KBS2 미니시리즈 <여름향기>

  연출 윤석호, 극본 최호연, 출연 송승헌·손예진

- 2004년 7월 KBS2 미니시리즈 <구미호 외전>

  연출 김형일, 극본 황성연·이경미, 출연 조현재·김태희·한예슬

- 2004년 9월 KBS2 미니시리즈 <두 번째 프러포즈>

  연출 김평중, 극본 박은령, 출연 오연수·김영호·오지호

  * TNS미디어 기준으로 평균 26.1%의 시청률 기록했다.

- 2005년 8월 KBS2 미니시리즈 <장밋빛 인생>

연출 김종창, 극본 문영남, 출연 최진실·손현주·이태란

    * TNS미디어 기준 평균 34.2%의 시청률을 기록했으며, 최고 시청률은 47%였다.

- 2005년 8월 MBC 미니시리즈 <비밀남녀>

연출 김상호, 극본 김인영, 출연 한지혜·김석훈·송선미·권오중

- 2006년 1월 KBS2 주말연속극 <인생이여 고마워요>

연출 김성근, 극본 박은령, 출연 유호정·김유석·박예진·오지호

    * TNS미디어 기준 평균 17.8%의 시청률을 기록했다.

- 2006년 4월 KBS2 주말연속극 <소문난 칠공주>

연출 배경수, 극본 문영남, 출연 김혜선·이태란·최정원

    * TNS미디어 기준 평균 32.6%의 시청률을 기록했으며, 최고 시청률은 47%였다.

- 2007년 5월 KBS2 아침드라마 <사랑해도 괜찮아>

연출 이상우, 극본 유소정, 출연 우희진·신성우

- 2007년 8월 KBS2 드라마 <아이엠샘>

연출 김정규, 극본 이진매, 출연 양동근·박민영·손태영

- 2007년 11월 KBS2 일일시트콤 <못 말리는 결혼>

연출 이교욱·조준희, 극본 마석철·방봉원·김용래, 출연 박채경·서도영

- 2008년 5월 KBS2 드라마 <태양의 여자>

연출 배경수, 극본 김인영, 출연 김지수·한재석·이하나·정겨운

    * TNS미디어 기준 평균 14.2%의 시청률을 기록했으며, 최고 시청률은 27.3%였다.

- 2008년 6월 KBS2 일일드라마 <돌아온 뚝배기>

연출 이덕건, 극본 김운영, 출연 김성은·강경준

- 2008년 8월 SBS 미니시리즈 <신의 저울>

연출 홍창욱, 극본 유현미, 출연 송창의·이상윤·김유미

- 2008년 11월 MBC 일일드라마 <사랑해 울지마>

연출 김사현·이동윤, 극본 박정란, 출연 이유리·이정진·오승현·이상윤

- 2009년 4월 SBS 주말드라마 <찬란한 유산>

연출 진혁, 극본 소현경, 출연 한효주·이승기·문채원·배수빈

* TNS미디어 기준 평균 31.9%의 시청률을 기록했으며, 최고 시청률은 47.1%였다.

팬엔터테인먼트의 드라마 제작방향은 스타 중심과는 거리가 멀다. <겨울연가>에 출연했던 배용준, 최지우가 지금의 아시아 스타가 된 것은 드라마가 인기를 얻은 후이지 그 전은 아니었다. 즉, 제작된 전체 드라마를 놓고 보면 스타 중심의 트렌드 드라마는 드문 편이며, 주로 노희경, 박은령, 문영남, 김인영, 유현미, 소현경 등 작가 중심의 완성도 높은 드라마를 제작하는 데 역량을 기울였다. 그리고 이러한 작가 중심의 작품구조는 빅스타가 출연한 드라마가 아님에도 높은 시청률을 기록하며 완성도 높은 제작능력의 밑거름이 됐다.

팬엔터테인먼트의 작가 및 작품 중심적 제작방향은 이 회사가 드라마 전문기업으로 성장하는 데 큰 역할을 해왔으며, 이를 통한 안정적인 경영 성과는 건실한 회사 운영으로 나타났다.

팬엔터테인먼트는 타 제작사와 비교할 때 적극적인 수익모델을 창출하는 데는 소극적인 모습을 보였지만 본연의 제작기반을 통해 안정적인 경영을 보여줌으로써, 과도한 성장을 추구해 커다란 경영 타격을 입은 제작사들에게 좋은 본보기가 되고 있다.

제6장

TV드라마 산업의 현안 검토

모든 산업에는 근본적인 한계와 이에 따르는 문제가 있기 마련이다. TV드라마 산업에도 현재 몇몇 문제가 존재하며, 이런 문제들에 수반되는 갈등을 해결하고자 해당 관계자들 간의 협의와 정책적 결정을 통한 다양한 모색이 이뤄지고 있다. 이 장에서는 TV드라마가 산업적으로 발전하는 데 근본적인 현안이라 할 수 있는 저작권 부분과 방송사에 대한 내용을 검토해보고자 한다.

1. TV드라마 저작권 귀속의 변화

현재 방송사와 드라마 제작사 간의 최고 갈등영역은 제작된 드라마의 저작권 귀속이다. 산업적인 수익과 기업의 실적 등 모든 내용이 저작권에서 발생하는 수익에서 이뤄지기 때문에 방송사 및 제작사의 저작권에 관한 논의는 감정적인 측면이라기보다는 산업적인 측면이며, 제작사 입장에서는 기업 발전과 생존이 걸린 문제라 하겠다.

한국 드라마 저작권이 제작사와 방송사 간의 현안으로 대두된 것은 2000년대부터라고 할 수 있다. 이전에는 저작권을 통한 수익이 거의 전무한 상태였으며, 제작사에서도 수익의 대부분은 저작권 수익보다는 방송사에서 받는 드라마 제작납품 수익이었다. 사회적으로도 저작권을 통한 사업모델이 빈약했기 때문에 드라마 산업에서 역시 저작권은 주요한 문제가 되지 않았다.

그러나 2000년대 들어 아시아 시장을 발견하고 다양한 파생상품 분야의 성장이 이뤄지면서 그동안 중시되지 않던 저작권 영역이 재발견됐으며, 관행적으로 행해지던 방송사의 저작권 귀속에 대해 제작사가 다른 형태를 요구하기 시작했다. 그리고 이러한 요구사항은 다양한 형태의 계약내용으로 발전해왔다. 물론 총괄적으로는 여전히 방송사가 드라마 저작권에 대해 주도적인 입장을 가지고 있는 형태지만, 예전처럼 일방적인 저작권 귀속은 사라져가고 있다.

최근 드라마 제작자들이 방송사에 저작권 관련 이의를 제기하고 있는 것은 당연하게 여겨지던 저작권의 원천을 돌려보고자 하는 의도와 투자 대비 수익창출이 어려운 현실이 반영된 것이다. 근본적으로 저작권 없이 수익창구를 마련한다는 것은 문화산업 분야에서는 불가능한 일이다. 제작사 입장에서 저작권 부분은 기업의 산업화와 생존이 걸린 현안이기 때문이다.

저작권 계약형태는 방송사에 우선순위가 있는 상태에서 제작사 및 투자사도 자신의 역할에 따라 배분율을 나눠 가지는 상태로까지 발전했다. 그러나 전체적인 산업적 위치로 볼 때 여전히 방송사가 더 높은 상태다.

드라마 저작권 귀속의 변천

(1) 방송사의 완전 귀속

2000년대 전까지 드라마 영상물에 대한 저작권은 기본적으로 방송사에 완전히 귀속되어 있는 상태였다고 할 수 있다. 방송사가 제작비를 지급하는 것은 드라마 영상물에 대한 완전한 소유권을 구입한다는 것과 동일한 의미로 받아들여졌으며, 외주제작사는 방송사가 기획을 편성하면 제작 하청을 담당하는 업체로 인식됐다.

한마디로 방송사가 기획, 연출, 극본 등 제작에 관한 모든 구성을 담당하고 외주사에는 제작이라는 공정만을 대행하게 한 것으로, 외주사는 창작집단이기보다는 제작 대행업체라는 인식이 강했다. 따라서 저작권은 당연히 창작을 주도하는 주체인 방송사에 귀속된다는 데 별다른 이의가 없었다. 또한 방송사 제작비를 통해 수익이 실현되는 구조에서 외주사들 역시 큰 이의가 없던 시기라 할 수 있다.

(2) 방송사 저작권 귀속 및 수익분배

2000년대 이후 드라마의 대형화와 저작권 수익의 다양화가 이뤄지면서 방송사에 일방적으로 드라마 저작권이 귀속되는 형태는 변화를 맞이하게 되었다. 물론 근본적인 저작권 귀속은 아직까지도 방송사가 주도하고 있지만, 투자 및 제작비 보전과 수익 실현을 위한 다양한 형태의 수익분배 및 저작권 귀속계약이 발전해가고 있다.

현재 제작사와 방송사 간 드라마 저작권 계약의 대부분이 이 영역에 속해 있다. 다음 자료는 2007년 9월 드라마제작사협회가 발표한 각 방송사별 외주계약 시 드라마 저작권 관련 조항이다.

이 내용을 보면 드라마에 대한 전반적인 권리는 방송사에 있는 반면, 제작에서 발생하는 책임 소재는 외주제작사에 귀속되어 있음을 알 수

KBS(갑)

제7조 [프로그램 권리관계]

① '을'이 제작하여 납품한 프로그램에 대한 다음 각 호의 국내외 권리를 포함하는 저작권 일체를 '갑'이 소유한다.

② '갑'은 '을'의 프로그램 제작과정에서 발생한 촬영원본에 대해 ①항과 동일한 권리를 가지며 '을'은 '갑'의 동의 없이 이를 무단 사용할 수 없다.

④ '을'은 '갑'이 본 조의 권리를 행사하는 데 지장이 없도록 필요한 권리를 확보하여야 하며 제3자로부터 권리의 주장이나 이의 제기 시는 '을'의 비용과 책임으로 이를 신속히 처리하여야 한다. '갑'의 명의로 방어를 하여야 할 경우에도 같다.

MBC(갑)

제11조 [권리의 양도]

'을'과 '병'은 특약사항에 별도의 특약이 없는 경우 본 프로그램과 관련하여 다음 각 호의 권리를 포함하는 저작권 일체를 '갑'에게 양도한다.

1. 국내외에서 방송(지상파, 케이블, 위성, 지상파 DMB 및 위성 DMB, IP-TV 등 포함)하는 권리

2. 국내외 다른 방송사업자(지상파, 케이블, 위성, 지상파 DMB 및 위성 DMB, IP-TV 등 포함)에게 제공하는 권리

3. 국내외에서 판매용 비디오(VHS, DVD)로 제작하여 복제, 배포하는 권리

4. 국내외에서 상영하는 권리

5. 프로그램을 구성하는 타이틀명, 서브, 등장 캐릭터의 형상 및 명칭 심벌 등을 출판물, CF, 행사, 공연물, LD 제작, CD 제작, DVD 제작, 인터넷, 기타 새로이 등장하는 일체의 매체 및 상품에 사용하는 권리

6. 인터넷에 전송하는 권리

7. 2차적 저작물 작성권 등 저작권법 제21조상의 권리

SBS(갑)

제13조 [프로그램의 저작권]

1. '을'이 납품한 프로그램(촬영원본 소재자료 포함)에 대하여 다음의 사항을 포함한 방송권, 복제권, 배포권, 전송권, 공연권, 전시권, 2차적 저작물 및 편집저작물의 작성권 등 모든 저작재산권은 본 계약을 체결함으로써 '갑'에게 귀속된다.

　가. 국내외에서 방송(지상파, 유선, 위성, 이동멀티미디어 방송 등 포함)하는 권리

나. 국내외에서 다른 방송사업자(지상파, 유선, 위성, 이동멀티미디어 방송 등 포함)
　에게 제공하는 권리
다. 국내에서 비디오, CD, DVD, CD-ROM, VCD, LD 등으로 복제, 배포하는 권리
라. 국내외에서 무선 또는 유선통신의 방법으로 전송하는 권리
마. 국내외에서 상영하는 권리
바. 프로그램의 2차적 저작물 또는 편집저작물을 작성하여 이용할 권리
사. 프로그램을 구성하는 타이틀명, 서브 타이틀명, 등장 캐릭터의 형상 및 명칭,
　심벌 등을 출판물, CF, 행사, 공연물, 인터넷, 기타 새로이 등장하는 일체의
　매체 및 상품에 사용하는 권리. 단, OST 음반 제작, 판매에 대한 권리는 '을'에
　게 양도한다.
　OST 음반수익을 제외한 드라마 아시아 판매수익에 대해서는 SBS프로덕션에
　판매대행료(20%)를 제외한 판매수익을 3년간 '갑'이 50%, '을'이 50%의 비율
　로 분배하며, '을'의 인터넷 홈페이지를 통해 전송하는 것은 '을'과 SBSi가 협
　의하여 시행한다.
2. '갑'은 전항에 따라 '갑'에게 귀속되는 저작재산권을 활용함에 있어 납품한 프로그
　램의 내용을 '갑'의 필요에 따라 수정, 변경, 삭제, 변형할 수 있으며 '을'은 이에
　대하여 어떠한 이의도 제기하지 아니하기로 동의한다.

자료: 사단법인 한국드라마제작사협회.

〈표 6-1〉 방송 3사 계약서의 '책임귀속' 조항 비교

방송사	내용
KBS	'을'은 프로그램 제작과정 및 방송 후 프로그램 내용과 관련하여 발생하는 모든 민·형사상의 책임을 진다
MBC	제14조(책임의 귀속) '프로그램'의 제작에서 완성까지 제작의 전 과정에서 발생하는 모든 민·형사상의 책임은 '을'에게 있다
SBS	제16조(저작물의 양도 및 보증) 프로그램의 제작 및 방송과정에서 '을'의 귀책사유로 분쟁이 발생하여 '갑'이 민·형사상 책임을 지게 되는 경우, '을'은 '갑'의 손해액을 배상해야 한다

자료: 한국드라마제작사협회(2007), 이만제 외(2007: 68) 재인용.

있다. 이러한 방송사 중심의 저작권 귀속관계 때문에 드라마 제작사들은 책임만 떠안을 뿐 수익권리를 주장할 수 있는 장치는 거의 없었던 것이 현실이다(<표 6-1> 참조).

그러나 2000년대 중반부터 수익배분에 대한 논의가 형태별로 다양하게 이뤄지고 있다. 매체별, 지역별 및 각종 부가수익 사업에 대해 제작사와 방송사가 각각의 저작권을 주장할 수 있게 된 것이다. 다만, 제작사가 주도적인 저작권자가 되는 경우 방송사에서 받는 제작지원 수익금은 현저하게 떨어져 안정된 형태의 1차 TV방영권 수익이 흔들리는 위험을 감수해야 한다. 그리고 이 부분에서 제작사와 방송사 간에 또 다른 갈등이 일어나고 있다. 즉, 제작사 입장에서는 저작권을 가질 경우 ― 방송사로부터 수령하는 방영권 수익이 국내 판권의 권리변화에 크게 영향을 미치지도 않는 상태에서 ― 기존에 방송사로부터 지급되던 제작비가 절반 수준으로 떨어지는 것은 지나치다는 것이며, 방송사 입장에서는 저작권 귀속도 없는 드라마에 저작권 귀속 시와 유사한 금액을 지급할 이유가 없다는 것이다.

<표 6-2>와 <표 6-3>은 드라마 저작권과 관련하여 한국콘텐츠진흥원(KOCCA)이 조사한 내용이다. 물론 이러한 저작권 사항이 일괄적으로 적용되는 것은 아니다. 드라마 제작사와의 관계, 투자 및 여러 상황에 따라 개별 계약내용은 다양한 형태를 가지게 된다. 이 표들은 저작권 계약에 관한 여러 사례 중 한 형태로 볼 수 있다.

이 내용을 대략 검토해보면 방송사에 저작권이 있는 경우 방송사는 제작사에게 제작비로 회당 1억 원 선을 지급하고 있음을 알 수 있으며, 제작사가 저작권을 가지는 경우 5,000만 원을 중심으로 방송사의 지급비용이 형성되고 있다. 또한 두 사업주체 간 저작권 소유 유무에 따라 다양한 수익권리 관계의 차이를 확인할 수 있다. 다만, 여기서 주요한 부분은 저작권 귀속 여부와 관계없이 방송사가 갖는 권리형태가 SBS를 제외하고는 상당한 수익영역을 그대로 유지하고 있다는 점이다. 그리고 이 부분에

<표 6-2> 저작권이 방송사에 귀속되는 경우의 권리분배 계약 사례

구분	KBS	MBC	SBS
방송사 지급 제작비	회당 1억 500만 원 (미술비 별도)	회당 1억 1,000만 원 내외 (미술비 별도)	회당 8,500만 원 (미술비 별도)
저작권	방송사	방송사	방송사
방송사 권리	1. 방송권(지상파, 위성, 유선) 2. 복제배포권 3. 전송권 4. 2차적 저작물 등의 작성권 5. 공연권 6. 자료이용권 7. 새로 등장하는 매체 및 명시되지 않은 권리 일체	1. 방송권(지상파, 위성, 유선, 인터넷, DMB, IP-TV) 2. 복제배포권 3. 전송권 4. 2차적 저작물 등의 작성권 5. 공연권 6. 자료이용권	1. 국내 방송권(지상파, 위성, 유선, 인터넷, DMB, IP-TV) 2. 복제배포권 3. 전송권 4. 자료이용권
제작사 권리	1. 방송 최종일로부터 5년간 아시아 지역 총 판매금액에 대해 대행 수수료(15%) 제외 후 50% 배분(아시아 지역: 12개국에 한함) 2. 방송 1년 후 제작사가 주식 10% 이상을 소유한 PPL 1개사를 통해 국내 CATV에 2년간 방송	1. 방송권 및 복제배포권에 한하여 3년간 한국, 북한, 미국을 제외한 아시아 지역 해외판매 수익금의 약 40% 배분 (총 매출의 20% 대행료로 공제) 2. OST 사업권	1. 아시아 지역 방송판권 5년간 대행수수료 20% 공제 후 5:5 2. CATV권 1년 홀드백 2년간 3회 방송
비고	배우, 감독, 제작방식(사전제작, SPC 설립제작 등)에 따라 사례별로 협의		

자료: 김영덕(2009: 22).

<표 6-3> 저작권이 제작사에 귀속되는 경우의 권리분배 계약 사례

구분	KBS	MBC	SBS
방송사 지급 제작비	회당 4,000만 원 (미술비 포함, 광고연동제 적용 최대 7,500만 원)	회당 5,000만 원	회당 7,000만 원 (미술비 별도)
저작권	제작사	제작사	제작사

170   TV드라마 산업의 수익구조와 현안

방송사 권리	1. 방송권(지상파, 지상파 DMB, 자체 운영 IP-TV, 자체 케이블, KBS월드) 2. 인터넷 전송권(KBS 자체 홈페이지) 3. 모바일 전송권 4. 국내 유사 IP-TV(제작사와 협의하여 진행) 5. 해외판매(방송권, 복제배포권) 수익권 6. 기존 KBS 계열사 및 관계회사의 사업권	1. 국내 방송권(지상파, 위성, 케이블 방송 후 3개월까지, DMB) 2. 인터넷 전송권(iMBC, 제작사와 수익배분) 3. 미주지역 사업권	1. 국내 방송권(지상파) 2. 자체 인터넷 전송권 3. 자체 케이블 전송권
제작사 권리	방송사 권리 및 사업권에 적시되지 않은 저작권을 포함한 모든 권리와 사업권	1. 방송사 권리 및 사업권에 적시되지 않은 저작권을 포함한 모든 권리와 사업권 2. 케이블 사업권(방송 3개월 이후) 3. 웹하드 사업권(MBC와 수익배분)	방송사 권리 및 사업권에 적시되지 않은 저작권을 포함한 모든 권리와 사업권
비고	배우, 감독, 제작방식(사전제작, SPC 설립제작 등)에 따라 사례별로 협의		

자료: 김영덕(2009: 22).

〈표 6-4〉 KBS 외주제작 드라마의 저작권 분배현황

외주 드라마명	연출자	주요 제작비 부담 주체	저작권
봄의 왈츠	외부	외주제작사	외주제작사
눈의 여왕	상동	상동	상동
인순이는 예쁘다	상동	상동	상동
태왕사신기	상동	상동	상동
비천무	상동	상동	상동
연애시대	상동	상동	상동
못된 사랑	KBS	상동	상동

자료: 김영덕(2009: 23).

서 과연 방송사가 지급 제작비를 50%가량 삭감하는 조치가 권리관계에 대비해 적절한 규모인가 하는 문제를 제기할 수 있다. 이 부분에 대한 해석 및 논의가 현재 드라마 제작사와 방송사 간 갈등의 핵심이라고 할 수 있다.

현재 지상파 방송사의 경향은 제작사와 방송사의 제작 및 투자형태에 따라 저작권 소유내용을 다양화하고 있는 형태다. <표 6-4>의 경우에서 보듯이 저작권 내용이 이미 일정 부분 외주사로 넘어가 있는 사례들을 확인할 수 있다.

(3) 저작권 귀속의 다양화

현재 한국의 드라마 저작권 귀속형태를 보면 첫 번째는 방송사가 전체를 가진 경우, 두 번째는 방송사가 저작권을 갖고 제작사에게 수익을 분배하는 경우, 세 번째는 방송사와 제작사가 공동으로 소유하고 관련 수익을 분배하는 경우, 그리고 네 번째는 제작사가 모두를 가진 경우로 나눌 수 있다.

이러한 네 가지 유형은 드라마 제작 시 어느 쪽이 더 많이 투자했느냐에 따라 결론이 나고 있는 상태다. 물론 이러한 투자에는 금전적인 요소 외에 무형적인 내용도 있지만 근본적으로는 투자액을 중심으로 저작권 귀속의 무게 중심이 형성되고 있다.

언뜻 보기에는 투자 중심의 저작권 귀속이 형평성 있는 논리인 듯하지만, 투자금 중심의 저작권 분배가 이뤄진다면 금전적 능력이 떨어지는 제작사의 경우는 투자 외에 여러모로 기획 및 창작 노력을 기울여도 저작권 귀속 기회를 방송사에 박탈당할 수밖에 없다.

또한 제작비 조달능력이 있어도 방송사가 저작권 귀속을 전제로 편성과 투자를 주장한다면 제작사 입장에서는 거부하기가 어려운 것이 업계의 현실이다. 이러한 이유로 드라마 제작사들은 저작권 귀속이 투자나 상황에 따라 선별되는 것이 아니라 기본적으로 제작주체에게 돌아가야 한다는 논의를 펼치고 있는 것이다.

더불어 콘텐츠의 활용 차원에서도 방송사는 드라마 외에 수많은 콘텐츠를 갖고 있기 때문에 드라마 부분에 집중해 수익을 창출하기가 어렵지만, 제작사의 경우는 콘텐츠 집중도가 높기 때문에 더 많은 수익효과가 가능하다는 주장도 나오고 있다. 즉, 제작사 측은 저작권은 제작사가 갖고 수익권리는 방송사와 공유하거나 분배하는 형태로 전환하기를 원하는 것이다.

한국의 지상파 방송이 공영적 법인구조라는 점을 감안한다면 드라마의 수익 극대화를 추구하기에는 영리기업인 제작사가 더 유리한 입장인 것도 사실이다. 이러한 이유에서인지 최근에는 방송사, 제작사, 투자사 등이 손을 잡고 드라마 제작과 관련된 특수목적회사(SPC)를 설립하여 제작과 수익사업 등을 진행하는 등 수익 극대화를 위한 새로운 방법론을 보여주고 있다.

하지만 SPC의 해산 후 저작권 귀속부분이 또다시 문제로 등장한다. 특히 콘텐츠 수익을 창출하기 위해서는 장기적이며 지속적인 투자가 필요한 반면, SPC의 경우 단일목적 사업에 투자가 집중되기 때문에 드라마 제작이 종결되면 해산해야 하는 약점이 있다.

또한 지속적인 유지가 이뤄져도 SPC는 드라마별로 설립되기 때문에 방송사나 제작사 입장에서는 유지비에 따른 중복투자와 비용 발생이라는 재정적 문제점을 안게 된다. 다만, 새로운 방법론으로서 현재의 갈등요인을 해결할 수 있는 가능성을 갖고 있기 때문에 지속적인 시도와 연구가 필요한 상황이다.

(4) 드라마 저작권에 대한 해외사례

드라마 저작권에 대한 해외사례를 검토해보면, 산업환경에서 차이가 많은 관계로 일률적인 이해는 적절하지는 못하지만 산업구조에 따른 선택적 측면에서 개별적인 발전을 해왔다고 볼 수 있다.

미국의 경우는 콘텐츠의 기획, 제작, 투자 등 모든 부분이 제작사에 의해 이뤄지기 때문에 저작권 귀속에 대한 분쟁요소는 사실 없다. 한국처럼 방송사가 일정 역할을 담당하는 구조가 아니기 때문에 동일선상에서 저작권을 바라보는 것은 적절치 못하다. 제작사는 콘텐츠를 제작하여 자국 방송사뿐만 아니라 해외 방송사를 상대로 마케팅을 펼치고 판매에 나서서 수익을 올리기 때문에 저작권은 당연히 제작사에게 있으며, 방송사는 방영권을 구입해 방송하는 공급자적인 형태다. 그러나 이러한 구조는 세계시장을 전제로 한 미국 엔터테인먼트 산업의 규모 덕에 가능한 것일 뿐 대부분의 국가들은 미국과 같은 산업적 형평성을 갖고 있지 않다.

일본의 경우는 한국과 유사한 구조이며 저작권은 제작자 측에 귀속되는 추세를 보여주고 있다. 다만, 여기서 수익권이라는 내용하에 수익배분 및 2차 이용의 형태로 계약이 체결된다. 더불어 방송사와의 계약은 전(全)일본TV프로그램제작사연맹(ATP)이 발표하는 「방송 콘텐츠의 제작거래 적정화에 대한 가이드라인(지침)」에 의거해 구체적이면서 대등한 형태로 이뤄진다.

또한 저작권 귀속의 주요 쟁점은 기획 및 창작적 관여도다. 즉, 방송사가 제작비 전액을 투자하더라도 기획 및 창작 관여도가 낮은 경우 저작권은 기본적으로 제작사에 귀속된다. 다만, 2차 이용권 및 수익권에서 조율이 이뤄지는 것이다.

그러나 일본 역시 한국과는 구조 면에서 많이 다르다. 일본의 외주제작사는 1차적으로 방송사 계열회사인 경우가 많다. 그리고 이 계열사들이 다시 독립제작사에 드라마 제작을 재하청하는 구조다. 즉, 외형상으로는 외주사가 저작권 귀속을 가지고 있는 것처럼 보이지만 이 외주사는 방송사 계열인 경우가 대부분이며, 하청을 받는 다수의 독립제작사가 저작권을 갖기란 현실적으로 어렵다. 다만, 정책적으로 방송사보다는 제작사에 저

(항목 발췌: 2007년 9월)

계약종류	ATP 계약	구입계약 [1]
	프로그램의 제작 및 이용에 관한 계약	프로그램의 방송권 구입에 관한 계약
계약조건	지역·방송횟수 예: 일본 전역 2년 2회(단, CATV 동시 재송신, 해외 일본어 방송 포함)	지역·방송횟수
제작비	프로그램 제작비로 전액 방송국 부담	프로그램 구입비
저작권	제작회사	제작회사·권리소지자
2차 이용창구 원칙 [2]	2차 이용각서로 규정 •갑을은 이용창구가 되어 적극적으로 추진한다… /2차 이용기회를 개발한 담당자가 이용창구가 되는 것을 원칙으로 한다	(필요한 경우) 2차 이용각서로 규정
권리처리	제작회사 [3]	제작회사·권리소지자
기준수익 배분	방송국 50/제작회사 50	0/100 (방송국의 배분이 있는 경우도 있음)
프로그램 기본형태	•기획의 발의·아이디어가 제작회사에 있는 것으로 방송국의 편성방침에 따라 제작회사가 제작을 담당하는 프로그램 •보통 방송국은 프로듀서적인 역할로 관여 •제작비는 전액 방송국이 지불	•방송국이 이미 제작이 끝난 프로그램의 방송권을 구입 •기본적으로 방송국은 2차 이용이 불가능

주: 기타 '연출제작 위탁계약', '업무위탁 계약', '공동제작 계약' 등이 있음.
  1) 방송국이 구입한 일본 국내제작 프로그램 중 저작권이 방송국에 귀속된 경우는 거의 없고, 그 반대의 경우에는 일부 애니메이션 등 프로그램에 한정되어 있다.
  2) 최소한 방송국이 방송권을 소유한 기간에는 방송국의 불이익에 해당하는 2차 이용을 삼가는 것이 관행임(별도 협의사항). 방송권을 가진 프로그램이 권리기간 중에 타 방송국에서 방송되거나 DVD 상품화되는 것은 바람직하지 않다.
  3) ATP 계약에서 2차 이용실적은 거의 없다. 일부 ATP 제작 드라마 프로그램을 DVD화하거나 프로그램 판매하는 경우는 있지만, 이런 권리처리 업무(창구업무)는 제작회사의 의뢰에 따라 방송국이 대행한다. 방송국 제작이든 외부제작이든 방송국은 모든 콘텐츠의 2차 이용에 의한 수익성을 확대하기 위해 노력한다.
자료: 이만제 외(2007: 128).

작권이 귀속되는 것을 대원칙으로 유도하고 있으며, 투자내용보다는 기획
안 및 창작 기여도를 중심으로 저작권 귀속정책을 지향하는 산업환경을
조성 중이다.

프랑스의 경우 드라마에 대한 국민적 선호도가 높다는 점, 방송사의
영향력이 강하다는 점이 한국의 드라마 방송환경과 비슷하다. 다만, 프랑
스는 편성과 제작을 분리시키고 있기 때문에 방송사가 직접 제작하는
경우는 드물다. 그 대신 드라마 제작에 들어가는 비용 대부분을 투자함으
로써 막대한 영향력을 행사하고 있다. 그러나 방송사는 제작에 참여하지
않기 때문에 저작권은 제작사에게 귀속된다. 물론 이러한 프랑스의 경우에
도 중간 제작회사 등이 에이전시 역할을 하며 일정 부분을 통제하지만
뉴미디어 환경 및 미국 드라마에 대응하기 위한 문화적 전략 차원에서
드라마 제작 지원정책을 펼치고 있으며, 그 중심에는 제작사 중심의 지원
책이 있다.

끝으로 영국의 경우는 공영방송의 목표 아래 드라마와 어린이 프로그램
을 중시하며 많은 투자를 하고 있다. 그리고 이러한 공공정책적 성격
때문에 외주제작 비율은 5% 수준이며, 보통 방송사가 자체적으로 제작하
는 형태를 취하고 있다. 따라서 저작권 역시 방송사 귀속이라 할 수 있다.
영국의 이러한 공영방송사 중심적인 드라마 제작형태는 다양한 장르와
소재의 드라마가 공존할 수 있는 배경이 되고 있다. 특히 한국처럼 인기
있는 특정 장르에 몰입되는 구조는 잘 나오지 않는다.

이렇듯 드라마 저작권 귀속과 관련된 부분에서 각 나라는 저마다 환경적
인 차이를 보여주고 있다. 다만, 산업 경쟁력 확대 차원에서 제작주체에게
저작권이 귀속되는 흐름을 볼 수 있다. 영국의 경우도 공영 차원에서
드라마가 제작되어 방송사에 저작권이 있는 것이지 한국과 같은 영향관계
에 있는 것은 아니다. 결국 전체적인 흐름으로 봤을 때는 실제작주체에게
저작권이 귀속되는 형태다.

이러한 외부적 상황을 단순하게 국내에 대입한다면 국내에서도 드라마 저작권을 제작사에게 주어야 한다는 논리가 가능하다. 하지만 한국의 제작 현실은 이런 논리를 적용할 수 있을 만큼 명확한 구조가 아니다.

드라마 제작 현실을 좀 더 자세히 들여다보면, 방송사 인력이 그대로 제작사의 작업에 참여하는 경우가 대다수다. 즉, 형식은 외주형태지만 실질적인 제작은 방송사 연출 및 계약 스태프들에 의해 이뤄지며 각종 방송사 시설이 활용된다. 그리고 이때 제작사는 계약을 대행하거나 배우, 작가, 스태프, 투자 등의 협업관계를 만드는 역할을 하기도 한다. 이런 경우에서는 실질적인 제작주체가 누구인지 말하기 어렵다.

한국의 현재 상황은 저작권 주체를 방송사 또는 제작사라고 단정하기에 여러모로 불편한 구조다. 즉, 방송사나 제작사 모두 불완전한 제작주체로 서 일방적인 저작권 귀속을 주장하기에는 예외적 환경이 많다.

2. 드라마 '문화산업전문회사'의 가능성

최근 드라마 제작에서 문화산업전문회사(이하 '문전사')라는 방식이 눈 에 띈다. 2009년 최고의 흥행을 몰아치며 여성사극의 진수를 보여준 대작 <선덕여왕>(선덕여왕 문전사)과 2010년 상반기 최고의 성과를 보여준 <추노>(유한회사 추노)는 문전사 방식을 통해 제작된 대표적 성공사례라 하겠다.

문전사를 통한 제작방식은 <태왕사신기>를 통해 처음 시도됐으며, 그 이후 종종 도입되어 드라마 제작시장에 변화와 발전을 보여주고 있다.

문화산업전문회사(문전사)란 무엇인가?
문전사는 특수목적회사인 SPC의 일종으로 문화산업 분야의 사업 프로

〈그림 6-1〉 문화산업전문회사의 기본 구조

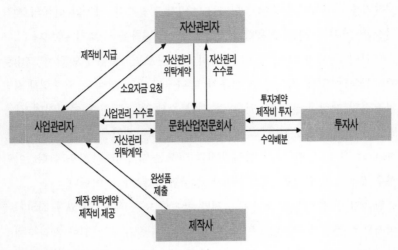

자료: 정상철(2009: 13).

젝트를 수행하기 위해 일시적으로 설립되는 일종의 페이퍼컴퍼니를 말한다. 즉, 특정 목적을 위해 이해당사자들이 모여서 회사를 설립하고 그 목적이 완료되면 해산되는, 형태가 없는 서류상의 회사인 것이다.

이는 2006년 「문화산업진흥기본법」 개정 시 문전사 설립의 근거조항이 마련되면서 시행됐으며, 2007년 <태왕사신기>(TSG프로덕션 문전사)를 1호로 꾸준히 드라마 및 문화 콘텐츠 분야 프로젝트에 활용되고 있다.

문전사의 기본 구조를 보면 사업을 담당하는 사업관리자 영역이 있고, 재정 및 회계를 관리하는 자산관리자 영역이 법으로 정해져 있으며, 자산관리자는 「자본시장과 금융투자업에 관한 법률」에 따른 신탁업자나 「변호사법」에 따른 법무법인 또는 「공인회계사법」에 따른 회계법인만이 할 수 있다.

이러한 구체적인 조항을 넣은 것은 그동안 문화 콘텐츠 부문의 회계영역 및 투자금에 관한 관리 소홀과 산업화 미숙에 따른 부조리를 해소하기

회사명	작품	등록일	사업관리자	자산관리자
TSG프로덕션 문전사 (김종학 투자)	태왕사신기	2007.2.23	(주)SSD	신우회계법인
CJ스토리허브 문전사	아현동 마님	2007.5.15	(주)CJ 엔터테인먼트	법무법인 지성
(유)스토리허브해피테일 문전사	스포트라이트	2008.4.1	(주)해피테일	정동회계법인
(유)바람의 나라 문전사	바람의 나라	2008.9.1	한국방송공사, (주)초록뱀미디어	정동회계법인
(유)선덕여왕 문전사	선덕여왕	2009.2.20	(주)타임박스 프로덕션	정동회계법인
(유)추노	추노	한국방송공사, (주)초록뱀미디어가 공동투자한 상태로 2009년 11월 9일 설립		

자료: 정상철(2009: 9)에서 발췌 재구성함.

위한 조치다. 더불어 관련 투자자들에게 회계 및 투자의 투명성을 높이면서 보다 안전한 투자 및 운영환경을 제공하기 위한 목적도 있다.

문전사는 드라마 산업부문에서 많이 이용되고 있는데 주요 드라마 관련 문전사 내용을 보면 <표 6-6>과 같으며, 이 외에도 여러 드라마 관련 문전사들이 현재 설립 및 등록되어 있다.

그리고 사업관리자와 자산관리자를 명확하게 규정함으로써 프로젝트 및 투자자금 운영에 대한 신뢰도와 수익분배 절차 등이 기존 드라마 투자 제작 방식보다 비교적 투명하며, 회사당 하나의 프로젝트 목적만이 허용됨으로써 목적에 대한 분명한 수익정산이 가능한 것이 장점이다. 또한 법인세 감면 같은 정책적 지원도 받고 있다.

물론 단점으로는 페이퍼컴퍼니일지라도 운영비용과 초기 설립자금이 소요된다는 점, 설립 및 청산절차가 까다로우며 프로젝트당 하나의 목적 외에는 할 수 없다는 점 등이 있다. 또한 정부 관계부처 및 세무 관련기관의 이해 부족으로 실무를 진행하는 데 다소 애로사항이 존재한다. 그러나 이러한 단점에도 불구하고 장점이 주는 명확성 때문에 최근 많은 주목을 받고 있다.

드라마 문전사의 성공 가능성

드라마 문전사는 위험을 분산시키고 투자의 안전성을 높이기 위해 도입됐다고 볼 수 있다. 따라서 기존 투자부분에 대한 위험도는 많이 분산됐다. 또한 수익을 극대화하기 위한 다양한 부가상품 개발에도 문전사의 역할이 최근 더해지고 있기 때문에 기존 외주사 중심 혹은 방송사 중심의 드라마 제작기반보다는 좀 더 많은 가능성을 보유하고 있다. 다만, 순수하게 드라마 제작사 입장에서는 수익을 극대화할 수 있는 최선의 장치라고 보는 데 무리가 있다.

태왕사신기 문전사의 경우를 보면 총 315억 원의 투자금액 중 지분구조가 작은 투자처부터 우선적으로 수익분배가 이뤄졌는데 100억 원을 투자한 서울자산운용은 원금을 포함해 128억 원을 상환받았다.

그러나 김종학프로덕션과 마케팅 및 투자운영사인 SSD는 아직 수익을 실현하지 못하고 있는 상태다. 물론 향후 수익이 발생한다면 많은 이익을 창출할 수 있겠지만, 방송시기를 중심으로 수익이 발생한다는 점과 시간이 경과될수록 급격히 수익률이 떨어진다는 드라마의 특성상 문전사 형태의

〈표 6-7〉 **태왕사신기 문전사 투자액 · 지분비율**

총 투자액 (315억 원)	선매출(82억 원가량)＋서울자산운용(100억 원)＋튜브엔터테인먼트(30억 원)＋김종학프로덕션(80억 원가량, 차입금)＋개인투자(18억 원가량)
지분율	SSD(20%)＋김종학프로덕션(67%)＋서울자산운용(9.7%)＋튜브엔터테인먼트, 개인투자자(3.3%가량)

자료: 정상철(2009: 27).

제작방법이 수익을 실현하는 차원에서 제작사에게 유리한 것은 아니다.

투자자와 제작사만 참여한 <태왕사신기> 외에도 방송사와 제작사가 공동으로 참여한 바람의 나라 문전사 또한 수익 실현 차원에서 이렇다 할 실적을 올리지 못했다. 따라서 문전사 역시 기존 드라마 제작영역이 갖고 있는 수익부분에 대한 고민을 크게 해결해주는 형태라고는 볼 수 없다. 다만, 기본적으로 평균 제작비 이상의 대작드라마를 제작하는 경우 위험분산과 투자자본 조달의 투명성을 확보하는 데 유리한 면이 많다.

문전사의 형태적 변화와 내용

문전사 역시 제도가 도입된 후 조금씩 변화를 거치면서 몇 가지 형태의 기능적 특성을 보여주고 있다. 물론 여기에는 기존 사례를 통한 발전적인 모습이 가미되고 있으며, 특히 수익적 측면에서의 접근이 문전사의 변화를 주도하고 있다.

초기 문전사가 사업 진행과 회계의 투명성을 위해 투자자 보호적인 수동적인 형태를 보였다면, 최근에 나오는 문전사들은 운영의 투명성을 넘어 수익 극대화라는 보다 더 산업적인 측면을 고려하고 있는 것이다.

문전사의 형태와 내용을 살펴보면, 첫 번째는 투자자와 제작사가 중심이 되어 만들어진 형태다. 태왕사신기 문전사가 대표적인 사례인데, 이 문전사의 특징은 제작사가 완전한 저작권을 소유하는 형태로 독자적인 모습을 보이며 수익을 실현하기 위해 노력했다는 점이다. 즉, 태왕사신기 문전사는 방송사와의 저작권 분쟁에서 자유롭고, 투자금 모집 및 수익 극대화를 목적으로 방송사와의 관계를 최대한 줄이고 독자적으로 행동하기 위해 만들어졌다. 이러한 시도는 드라마 저작권에 대한 제작사의 적극적인 행보를 보여준 첫 사례라 할 수 있다. 다만, 이러한 시도가 수익적인 측면에서 일부 투자자를 제외한 제작사 및 기획사에게 큰 손실로 이어졌다는 점이 한계다. 투자자 중심으로 자금이 유치되다 보니 방송사가 안정적

〈그림 6-2〉 드라마 문전사의 구성형태 및 주요 권한

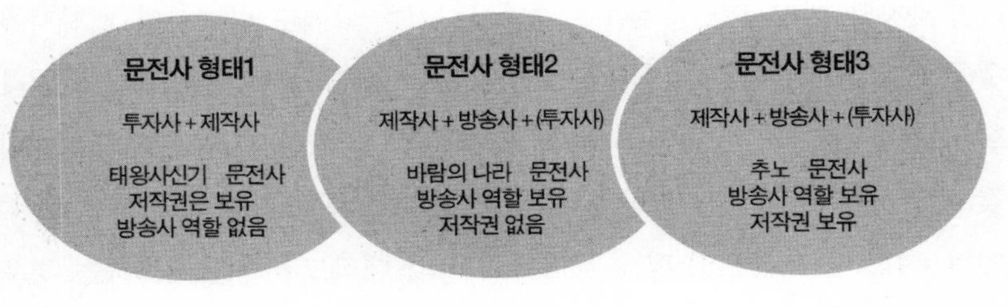

문전사 형태1
투자사 + 제작사
태왕사신기 문전사
저작권은 보유
방송사 역할 없음

문전사 형태2
제작사 + 방송사 + (투자사)
바람의 나라 문전사
방송사 역할 보유
저작권 없음

문전사 형태3
제작사 + 방송사 + (투자사)
추노 문전사
방송사 역할 보유
저작권 보유

으로 자금을 확보할 수 없었으며, 외부 투자자금을 중심으로 수익배분이 이뤄질 수밖에 없었다. 그리고 이러한 구조는 제작사 및 기획사들이 자체적 수익을 실현하는 데보다는 투자자의 안정성을 유지하는 데 많은 시간과 비용을 투자하게 만들었고, 위험요소는 제작 및 기획사가 부담하는 결과를 가져왔다.

두 번째는 방송사가 참여한 형태로 바람의 나라 문전사가 대표적이다. 초록뱀미디어와 KBS가 참여한 이 문전사는 안정적인 투자영역 확보와 방송사를 이용해 마케팅의 신뢰성 및 채널확대 부족을 보완하려는 시도를 모색했다.

이 문전사는 제작의 안정성이나 방송사 투자금 확보에서는 성공적인 모습을 보여줬으나 수익 극대화, 특히 저작권 부분의 한계로 수익을 실현하는 데서는 이렇다 할 결과를 내지 못하고 실패했다. 하지만 두 번째 형태의 문전사는 방송사와 제작사 간의 상호 공존의 영역을 만들었다는 의미가 크다. 즉, 갈등구조가 아닌 상생의 장을 창출하면서 새로운 발상을 이끌어낸 것이다.

그리고 가장 최근인 2010년 세 번째 형태의 문전사가 시도됐다. 그것은 기존 문전사들이 보여준 취약점인 방송사 영역과 저작권 귀속영역을 모두 획득한 형태인 추노 문전사다. 이 문전사는 방송사와 제작사가 공동으로 참여하면서 저작권까지 귀속한 형태로, 수익 여부를 떠나 시스템적으로

수익이 가능한 구조를 만들어냈다는 데 의의가 있다.

새로운 시도의 문전사 '유한회사 추노'

문전사라 할지라도 기존 드라마의 수익창출 방법론에서는 별반 차이가 없다. 저작권이 방송사에 있든 문전사에 있든 비즈니스 모델이 없다면 결국 큰 의미가 없는 것이다. 그럼에도 문전사가 지속적으로 나타나는 것은 기존 제작 시스템에서 탈피해, 비교적 자유롭게 다양한 계약관행과 방법론을 시도해볼 수 있다는 장점이 있기 때문이다.

그러한 차원에서 2010년 인기 속에 방영된 <추노>의 '유한회사 추노' [이하 (유)추노]를 주시해볼 만하다. (유)추노는 우선 방송사인 KBS와 제작사인 초록뱀미디어가 공동투자로 설립된 회사다. 사실 이러한 공동투자 구조 자체는 그렇게 대단한 발전은 아니다. 방송사와 제작사가 결합된 문전사는 <추노> 이전에도 있었다.

중요한 것은 (유)추노는 방송제작에서부터 방영 및 사업개발 등을 방송사와 초록뱀미디어 공동으로 진행하며, 해외판권 및 부가사업 등 모든 권리를 행사할 수 있다는 점이다. 그리고 여기서 발생한 수익을 KBS와 초록뱀미디어가 투자비율만큼 가져간다.

이는 기존 방송사와 제작사 간의 저작권 분쟁요인이 사라진 형태로 그 나름의 역할 분담을 통해 상호 이익을 실현하는 상생적인 진행이 이뤄진 형태라고 볼 수 있으며, 산업적으로도 기존의 양 제작주체 간의 불신을 해소하면서 각자의 역량을 극대화할 수 있는 새로운 패러다임인 것이다.

물론 이는 엄밀히 따지면 문전사가 아니어도 가능한 구조다. 문자 그대로 해석한다면 투자한 만큼 각자의 수익을 나누는 극히 단순한 정의의 실현이기 때문이다. 그러나 지금까지 양 진영은 회계와 투자에 대한 투명성 문제, 수익분배의 공정성과 절차상의 신뢰성 문제로 서로의 약점을 지적해왔다. 하지만 문전사라는 제도에서는 이러한 약점들을 뒷받침하는 의무적인 규정이 장점으로 작용하는 것이다.

자산관리에서 명확한 분리기준을 세우고 회계기준을 엄수하고 사업주체를 분명히 명시하고 사업목적을 한정시켜 타 사업과의 혼재를 방지함로써 상호간의 불신요소를 배제시키는 결과를 가져올 수 있었다. 그리고 이러한 문전사의 장점이 부각되어 (유)추노가 가능했던 것이다.

물론 이러한 가능성이 수익적 성공을 반드시 보장하는 것은 아니다. 다만, 위험을 분산시키면서 각자의 장점을 극대화시켜 가능한 수익 목적치를 확대하는 데는 분명히 효과가 있으며, 향후 좀 더 역동적인 형태의 문전사 창출에 밑바탕이 될 것이다.

3. 방송사의 공공적 역할 및 중요성

지상파 방송사는 한국 드라마 산업에서 가장 중요한 산업 인프라로서 공공 중심의 공영방송사와 사기업적 성격의 민영방송사를 모두 포함하고 있다. 이 절에서는 지상파 방송사가 가지고 있는 드라마 산업의 공공적 역할을 살펴보고자 한다.

특히 방송사가 드라마 제작사 및 관련 기관으로부터 산업 강자라는 일방적 시선을 받고 있는 현 상황에서 방송사만이 수행할 수 있는 공공적 역할에 대한 논의 또한 드라마 및 방송산업 발전을 위해 필요하기 때문이다. 즉, 방송사의 순기능적 요소와 가치 등을 통해 공공적 요소와 산업 인프라로서의 중요성을 확인해볼 필요가 있다.

공공성을 갖는 공영방송 시스템

최근 몇몇 논의에서 방송사의 제작과 편성의 분리를 주장하는 목소리가 나왔다. 물론 이러한 흐름의 바탕에는 제작사가 저작권을 귀속하는 프랑스의 사례와 일본의 저작권 정책 흐름이 깔려 있으며, 제작과 편성을 독식해 독점기업으로 성장해버린 방송사의 부작용에 대한 우려가 있다.

하지만 이러한 논의는 영국의 예를 들면 다른 내용이 된다. 공영방송을 중시하는 영국은 드라마와 어린이 프로그램에 대해서는 사회적인 공공성과 기능적 형평성을 강조한다. 그런 이유로 이 두 장르에 대해서는 특정 기업 또는 집단의 이익이 대변될 수 있는 외주제작보다 엄격한 감시제도하에 있는 공영방송사가 직접 제작을 담당하면서 공공성을 유지하는 정책을 취하고 있다. 현재 한국의 방송환경은 공영체제이기 때문에 영국방송의 산업논리가 한국의 현실에 더 적합할 수도 있다.

이렇듯 각국 방송사의 드라마 제작경향이나 환경은 그 나라가 쌓아온 역사성에 기인하는 것이며 따라서 정답은 없다. 그리고 각 나라의 특성을 한국 드라마 산업에 대입하는 것은 산업적 아이디어를 얻기 위한 차원에 국한된 것이지 체계를 변화시키기 위한 방법론으로는 바람직하지 못하다.

현재 한국의 방송환경은 외주제작 비율이 일정 부분 정해져 있고, 방송사 자체제작이 공존하는 형태다. 여기에는 여러 가지 문제도 있지만 방송사의 공영적 측면을 극대화시키고 민간방송을 육성한다는 의의도 있다. 즉, 이런 양면적 체계가 한국 방송산업의 시스템적 특징이라고 할 수 있다.

한국의 방송사는 민간기업이 시도할 수 없거나 접근하기 어려운 부분을 직접 제작하고 논의의 공정성 측면에서도 좀 더 투명한 체계를 가지고 있다. 이는 방송사에 편성기능과 제작기능이 공존하기 때문에 가능한 것이다.

특히 방송의 사회적 파급력이 날로 확대되는 현 상황에서 공영성의 확대는 산업적 동향에 맞추어 적절한 조정이 필요하다. 그리고 이러한 조정은 민간기관보다는 공영기관에서 이뤄지는 것이 바람직하다.

단순히 이익을 내는 개별기업이 아니라 산업체계를 가동시키는 산업 인프라로서 국내 공영방송사는 저작권 문제 이상의 기능을 보유하고 있다. 그리고 이러한 기능은 편성 기능과 제작 기능을 모두 갖추고 있을 때 비로소 활용이 가능하다.

이러한 기능이 순수 민간기업으로 흐른다면 산업규모가 협소한 국내 상황에서는 제조업처럼 특정 기업의 독점화가 반드시 이뤄질 것이다. 그리고 이런 독점화는 공공성보다는 산업이익에 주요한 이슈로 작용할 수밖에 없다. 따라서 공공성에 대한 논의는 어려운 현실이 될 것이다.

방송사 제일의 공공성: 프로그램 편성

편성은 대체로 방송사의 권력이자 방송사가 외주사에 군림할 수 있는 요인으로 여겨지는 경우가 많다. 편성의 영향력에 이런 요인이 있는 것은 사실이지만, 드라마 외주시장에 공정성을 부여하는 공영적인 힘으로서 기능하기도 하다.

즉, 편성이라는 권한을 통해 특정 산업이 한쪽으로 치우치지 않고 다양한 산업기회를 창출할 수 있고 드라마 제작시장으로의 진입을 조절할 수도 있다. 국내 공영방송사의 편성형태는 오해를 불러일으킬 만한 소지도 있었지만 신생 드라마 제작사들에게 기회를 부여한 측면도 있었다.

공영방송사가 편성권한을 가지고 있고 심의위원회와 입법기관이 이러한 체계에 이의를 제기할 수 있는 구조인 현재의 방송사 편성 및 감시제도는 시스템적으로는 무척 양호한 구조인 편이다. 시행자들의 잘못된 관행이 문제이지 제도적인 부분에 문제가 있는 것은 아니다.

이러한 구조는 KBS와 MBC가 공영방송이기 때문에 가능한 것이다. 물론 민영방송이 있기는 하지만 시장에서 주요 영역을 차지하고 있는 공영방송 체제 덕분에 민영방송에도 이에 준하는 심의기준을 적용할 수 있다.

즉, 한국의 공영방송사들이 행사하는 편성권한은 방송사에게는 핵심적인 권한 행사인 동시에 드라마 산업 참여자들에게는 시장 진입 및 발전의 기회를 부여하는 시스템으로 인식될 수 있다. 더불어 이 시스템은 민간기업의 이익 차원에서 감시 및 심의되는 것이 아니라 공영적 기능이라는 합목적적인 차원에서 입법부와 관련 행정기관 및 심의기관을 통해 형평성과 효율성을 재고하는 체계 안에 있다. 따라서 현재 공영방송사의 편성기능은 이론상으로 봤을 때 공공성이 무척 높은 체계다.

이러한 공영방송 주도의 편성형태가 민영방송 주도 형태로 바뀐다면 편성의 공공성은 기업의 효율성과 이익창출 극대화로 변할 것이고, 공공성을 논할 수 있는 이론적 기반 역시 약화될 가능성이 높다.

인력 발굴 및 양성기관으로서의 공공성

방송사의 두 번째로 주요한 공공성은 드라마 관련 인력의 창출과 훈련이라 할 수 있다. 한국 드라마 산업과 관련된 인력 개발은 최근 드라마의 인기를 통해 학원 및 관련 학교를 통해 이뤄지고 있다. 하지만 그것은 기본적인 소양과 기능 수준에 그치는 경우가 많고, 직종별 부분 교육에 한정되어 있다. 그러니까 연출, 작가, 연기 및 주요 제작분야별로 교육이 이뤄지는 것이다.

그러나 드라마는 모든 인력이 공동작업을 통해 결과를 창출하는 협업 중심의 장르다. 따라서 다양한 제작인력이 모두 있어야만 정확한 교육을 시행할 수 있고 인력 또한 발굴할 수 있다. 그리고 이러한 종합적 결과물에 대한 시청자의 반응을 확인할 수 있어야 한다. 수익적 측면을 넘어 이러한 기능을 공공적 차원에서 시행하고 있는 기관은 공영체제의 두 방송사다.

국내의 산업 현실에서 작가를 발굴하고 신인을 캐스팅하며 제작인력을 훈련시킬 수 있는 종합적인 필드를 가진 곳은 방송사뿐이며, 한국의 공영방송사인 KBS와 MBC가 그 역할을 지속해왔다.

특히 양 방송사가 진행해오던 단막극(<드라마시티>, <베스트셀러극

장>) 제작 시스템은 신인작가 발굴과 연기자 캐스팅, 제작인력 양성에 지대한 공헌을 했으며, 현재 한국의 드라마 산업을 일으킨 밑바탕이라 할 수 있다.

KBS와 MBC 같은 지상파 방송만이 전 국민을 대상으로 훈련장을 구성해 역량 있는 신인들을 발굴해내고 트레이닝할 수 있으며, 이는 대중문화의 한 부분인 드라마에서 가장 중요한 요소인 것이다.

이렇듯 방송사는 대학 및 각종 교육기관과 함께 개별적인 훈련을 통해 다져온 개개인의 능력을 종합하고 방송사의 단편드라마 제작 시스템을 이용해 시청자와 호흡하는 2차 교육기관으로서의 역할을 수행하고 있다. 또한 기업의 사익을 추구하는 기관이 아니라 공공영역으로 존재하여, 국가가 지향하는 산업교육 인프라로서 중요한 역할을 수행하고 있는 것이다.

물론 최근 들어 영화부문 인력이 드라마 산업에 유입되는 추세가 나타나고 있지만 이는 전체적인 것이 아니며, 근본적으로 영화와 드라마의 문법과 기능에서 차이가 나기 때문에 한계가 있을 수밖에 없다.

투자 및 산업 진흥으로서의 공공성

방송사의 또 다른 주요 산업적 역할은 바로 투자와 수익창구로서의 기능이라 할 수 있다. 최근 드라마의 대형화로 수출 및 다양한 투자가 필요한 시점에서 방송사는 일종의 기본 창구 역할을 해주고 있다.

드라마에 대한 선행투자처로서 기능하거나 최초 수익창구로서의 역할을 맡고 있는 것이다. 물론 여기에는 다양한 계약내용이 첨부되어 제작사에 대한 막대한 영향력을 행사할 수 있다는 전제가 따르기는 하지만 이제 성장기를 넘어서고 있는 국내 문화산업 환경에서 취약한 산업자금을 보완하는 데 방송사만큼 안정된 투자기관은 단점보다는 장점이 더 많다.

실례로 KBS가 드라마 투자펀드로 운영하고 있는 KGCS(KBS Global Contents Syndication)는 여러 외주제작사와 공동투자를 통해 드라마 제작

프로젝트(<바람의 나라>, <추노> 등)를 수행하고 있으며, 수익 극대화를 이루기 위해 공동의 노력을 진행하고 있다. 이는 투자자금 유치에서 가장 어려운 항목인 선투자에 방송사가 참여함으로써 프로젝트 진행의 안정성을 더욱 높인다는 긍정적인 효과를 가지고 있는 것이다.

더불어 해외수출에서도 방송사와 공동으로 진행했을 때 얻을 수 있는 신임도 향상 부분 또한 상당히 중요한 내용이다. 실제 한국 드라마의 해외계약 시 제작사의 규모 및 재무구조 때문에 좀 더 유리한 입장으로 계약을 진행하는 데 어려움이 있다.

그런데 방송사와의 제휴를 통해 이러한 문제점을 개선 및 보완할 수 있다. 물론 여기에는 각종 수익분배라는 단서가 붙겠지만 해외 진출에 많은 어려움과 시행착오를 겪고 있는 상태에서 방송사의 네트워크나 공신력은 의미 있는 창구 역할을 수행할 수 있으며, 특히 신뢰도와 계약의 안정성을 확보하는 데서 일반 제작사에 대비하면 여러 강점이 있다.

이 같은 방송사의 투자와 판매망 개척 및 신임도 부분은 인프라 규모의 성장을 이루지 못한 제작사에게 산업적으로 큰 도움을 줄 수 있는 것이다. 또한 공영방송의 이러한 모습은 이익 중심의 민간벤처 캐피탈과는 달리 산업 공공성을 이론적으로 부각시킬 수 있는 바탕을 가지고 있다.

4. 방송사와 제작사의 공존전략

드라마가 산업적으로 평가받는 상황에서 방송사와 제작사는 결국 운명 공동체의 영역에 있다. 따라서 저작권 및 기능적으로 한쪽 입장만을 주장하는 것은 결국 '한류드라마'로 시작된 드라마의 산업적 기반을 뒤흔드는 것밖에는 안 된다. 따라서 두 제작주체 간의 공존이 필요하며 서로 간의 기능을 인정하고 지지해야만 한다.

저작권은 제작사에게

저작권은 최근 드라마 산업에서 가장 핵심적인 측면으로, 방송사와 제작사는 각자 서로의 입장에서 여러 주장을 펼치고 있다. 양측의 주장 모두 그 일면에 타당성이 있는 것은 사실이지만 산업의 발전과 확대라는 측면에서 냉정하게 판단한다면 저작권은 제작사에 귀속되어야만 한다.

「방송법」 개정과 외주제작 비율의 확대 이면에는 외주제작사를 활성화하기 위한 정책적 배려가 존재한다. 따라서 이러한 정책이 일관성을 갖기 위해서는 산업의 기초라 할 수 있는 수익창출을 위해 제작사에 저작권이 귀속되어야 할 필요가 있다.

현재 드라마 산업은 막대한 제작비를 들여 시청률 면에서는 큰 성공을 거두고 있지만 제작사들은 경영위기에 빠진 경우가 허다하다. 물론 여기에는 무리하게 제작 및 경영을 진행한 제작사의 탓도 있지만, 문화산업의 확대를 주장하면서 정작 제작사에게 수익의 근간인 저작권을 정책적으로 보장하지 못하는 현실에 1차적인 책임이 있다. 저작권이 있다 해도 방송사의 편의가 중심이 된 저작권 영역은 제작사로 하여금 수익을 창출하기 위한 행동 폭을 줄이면서 제작비 조달에 급급한 형태를 만들어가고 있는 것이다. 드라마 산업도 이제는 제작을 중요시할 게 아니라 투자에 따라 적정한 이익을 창출할 수 있는 구조를 갖추는 데 힘써야 할 것이다.

최근 한국의 음원산업은 날로 성장하는 모습을 보여주고 있다. SM엔터테인먼트의 경우 2010년 금융감독원 전자공시를 보면 매출이 860억 원이고 로열티 등 저작권 수익이 440억 원이었다. 이러한 상황은 JYP, YG에서도 유사하게 나타난다. 이는 저작권과 그와 관련된 저작권 수익방법론이 정책적으로 안정화되어 다양한 수익을 창출해낸 성과라 하겠다.

이에 비해 드라마 제작사의 경우는 저작권 문제에서 아직 명확한 매듭을 짓지 못해 이렇다 할 수익창구를 창출하는 데 미진하다. 기껏해야 OST 및 해외 판매수익이 전부인 것이다.

이렇게 수익을 창출하기 위한 기획이 미진한 것은 결국 편성권자인 방송사에 저작권이 귀속되어 있어 수익기획의 기회와 다양성이 떨어지기 때문이다. 정작 제작기획이 이뤄진 제작사는 장기적이거나 다양한 수익기획을 구성하려면 방송사에 허락을 받아야 하거나 혹은 제한을 받는다. 이는 산업의 활기를 떨어뜨릴 수밖에 없는 구조인 것이다.

따라서 이러한 구조를 개선하기 위해서는 외주제작 드라마의 경우 그 저작권이 1차적으로 외주제작사에 돌아가야만 한다. 더불어 이런 문제에서는 누가 비용을 얼마나 투자했는지를 따질 것이 아니라 정책적인 판단이 필요하다. 현실적으로 제작비를 놓고 거대 방송사와 거래할 만한 제작사는 많지 않다.

물론 방송사도 다양한 수익기획을 창출할 수 있다. 그러나 이럴 경우 시장의 독과점 구조가 더욱 강해지는 결과를 초래한다. 제작, 편성, 수익유통 등 모든 것을 방송사가 독점한다면 콘텐츠의 다양성이 생명인 문화산업에서 더 큰 미래를 기대하기는 어렵다. 더불어 산업계 전반에서도 독과점 체계에 득(得)보다는 실(失)이 많다는 것은 익히 알려진 사실이다.

또한 공공재 성격의 전파를 담당하는 방송사가 일반 기업과 경쟁하여 이익을 독점하는 것은 논리에 맞지 않다. 단일하거나 위험성이 높아 정부나 공공기관이 담당해야 공공이익이나 전체적인 가치가 높아지는 분야라면 독점체계가 타당성을 가질 수 있지만, 드라마 제작같이 다양한 민간기업들이 진출하여 생존 경쟁을 벌이는 시장에서 방송사가 독과점을 유지하는 것은 적절치 못하다.

물론 여전히 방송분야에서는 방송사가 수행해야 할 공공기능이 많다. 방송산업의 기술 및 기타 여러 환경이 공공적 성격을 갖고 있고, 보도 및 다큐멘터리 콘텐츠에서도 그 공공적 가치는 유효하다. 물론 드라마에서도 유효한 부분이 있다. 그러나 드라마 분야에서는 제한적이어야 하며 산업가치를 표방한 상태에서는 더욱 민간기업을 우선시하는 정책방향이 필요하다.

방송사에게 수익을

하지만 일방적으로 방송사에 배려를 요구하는 것은 적절치 못하다. 방송사에도 엄연히 지출예산이 필요한 영역이 많다. 또한 방송사가 드라마 제작에 실질적으로 참여해 영향을 미치고 공공적 기능을 수행하고 있는 상태에서 방송사의 현실적 문제를 외면하는 것은 공존을 위한 기초가 아니다.

방송사 광고매출에서 드라마가 차지하는 수익비율은 타 프로그램에 대비해 절대적이다. 따라서 방송사가 드라마 수익을 포기하게 된다면 경영난에 봉착하여 전체 방송산업이 위축될 수도 있다. 특히 지상파 방송사의 영향력이 압도적인 한국에서 방송사의 위축은 전체 방송산업의 위축뿐만 아니라 엔터테인먼트 산업 자체의 경쟁력을 떨어뜨리는 모험이 될 수도 있다.

따라서 드라마 저작권 논의에서 벗어난 대응정책이 필요하며, 저작권은 제작사에 귀속더라도 저작권의 일부 수익지분은 방송사 앞으로 유지되어야 한다. 즉, 수익창출 행동은 제작사 판단에 따라 할 수 있는 제도적 장치를 마련해야 하고 방송사에게는 지분만큼의 수익영역을 인정해야 한다. 설령 방송사의 제작인력이 한 명도 들어가 있지 않더라도 이는 기본적으로 인정되어야 한다. 그리고 여기에 정책적인 판단이 필요하다.

한국 방송사는 앞에서도 말했듯이 공공적 기능을 많이 수행하고 있다. 특히 드라마 제작분야에서는 인력 창출과 교육, 그리고 해외판매 시 신뢰도 구축 등 외주제작사들이 할 수 없거나 아직은 미진한 영역에서 특별한 수익 없이 그 기능을 수행하고 있다. 따라서 산업참여자 모두가 방송사의 이러한 기능적 영역을 인정해야 한다. 더불어 드라마 제작에 투여되는 방송사들의 편성, 자본, 인력 등에 대한 제도적 인정이 이뤄져야 한다.

한국의 방송 시스템은 다른 나라와 다르게 방송사가 다양한 역할로 외주제작에 참여하는 형태다. 이러한 특징은 드라마 제작시장에서 기본 수익을 창출해냈으며, 제작 시스템 및 초기 외주제작사의 제작비용 안정화를 이끌어왔다. 따라서 이러한 영역에 대한 방송사의 정책적 지분이 확보되어야 한다.

그러므로 외주제작사의 드라마 수익에 대한 일정 기간의 수익배분권이 방송사 앞으로 인정될 때 한국 지상파 방송사의 공공기능 및 순기능이 지속될 수 있으며, 지금과 같은 외주제작사들과의 분쟁요소가 완화될 것이다. 물론 지분율에 대한 분쟁이 있을 수 있지만 이는 저작권 귀속과는 다른 차원으로서, 충분히 협상이 가능하며 경우에 따라서는 상호 중재도 가능하다.

사실 지금과 같이 드라마 제작사들이 성장하고 다양해질 수 있었던 것은 정부의 방송사에 대한 강제적인 외주제작 정책 때문이다. 그것은 산업적 논리가 아닌 정책적 판단이었으며, 이러한 판단은 '한류드라마'의 산업적 성장을 이끌었다. 그리고 이러한 성장세는 향후 진행될 다양한 기술적 진보와 장르 발전에도 계속적으로 필요할 것이다. 더불어 여기에 필요한 재원은 이 정책의 수익자들을 통해 이뤄져야 하며, 드라마 영역에서 이 부분은 저작권 수익지분일 것이다.

향후 드라마 산업이 계속 발전할 수 있을지는 최근의 상황을 미루어 볼 때 미지수다. 현재는 2000년대 초의 한류드라마 '폭발기'를 벗어나 '안정기' 혹은 '침체기' 상태다. 이는 공교롭게도 드라마 제작사와 방송사의 경쟁 및 갈등관계가 높아지면서 유발됐다고 볼 수 있다.

방송사는 자신이 유리한 입지를 점할 수 있는 제작사를 선택하고, 제작사는 방송사의 수익구조 내에서 안전한 드라마를 제작하면서 서로 조심스러운 형태를 유지하고 있다. 이러다 보니 자연스럽게 드라마가 지양하는 바는 다양성보다는 시청률이 비교적 보장되면서 투자비가 덜 드는 형태로 변화해가고 있다.

물론 이것이 나쁘다는 것은 아니다. 중요한 것은 다양성이 떨어지면서 다양한 수익가치를 내는 드라마를 만들지 못하고 있다는 것이다. <겨울연가>, <대장금>처럼 다양한 가능성을 보여준 드라마는 현재 오리무중이다. 이는 드라마 제작의 양 진영이 수익논쟁에 빠져 우수한 드라마와 다양한 아이디어의 접목이라는 산업적 기본을 외면하고 있기 때문이다. 지금은 한국 드라마 산업이 한 단계 더 높이 성장하기 위해 두 진영이 공존전략을 고민해야 할 시기인 것이다. 그 방법론이 무엇이든 저작권 귀속 부분에서 정책적 해결이 이뤄져야 하고 이 부분을 양보한 진영에 대한 배려가 필요하며 양 진영이 서로를 인정해야만 한다.

이는 한국의 드라마 산업 발전에서 가장 시급한 정책적 현안이라 하겠다. 이 현안은 산업논리가 아닌 정책적 논리로 접근해야 하는 문제다. 대부분의 문화산업은 기본적으로 정책적 논리에 입각해 판단할 수밖에 없다. 저작권이라는 개념 자체가 정책적 입장에서 창출됐기 때문이다.

지금까지 한국 드라마 산업의 개략적인 산업형태와 현안을 검토해봤다. 향후에도 어려운 상황이 생기겠지만 현재의 문화산업 흐름으로 볼 때 드라마 영역은 영화산업과 같은 안정된 산업으로서 안착할 가능성이 높다. 따라서 지금보다 더 많은 제작사들의 산업적인 도전과 연구 그리고 관련 기관의 정책적인 개발이 필요하다. 지난 10년간 드라마 산업의 기초가 만들어졌다면 이후 10년 동안은 체계적인 발전을 위한 다양한 시도가 요구될 것이다. 그리고 이런 과정 속에서 한국의 드라마 산업은 아시아 및 세계로 뻗어 나가는 문화산업의 대표주자로 자리 잡을 것이다.

제7장

드라마 산업 분야별 색인

한국 드라마 산업이 국내시장을 벗어나 수출 콘텐츠로서 인식되기 시작한 지도 근 10년이 넘은 상황에서 각 분야별 선구자들을 검토하는 것은 좋은 학습모델 발굴 및 향후 산업 발전을 위한 방향성을 검토하는 데 필수적이라 할 수 있다. 이 장에서는 현재의 드라마 산업에서 역동적인 모습을 보여주고 있는 개인 및 기업, 관련 단체 등을 살펴보고자 한다.

1. 방송사

방송사는 드라마 산업에서 가장 중요한 위치를 차지하고 있는 요소이며, 특히 방송사의 편성 및 방영(전파 송출)이라는 핵심적 기능은 드라마 산업을 존재하게 하는 기본 역할이라고 볼 수 있다.

한국에는 여러 형태의 방송사가 있지만 드라마 산업에 대한 영향력을 고려할 때, 수도권 중심으로 지역 네트워크를 확보하고 있는 지상파 방송사인 KBS, MBC, SBS가 핵심이며, 그 외 지역 지상파 방송사들은 아직 자체적인 제작역량이 부족한 상태로 산업적으로 주목할 만한 성과 면에서 미흡한 실정이다.

KBS(한국방송공사)

- **현황:** 전국 단위의 공영 지상파 방송사로 KBS1, KBS2 채널을 운영하고 있다. 드라마 편성에서 KBS1은 일일 저녁드라마와 주말 심야시간대 드라마를 운영하고, KBS2는 월화·수목·주말드라마와 일일 아침드라마 형태로 6개의 드라마 시간대를 편성하고 있다.
- **특징:** 비교적 안정적인 편성기반을 구축하고 있으며, 한 번 편성이 이뤄지면 가급적 시청률과는 상관없이 편성기간이 보장되는 것이 특징이다. 따라서 드라마 작가 및 제작사들에게 가장 안정된 제작기반을 제공해주는 편이다. 이러한 기반을 바탕으로 KBS의 외주제작사들은 오랫동안 계약을 유지해오는 업체들이 많다.

MBC(문화방송)

- **현황:** 전국 단위의 공영 지상파 방송사로 월화·수목·주말·주말 심야·일일 아침·일일 저녁드라마의 6개 시간대를 편성하고 있으며, 외주제작 및 자체제작이 비교적 공존하는 형태의 편성을 보여주고 있다.
- **특징:** 외주제작 및 자체제작에서 드라마의 파생상품 기획과 개발에 적극적인 면모를 가지고 있다. 이러한 특징은 외주제작사들과의 관계에서 다양한 행보로 나타나는데, 드라마 수익 극대화를 위해 새로운 형태의 드라마 제작방식인 특수목적회사(SPC)를 설립하는 데 주도적인 역할을 했다. 또한 자체적인 제작역량을 통해 드라마 제작 및 파생상품 개발에도 많은 성과를 보였는데, 뮤지컬 <대장금> 및 <선덕여

왕> 제작이 그 대표 사례라고 할 수 있다.

SBS

- **현황**: 서울 및 수도권을 가시청권으로 하는 민영 지상파 방송사로 가장 많은 드라마 시간대를 운영하고 있다. 월화·수목·주말·주말 심야· 일일 아침·일일 저녁 등 7개의 시간대를 편성하고 있다.
- **특징**: SBS는 민영방송으로서 시청률을 중심으로 드라마 편성전략을 취하기 때문에 흥미요소가 높은 드라마 기획안이라면 신생·중견 제작 사 구분 없이 과감하게 문호를 열어 제작사 간의 경쟁 및 다양한 시도에 유연한 태도를 보여주고 있다. 이러한 특징은 시청률에 따른 편성기간 조정 및 제작비 연동 지급이라는 성과 중심적 보상형태를 만들었으며, 이는 경쟁력과 드라마 산업규모를 창출하고자 하는 신규 제작사에게 유리한 형태로 작용하고 있다.

기타 방송사

지상파 3사를 제외하고 드라마 산업에 적극적인 모습을 보이는 방송사 는 아직 미미하다. 다만, 대기업 주도의 케이블 방송사인 tvN(<막돼먹은 영애씨>, <남편이 죽었다> 등) 및 OCN(<조선추리활극 정약용> 등)과 MBC 계열의 MBC 드라마넷(<서울무림전>, <별순검 시리즈> 등) 등이 자체 드라 마를 제작하여 다양한 가능성을 만들어가고 있다. 더불어 2010년도에 추가된 케이블 종합편성채널은 향후 드라마 제작에서 기존 케이블 채널과 다른 행보를 보여줄 가능성이 높다.

그러나 대기업 및 3대 지상파 주도의 케이블 방송사를 제외하고는 재정적인 어려움과 시장성 미흡으로 자체 드라마 제작보다는 지상파 드라 마의 재방송 및 공조적인 방영전략을 추구하고 있는 실정이다. 다만, 최근 다양한 미디어와 콘텐츠의 활성화로 한정적인 시장성이 조금씩 개화되고,

신규 케이블 종합편성채널의 도입이 이뤄지면서 지상파 3사 외의 타 방송영역에서도 드라마 제작에 대한 관심이 조금씩 높아지고 있는 실정이다.

2. 드라마 제작사

현재 드라마 산업 현장에서 가장 경쟁이 치열한 영역은 드라마 제작분야라고 할 수 있다. 한정된 방송사 편성 시간대를 획득하기 위해 신규 제작사와 기존 제작사 간에 다양한 경쟁이 이뤄지고 있으며, 이를 통해 새로운 가능성이 만들어지고 있는 상태다. 드라마 산업의 역동성이 이토록 높아진 것은 어쩌면 드라마 제작사 간의 치열한 경쟁에서 비롯된 결과일 수도 있다. 다만, 현재의 소모적인 경쟁은 다소 진정될 필요가 있으며, 산업적 계약이나 관행 등에 대한 제도장치와 일반적 규칙의 합의가 필요한 상황이다.

삼화네트웍스(삼화프로덕션, www.shnetworks.co.kr)
1980년에 설립된 최초의 외주제작 업체로 가장 오랜 역사를 가지고 있으며 현재 코스닥에 상장(기업 인수를 통한 우회상장)되어 있다.
- 특징: 스타보다는 작가 중심의 드라마 제작을 선호하며, 주말 및 일일 드라마에 집중하는 형태를 보인다.
- 최신작 : 2010년 SBS <인생은 아름다워>, 2010년 KBS2 <제빵왕 김탁구>, 2009년 SBS <천사의 유혹>, 2008년 MBC <달콤한 인생>, 2008년 KBS2 <엄마가 뿔났다>

팬엔터테인먼트(www.thepan.co.kr)
1990년대 후반 음반회사로 출발했으나 <겨울연가>를 통해 드라마 시장에 안착했으며 코스닥에 직상장한 첫 번째 업체다.

- **특징**: 재능 있는 다수의 작가들과 계약을 통해 작품성 있는 드라마 제작을 보여주고 있다.
- **최신작**: 2011년 MBC <짝패>, 2009년 SBS <찬란한 유산>, 2008년 KBS2 <태양의 여자>, 2008년 SBS <신의 저울>

래몽래인

2007년에 설립되어 빠른 성장세를 보여주고 있는 드라마 제작사로서 다양한 형태의 드라마 사업제휴 및 아이디어를 보여주고 있다.
- **특징**: 신인작가를 발굴하기 위해 다양한 형태의 공모전을 진행하고 있으며, 설립된 지 3년째인 2009년에 KBS 드라마 외주제작사 중 3위의 매출실적을 기록할 만큼 빠른 성장세를 보여줬다.
- **최신작**: 2010년 KBS2 <성균관 스캔들>, 2009년 KBS2 <그저 바라보다가>, 2008년 KBS1 <내 사랑 금지옥엽>, 2008년 KBS2 <싱글파파는 열애중>

올리브나인(www.olive9.com)

2000년대 '드라마 한류'에 가장 주도적인 행보를 보여준 업체로 대형화를 통한 시장 확대와 드라마 산업화에 많은 영향을 줬다. KT그룹에 편입됐다가 다시 분리된 상태이며, 이후 재정적 어려움에 빠져 코스닥에서 퇴출됐다.
- **특징**: 스타를 중심으로 한 대작드라마 제작에 적극적이며, 드라마 파생수익을 창출하는 데 다양한 기획과 노력을 보여줬다.
- **최신작**: 2010년 MBC <파스타>, 2009년 MBC <인연 만들기>, 2009년 SBS <사랑은 아무나 하나>

김종학프로덕션(www.kjhpro.com)

1998년에 설립되어 한국 외주제작 드라마의 흐름을 선도해온 대표 드라마 제작사로 다양한 제작경험과 능력을 보유하고 있다. 대표작으로는 한국 드라마 역사상 최고의 제작비용이 들어간 <태왕사신기> 등 수많은 작품이 있다.

- **특징**: 우수한 제작능력을 갖고 있을 뿐 아니라 직접 해외 마케팅에 나서는 등 다양한 드라마 산업영역에서 노하우를 보유하고 있으며, 이를 통해 한국 드라마 발전에 선도적인 역할을 수행해왔다.
- **최신작**: 2010년 SBS <제중원>, 2010년 MBC <아직도 결혼하고 싶은 여자>, 2008년 MBC <베토벤 바이러스>

초록뱀미디어(www.chorokbaem.com)

2000년대에 설립된 제작사로 올리브나인과 함께 '드라마 한류'에 가장 적극적인 모습을 보여줬다. 특히 <올인>은 최고의 대표작이며, 다양한 형태의 콘텐츠 사업을 전개하여 드라마 산업의 수익모델을 구축하는 데 많은 영향을 줬다.

- **특징**: 톱스타와 해외 및 국내 투자자본이 결합된 대작드라마 제작에 많은 경험을 가지고 있으며, 다양한 드라마 파생상품 개발실적을 보유하고 있다.
- **최신작**: 2010년 KBS2 <추노>, 2009년 MBC <지붕 뚫고 하이킥>, 2008년 KBS2 <바람의 나라>

후너스엔터테인먼트(www.hunusent.com)

2007년에 설립된 회사로 아직 드라마 제작실적은 미미하다. 그러나 첫 작품인 <솔약국집 아들들>이 높은 시청률을 기록하면서 향후 가능성을 보여줬다. 더불어 첫 드라마를 매출기반이 안정적인 주말극으로 편성받는 경영적 수완(2009년 KBS 드라마 외주제작사 매출 5위 기록)을 보여줬다.
- **특징**: 드라마 제작 외에 음악 관련 라인업이 비교적 좋은 편이다. 음악 프로듀서 및 경영자로 김현철 씨가 핵심 인물로 참여하고 있다.
- **최신작**: 2009년 MBC <탐나는도다>(그룹에이트 공동제작), 2009년 KBS2 <솔약국집 아들들>

신영이엔씨(www.syenc.net)

2005년 SBS <하노이 신부>를 통해서 제작시장에 진입했으며, 이후 빠른 성장세를 나타내며 입지를 구축하고 있다.
- **특징**: <아내의 유혹>, <가문의 영광>으로 유명한 스타맥스를 인수 합병하면서 자연스럽게 드라마 제작사로서의 입지를 확대시켰다.
- **최신작**: 2010년 MBC <글로리아>, 2009년 SBS <아내의 유혹>, 2009년 SBS <순결한 당신>(스타맥스 공동제작), 2009년 SBS <가문의 영광>(스타맥스 공동제작)

드라마하우스

2007년에 설립된 《일간스포츠》 계열 드라마 제작사로, 《일간스포츠》 는 《중앙일보》를 모회사로 두고 있다.
- **특징**: 미디어 계열의 모회사를 두고 있어 콘텐츠 부분의 사업적 시너지 를 높일 수 있는 시스템을 가지고 있다.
- **최신작**: 2010년 KBS2 <공부의신>, 2008년 SBS <바람의 화원>

그룹에이트(www.group8.co.kr)

2006년에 설립되어 신인 발굴을 통한 드라마 제작을 선보였으며, 10대 및 청춘스타 발굴에 일가견을 보여주고 있다.
- **특징**: 만화 원작의 드라마화에 능력을 보여주고 있으며, 캐릭터 중심

적인 캐스팅에 강점을 나타내고 있다.

- **최신작**: 2009년 MBC <탐나는도다>(후너스엔터테인먼트 공동제작), 2009년 KBS2 <꽃보다 남자>, 2007년 MBC <궁S>

예인문화

2007년에 설립되어 아침드라마를 통해 제작시장에 진입한 회사로 빠른 성장속도를 보이고 있다.

- **특징**: 빠른 성장속도와 함께 드라마 제작능력을 보여주고 있다.
- **최신작**: 2009년 SBS <스타일>, 2009년 SBS <시티홀>, 2008년 SBS <물병자리>

GNG프로덕션(www.gngpro.co.kr)

2005년에 설립되어 2007년부터 드라마 제작시장에 진출한 상태로 매니지먼트, 공연, 음악, 드라마 제작의 사업부문을 형성하고 있다.

- **특징**: 최근 매니지먼트 부문을 확대하고 있으며, 이를 기반으로 드라마 제작역량의 제고를 진행하고 있는 것으로 보인다.
- **최신작**: 2011년 KBS2 <가시나무새>, 2009년 SBS <천만 번 사랑해>, 2009년 KBS2 <미워도 다시 한 번>, 2007년 <얼렁뚱땅 홍신소>

로고스필름(www.logosfilm.co.kr)

2000년 연출자 중심으로 설립된 제작사로서 2006년까지 왕성한 제작실적을 보이다가 잠시 주춤했으며 2008년부터 다시 드라마 제작실적을 만들어가고 있다.

- **특징**: 대작(<로드 넘버원>) 및 일본 한류기획 드라마(<천국의 계단>) 등 다양한 형태의 드라마 제작실적을 가지고 있다.
- **최신작**: 2010년 MBC <로드 넘버원>, 2009년 SBS <그대 웃어요>,

2008년 MBC <내 생애 마지막 스캔들>, 2006년 MBC <발칙한 여자들>

아이에이치큐(www.sidushq.com)

대한민국 최대 매니지먼트 회사로 출발하여, 2004년 한류드라마 전성기에 일조한 캐슬인더스카이를 합병하면서 드라마 제작시장에 진출했다. 이후 SK그룹에 편입됐다가 다시 분리됐다.

- **특징**: 막강한 배우 캐스팅 능력을 바탕으로 스타성 짙은 드라마 제작에 강점을 보이고 있다.
- **최신작**: 2009년 SBS <크리스마스에 눈이 올까요?>, 2008년 MBC <누구세요?>, 2007년 SBS <불한당>

이관희프로덕션(www.lkh.co.kr)

1995년 설립되어 초기 드라마 외주제작 시장을 개척했던 프로덕션 중 하나이며, 한때 김종학, JS픽처스와 함께 드라마 제작시장의 대명사로 일컬어졌다.

- **특징**: 설립 초기에는 왕성한 드라마 제작활동을 했으나 현재는 경영상의 어려움으로 위축되어 있는 상태다.
- **최신작**: 2010년 MBC <민들레 가족>, 2008년 MBC <내 여자>, 2005년 MBC <맨발의 청춘>

이김프로덕션

2003년 설립되어 <발리에서 생긴 일>, <유리화> 등을 제작했으며, 꾸준한 제작실적을 보여주고 있다.

- **특징**: 다양한 장르의 드라마 제작실적을 가지고 있다.
- **최신작**: 2010년 SBS <대물>, 2009년 KBS2 <아가씨를 부탁해>, 2008년 MBC <밤이면 밤마다>, 2007년 SBS <쩐의 전쟁>

플랜비픽쳐스

2006년에 설립된 회사로 2008년부터 드라마 제작시장에 진입하여 매년 한 편 이상의 드라마를 제작하고 있다.

- **특징**: 제작실적 대비 공동제작 형식을 통해 위험을 분산시키며, 비교적 일찍이 대작드라마 중심으로 작품영역을 구축했다.
- **최신작**: 2010년 MBC <신이라 불리운 사나이>, 2009년 SBS <카인과 아벨>(DIMA엔터테인먼트 공동제작), 2008년 KBS2 <연애결혼>

사과나무픽쳐스(www.applepictures.co.kr)

2004년 설립되어 2007년도에 왕성한 제작활동을 보여줬으며, 최근에는 영화제작에도 참여하고 있다.

- **특징**: 2007년 이후 드라마 제작실적이 급격히 줄어든 상태다.
- **최신작**: 2009년 KBS2 <결혼 못하는 남자>, 2007년 MBC <9회말 2아웃>, 2007년 MBC <개와 늑대의 시간>

에이스토리(www.astory.co.kr)

2005년 최완규 작가 중심으로 설립된 드라마 제작사로서 작가 중심의 드라마 기획 및 극본 집필에 집중적인 역량을 보여주고 있다.

- **특징**: 수준 높은 드라마 작가들이 참여하고 있으며, 이러한 가능성 때문에 타 기업(≪일간스포츠≫, CJ미디어 등)의 지분투자율이 높고 역할 분담형 공동제작이 많다.
- **최신작**: 2010년 KBS2 <신데렐라 언니>, 2008년 MBC <종합병원 2>(모피어스 공동제작), 2007년 MBC <에어시티>(HB엔터테인먼트 공동제작)

HB엔터테인먼트(www.hbenter.com)

2005년부터 드라마 제작시장에 참여했으며, 지속적인 제작실적을 유지하고 있다.

- **특징**: 튜브미디어가 전신으로 영상물 유통 및 비디오 제작업에서 출발하여 드라마 제작시장까지 진출한 상태다.
- **최신작**: 2010년 SBS <이웃집 웬수>, 2008년 SBS <유리의 성>, 2007년 MBC <에어시티>(에이스토리 공동제작), 2007년 KBS2 <꽃 찾으러 왔단다>

JS픽쳐스(www.jspictures.tv)

1999년에 설립되어 2000년대 초 전성시대를 구가한 제작사로, 김종학 프로덕션과 함께 대표적인 드라마 제작사였으며 2002년에는 제작 점유율 1위를 차지하기도 했다.

- **특징**: 경영상의 문제로 예전과 같은 시장 점유율은 보이지 못하고 있지만 꾸준한 제작실적을 유지하고 있다.
- **최신작**: 2010년 SBS <자이언트>, 2009년 KBS2 <수상한 삼형제>, 2008년 SBS <워킹맘>, 2008년 SBS <식객>, 2008년 SBS <사랑해>

3. 드라마 작가

TV드라마를 일컬어 작가의 예술이라는 표현을 종종 쓴다. 그만큼 작가가 차지하는 비중이 높고, 작가의 역량에 따라 드라마의 성패가 좌우되는 편이다. 이 절에서는 역동적인 활동을 보여주고 있는 한국 드라마 작가들의 현황을 검토해보고자 한다.

김수현

대한민국 최고의 드라마 작가로, 한국 드라마 작가의 위상을 만드는데 가장 큰 공헌을 했다고 평가할 수 있다. 독특한 문체와 가족을 중심으로 한 시대적 이슈의 드라마화에 탁월한 능력을 보여주고 있다.

- 초기작품: 1972년 MBC <무지개>
- 대표작: 1991년 MBC <사랑이 뭐길래> 외 다수
- 최신작: 2010년 SBS <인생은 아름다워>

정하연

사극에서 현대극까지 다양한 장르를 오가며 한국 드라마를 개척해왔다. 구성력이 치밀하며 높은 작품성을 보여준다.

- 초기작품: 1982년 KBS2 <아내>
- 대표작: 2002년 KBS2 <명성왕후> 외 다수
- 최신작: 2008년 MBC <달콤한 인생>

송지나

김종학 감독과 함께 외주제작 드라마 시대를 개척한 작가로 <모래시계>를 비롯하여 <태왕사신기>까지 한국 드라마의 대표적인 대작드라마를 집필해오고 있다.

- 초기작품: 1986년 MBC <호랑이 선생님>
- 대표작: 1995년 SBS <모래시계> 외 다수
- 최신작: 2009년 KBS2 <남자 이야기>

서영명

명확한 갈등구조를 통해 극을 진행시키며, 다양한 이슈를 창출한 화제작들을 많이 선보였다. 통속극 형태의 대표적인 작가다.

- 초기작품: 1987년 KBS1 <푸른 해바라기>
- 대표작: 1994년 SBS <이 남자가 사는 법> 외 다수
- 최신작: 2009년 MBC <밥줘>

김정수

대표적인 농촌드라마 <전원일기>를 집필했으며, 주로 가족극 형태의 주말극 및 일일극에 강세를 보이는 작가로 꾸준한 시청률을 기록하고 있다.

- 초기작품: 1989년 MBC <겨울안개>
- 대표작: 1993년 MBC <엄마의 바다>
- 최신작: 2010년 MBC <민들레 가족>

이환경

소설작가로 출발하여 1980년대 TV작가로 활동영역을 넓혔다. 남성 중심적인 사극과 시대극을 개척해온 작가다.

- 초기작품: 1989년 KBS2 <무풍지대>
- 대표작: 2000년 KBS1 <태조왕건> 외 다수
- 최신작: 2006년 SBS <연개소문>

김운경

서민적 정서를 보여주는 드라마를 주로 집필했으며, <서울 뚝배기>, <서울의 달>, <옥이 이모> 등이 많은 사랑을 받았다. 매 작품마다 꾸준한 시청률을 보여주고 있다.

- 초기작품: 1991년 KBS2 <서울 뚝배기>
- 대표작: 1995년 MBC <서울의 달> 외 다수
- 최신작: 2011년 MBC <짝패>

문영남

왕성한 작품활동을 보여주고 있으며, 주말극과 미니시리즈를 오가며 높은 시청률을 확보하고 있다. 최근 <조강지처클럽> 이후 통속극 형태의 드라마에서 강세를 나타내고 있다.

- 초기작품: 1992년 MBC <분노의 왕국>
- 대표작: 2005년 KBS2 <장밋빛 인생> 외 다수
- 최신작: 2009년 KBS2 <수상한 삼형제>

이희명

<토마토>, <미스터Q> 등 트렌디한 드라마에 강하며 다양한 형태의 미니시리즈를 집필해왔다. 코믹적인 요소에도 두각을 나타냈다.

- 초기작품: 1993년 SBS <열정시대>
- 대표작: 2002년 SBS <명랑소녀성공기>
- 최신작: 2006년 SBS <불량가족>

김기호, 이선미

드라마 극본의 공동작업 시스템을 개척해온 부부작가이며, 극본 집필에서 시작하여 드라마 제작까지 그 역량을 확장시켜 왔다. 개성 넘치는 소재 발굴과 스토리 전개에 강점을 가지고 있다.

- 초기작품: 1994년 MBC <사랑을 그대 품안에>
- 대표작: 2004년 SBS <발리에서 생긴 일>
- 최신작: 2007년 MBC <달콤한 스파이>

김인영

여성성이 강한 드라마 집필에 능력을 보여주고 있으며, 트렌디한 청춘 멜로물에서 심도 있는 드라마까지 소재영역이 점차 넓어지고 있어 주목되

는 작가다.

- 초기작품: 1994년 MBC <짝>
- 대표작: 2008년 SBS <태양의 여자>
- 최신작: 2010년 MBC <아직도 결혼하고 싶은 여자>

최완규

드라마 대본작업에 크리에이터라는 개념을 도입하는 등 집단창작 및 시스템화에 지대한 공헌을 했으며 에이스토리를 설립하여 드라마 제작에까지 그 영역을 넓혀가고 있다. '드라마 한류'를 이끄는 대표작가이기도 하다.

- 초기작품: 1996년 MBC <그들의 포옹>
- 대표작: 2002년 SBS <올인> 외 다수
- 최신작: 2011년 SBS <마이더스>

노희경

따뜻한 시선의 작품들을 선보이며 작품성과 흥행성에서 모두 성과를 올리고 있으며, 시청자 팬층이 가장 두터운 작가 중 한 명이다. 김수현 작가와 함께 배우 및 시청자들에게 많은 찬사를 받고 있다.

- 초기작품: 1997년 MBC <내가 사는 이유>
- 대표작: 1998년 KBS2 <거짓말> 외 다수
- 최신작: 2008년 KBS2 <그들이 사는 세상>

배유미

다양한 형태의 트렌디 드라마를 집필하고 있으며 꾸준한 작품활동을 보여주고 있다.

- 초기작품: 1998년 SBS <내 마음을 뺏어봐>

- 대표작: 2002년 MBC <로망스>
- 최신작: 2008년 MBC <누구세요?>

강은경

트렌디한 전문직 드라마에서 꾸준한 작품성을 보여주고 있으며, 매년 한 편 정도의 집필활동을 하고 있다.
- 초기작품: 1998년 SBS <백야 3.98>(한태훈 작가 공동집필)
- 대표작: 2001년 MBC <호텔리어>
- 최신작: 2010년 KBS2 <제빵왕 김탁구>

임성한

일일연속극 및 주말드라마에서 높은 시청률을 보여주는 작가로 통속극에서 강세를 보이고 있다.
- 초기작품: 1998년 MBC <보고 또 보고>
- 대표작: 2005년 SBS <하늘이시여>
- 최신작: 2010년 MBC <보석비빔밥>

이경희

완성도 있는 작품을 선보이며 시청자들의 주목을 받고 있다. 특히 <미안하다 사랑한다>, <이 죽일 놈의 사랑>, <고맙습니다> 등 최근 작품들에서 높은 완성도로 호평을 이어가고 있다.
- 초기작품: 1998년 MBC <사랑밖에 난 몰라>
- 대표작: 2004년 KBS2 <미안하다 사랑한다>
- 최신작: 2009년 SBS <크리스마스에 눈이 올까요?>

김의찬, 정진영

초기에는 시트콤 분야에서 독보적인 활동을 보였으며, 한국 시트콤 드라마를 개척해온 작가라고 할 수 있다. 트렌디한 드라마에서도 두각을 나타내고 있다.

- 초기작품: 1998년 SBS <순풍산부인과>
- 대표작: 2004년 MBC <황태자의 첫사랑>
- 최신작: 2009년 KBS2 <그저 바라보다가>

인정옥

영화로 시작해서 드라마까지 영역을 넓힌 작가로 독특한 시각을 통해 신선한 감각의 작품을 보여줬다. 마니아 팬층이 가장 많은 작가 중 한 명이며, 차기작이 항상 기대되는 작가다.

- 초기작품: 1998년 MBC <해바라기>(최진원 작가 공동집필)
- 대표작: 2002년 MBC <네 멋대로 해라>
- 최신작: 2004년 MBC <아일랜드>

김지우

국내 작가로는 보기 드문 장르인 범죄스릴러에서 두각을 나타내고 있으며 치밀한 구성력과 독특한 묘사능력을 가지고 있다. 마니아 팬층이 가장 많은 작가 중 한 명이다.

- 초기작품: 1999년 KBS2 <학교2>
- 대표작: 2005년 KBS2 <부활>
- 최신작: 2007년 KBS2 <마왕>

김영현

코미디 작가로 출발하여 드라마 작가로 영역을 확장했으며 남성 중심적이던 사극에 여성적인 시각을 접목하기 시작했다. <대장금>과 <선덕여왕>은 국내외에서 높은 시청률을 거두며 국민드라마 및 한류드라마 자리에 올랐다. 사극분야의 대표작가다.

- 초기작품: 2001년 SBS <신화>
- 대표작: 2003년 MBC <대장금>
- 최신작: 2009년 MBC <선덕여왕>

조명주

섬세한 묘사가 돋보이는 정통멜로에서 코믹멜로까지 작품영역을 확장해나가고 있는 작가다.

- 초기작품: 2003년 MBC <내 인생의 콩깍지>
- 대표작: 2006년 KBS2 <포도밭 그 사나이>
- 최신작: 2008년 KBS2 <아빠 셋 엄마 하나>

김도우

단 세 편의 드라마로 작품성과 흥행력을 모두 인정받았으며 향후 작품성과가 기대되는 작가다. 코미디적 감각과 심오한 시각을 동시에 보유하고 있다. 첫 작품인 <눈사람>은 파격적이면서도 섬세한 묘사력으로 많은 찬사를 받았다.

- 초기작품: 2003년 MBC <눈사람>
- 대표작: 2005년 MBC <내 이름은 김삼순>
- 최신작: 2006년 MBC <여우야 뭐하니>

정형수

퓨전사극의 대표격인 <다모>의 작가로서 절제된 언어와 구성을 보여줬으며, 최완규 작가와 공동작업한 <주몽>도 국내외에서 높은 인기를 끌었다.

- 초기작품: 2003년 MBC <다모>
- 대표작: 2006년 MBC <주몽>(최완규 작가 공동집필)
- 최신작: 2009년 SBS <드림>

박은령

아줌마로 불리는 여자 이야기에 강점을 보여주는 작가로 시청률에서도 높은 지지기반을 확보하고 있는 작가다. 작품 초기부터 그 나름의 영역을 구축한 보기 드문 작가라 할 수 있다.

- 초기작품: 2003년 MBC <앞집 여자>
- 대표작: 2004년 KBS2 <두 번째 프러포즈>
- 최신작: 2006년 KBS2 <인생이여 고마워요>

김은숙

2000년대 진입한 작가 중 가장 역동적인 작품활동을 보여주고 있으며, <파리의 연인>을 통해 대중적 지명도를 획득한 이후 연인 시리즈 및 <온에어>를 통해 다양한 이슈와 화제를 창출했다.

- 초기작품: 2003년 SBS <태양의 남쪽>
- 대표작: 2004년 SBS <파리의 연인> 외 다수
- 최신작: 2010년 SBS <시크릿 가든>

윤선주

사극분야에서 꾸준한 인기를 보여주고 있으며, 이 분야에서 성과를 올리고 있는 몇 안 되는 여성작가다.

- 초기작품: 2004년 KBS2 <불멸의 이순신>
- 대표작: 2006년 KBS2 <황진이>

• 최신작: 2008년 KBS2 <대왕세종>

박연선

영화 시나리오 작업을 같이하고 있으며, 독특한 시각과 정제된 균형감
각을 가지고 있다. 특히 <연애시대>는 기존의 한국 드라마 문법에서
한발 더 나아간 차원을 보여줬다.
• 초기작품: 2004년 SBS <파란만장 미스 김의 10억 만들기>
• 대표작: 2006년 SBS <연애시대>
• 최신작: 2007년 KBS2 <얼렁뚱땅 홍신소>

진수완

참신한 시각적 균형감각을 가지고 있으며, 특히 <경성스캔들>은 한국
사회의 콤플렉스인 일제시대에 대한 시대적 감성을 극복하는 형태를 보여
줬다.
• 초기작품: 2002년 SBS <라이벌>
• 대표작: 2004년 SBS <형수님은 열아홉>
• 최신작: 2007년 KBS2 <경성스캔들>

박계옥

영화와 드라마 작업을 병행하는 작가로, 최근에는 드라마 작업을 주로
하고 있다. 장르 구분 없이 다양한 형태의 극본 집필능력을 보여주고
있다.
• 초기작품: 2000년 SBS <줄리엣의 남자>
• 대표작: 2009년 SBS <카인과 아벨>
• 최신작: 2009년 KBS2 <천하무적 이평강>

홍정은, 홍미란

트렌디한 로맨틱 코미디 장르에서 뛰어난 작품력을 발휘하고 있는 자매 작가로 독특한 어휘력과 구성력으로 많은 인기를 끌고 있는 대표적인 차세대 작가다.

- 초기작품: 2005년 KBS2 <쾌걸춘향>
- 대표작: 2006년 MBC <환상의 커플> 외 다수
- 최신작: 2011년 MBC <최고의 사랑>

홍진아, 홍자람

다양한 실험정신을 추구하며 인간적인 감성이 뛰어난 작품을 보여주고 있다. 홍정은, 홍미란 작가와 마찬가지로 자매작가이며 차기작이 기대된다.

- 초기작품: 2005년 MBC <태릉선수촌>
- 대표작: 2008년 MBC <베토벤 바이러스>
- 최신작: 2008년 MBC <베토벤 바이러스>

박지숙

첫 작품인 <도망자 이두용>을 통해 높은 완성도를 보여줬으며 지속적인 발전이 기대되는 작가다.

- 초기작품: 2006년 KBS2 <도망자 이두용>
- 대표작: 2009년 MBC <히어로>
- 최신작: 2009년 MBC <히어로>

문희정

<내 생애 마지막 스캔들>을 통해 주목받았으며, <그대 웃어요>에서 가족에 대한 따뜻한 시각을 보여줬다.

- 초기작품: 2006년 MBC <발칙한 여자들>

- 대표작: 2008년 MBC <내 생애 마지막 스캔들>
- 최신작: 2011년 MBC <내 마음이 들리니>

김순옥

2008년 일일드라마 <아내의 유혹>을 통해 일약 스타덤에 올랐으며 후속작인 <천사의 유혹>에서도 특유의 감각을 보여줬다. 유혹 시리즈는 임성한 작가의 <인어 아가씨>에 비견할 만하다.

- 초기작품: 2007년 MBC <그래도 좋아>
- 대표작: 2008년 SBS <아내의 유혹>
- 최신작: 2010년 SBS <웃어요, 엄마>

조정선

단번에 주말드라마 작가로 자리 잡은 탁월한 능력의 소유자다. 실제로 주말드라마 시간대에는 시청률 및 홈드라마적 성격에서 검증받은 작가만이 진출할 수 있는데 조정선 작가는 <며느리 전성시대>, <솔약국집 아들들> 단 두 편으로 입지를 구축했다.

- 초기작품: 2007년 KBS2 <며느리 전성시대>
- 대표작: 2009년 KBS2 <솔약국집 아들들>
- 최신작: 2011년 KBS2 <사랑을 믿어요>

4. 매니지먼트사 및 주요 배우

배우 및 소속사인 매니지먼트 기업들은 드라마 제작에서 작가와 함께 드라마 흥행의 주요한 요소로, 최근 들어 그 영향력이 점점 더 확대되고 있다. 또한 한국 배우들의 아시아 및 세계시장 진출은 이러한 흐름을 더욱 강화시켜 드라마에 대한 투자, 편성 및 수익을 가늠하는 데 최고의 요인으로 손꼽히고 있다. 다만, 다양하고 체계적인 시스템을 가지고 있는 기획사는 아직 많지 않으며, 계약기간에 따라 배우의 소속 변경이 잦다. 따라서 이 절에서는 시스템화가 이뤄진 것으로 평가받는 매니지먼트사와 '한류'를 중심으로 영향력을 확보하고 있는 배우들에 의해 설립된 소속사를 검토해보기로 한다.

여기서 기술한 주요 소속배우는 큰 의미를 갖지는 않는다. 배우들의 계약관계에 따라 소속사가 변동될 가능성이 높기 때문이다. 다만, 그 매니지먼트사의 영향력이 어느 정도인지 파악해볼 수 있기 때문에 2011년을 기준으로 주요 소속배우를 정리해보았다.

아이에이치큐(www.sidushq.com)

한국 최대의 매니지먼트 기업으로 가장 많은 스타가 소속되어 있으며, 매니지먼트 외에도 영화, 드라마 등 다양한 제작활동을 하고 있다. 스타파워를 통한 최상의 매니지먼트 시스템을 구축하고 있다.

최근에는 NOA엔터테인먼트(임수정, 하정우, 공효진, 전도연 등 소속)를 설립하여 매니지먼트 영역을 분리하는 움직임을 보여주고 있다.

- 주요 소속배우: 장혁, 조인성, 한예슬 등

나무엑터스(www.namooactors.com)

체계적인 스타 발굴 및 육성 시스템을 보유한 것으로 평가받는 매니지먼트사로 스타파워가 높은 기업이다. 스타성으로는 아이에이치큐와 비견될 만한 상태다. 소속이 만료되어 독립한 김태희와 에이전시 계약을 맺었다.

- 주요 소속배우: 문근영, 김주혁, 김소연, 한혜진 등

웰메이드스타엠(www.wellmadestarm.com)

기존 스타엠, 웰메이드엔터테인먼트, 오라클엔터테인먼트 3사가 합병하여 설립된 회사로 스타파워를 이용한 매니지먼트 시스템이 정립됐다고 볼 수 있는 기업이다.

- 주요 소속배우: 하지원, 김남주, 김승우, 최정원, 이민기 등

키이스트(www.keyeast.co.kr)

<겨울연가>를 통해 일본 내 스타파워가 가장 막강한 배용준이 설립한 매니지먼트사로 본인 외에도 타 스타들을 영입해 외형적 규모를 키우고 있다.

- 주요 소속배우: 배용준, 김현중, 최강희, 이지아 등

심엔터테인먼트(www.sim2005.co.kr)

2004년 영화부문 매니지먼트로 출발하여 드라마 부문까지 배우영역을 꾸준히 확장시켜 왔으며, 2008년에는 드라마 제작사업에도 진출했다. 체계적인 매니지먼트 시스템을 보여주고 있다.

- 주요 소속배우: 엄태웅, 서우, 김윤석, 엄정화 등

BH엔터테인먼트(www.bhent.co.kr)

이병헌이 설립한 매니지먼트사로, 본인은 아시아를 넘어 할리우드까지 진출하여 그 나름의 성과를 올리고 있는 상태다.

- 주요 소속배우: 이병헌, 한채영, 한효주, 진구, 배수빈 등

AM엔터테인먼트

장동건을 중심으로 설립된 기획사로, 몇몇의 스타 연기자를 영입해 영역을 확장하고 있다. 특히, 한류 관련 매니지먼트에 공을 들이고 있다.

• 주요 소속배우: 장동건, 현빈, 신민아 등

스타 개인 중심의 독립적 매니지먼트사

매니지먼트사로의 사세 확장보다는 특정 스타의 영향력 확대와 최적화에 초점을 맞추어 설립된 회사로, 최근 한류 관련 드라마를 통해 인지도가 상승한 특급 배우들이 기존 소속사와의 계약이 만료된 후 공동으로 개인 매니지먼트사를 설립하는 추세를 보이고 있다.

- 원빈, 송혜교의 이든9(www.eden9.com)
- 이영애, 송승헌의 스톰에스컴퍼니
- 최지우의 씨콤마제이더블유컴퍼니(CJW COMPANY)
- 소지섭의 51K(www.51k.com)
- 김태희의 루아엔터테인먼트
- 고현정의 아이오케이컴퍼니(www.iokcompany.com)

SM엔터테인먼트, JYP엔터테인먼트, YG엔터테인먼트

최근의 매니지먼트 부문은 다양한 엔터테인먼트 회사들이 소속 연예인을 각종 분야에 진출시키면서 그 경계가 모호해졌다고 볼 수 있다. 특히 거대 음반기획사들의 경우 두터운 팬층과 아시아 및 일본을 거점으로 한 '한류'를 기반으로 음악 이 외에 드라마, 영화 등에도 소속 연예인을 출연시켜 활동영역을 넓히고 있는 실정이다. 특히 SM과 JYP는 드라마 제작에도 참여하면서 사업영역 자체를 확대하고 있다.

5. 드라마 관련 단체 및 연구·지원기관

드라마와 관련해서 제작주체별로 검토해보면 방송사를 제외하고는 권익 및 대변단체가 명확하게 정립된 상태는 아니다. 드라마제작사협회가 그 나름의 기반을 구축하는 데 성공한 편이지만, 그 이 외에 연기자 및 매니지먼트 관련 단체는 초보적인 수준이다. 이러한 이유로 방송사를 제외한 산업주체의 독자적인 연구 및 정책제안 기능은 현재 미약한 상태다.

이에 비해 방송사는 자체적인 연구 시스템을 구축하고 있어 드라마 제작 및 저작권 관련 이슈에 이론적이며 정책적인 제언을 지원하기 원활한 상태다. 그 밖에 정부 및 정책을 지원하는 단체들이 드라마 산업의 확장에 따라 관련 연구에 직·간접적으로 참여하고 있다.

한국드라마제작사협회(www.codatv.or.kr)

드라마 외주제작사들이 모여 설립한 단체로 드라마 제작현장의 이슈에 직접적이면서 적극적인 모습을 보이고 있다. 특히 방송사와의 저작권 이슈, 정부의 지원정책, 연기자의 출연료 문제 등에 적극적인 행보를 보이며 왕성한 활동력을 보여주고 있다.

- **특징**: 주요 드라마 외주사가 포함된 35개가량의 회원사로 구성되어 실질적인 영향력을 행사할 수 있는 조직 구성이 완료됐다.

한국매니지먼트협회(www.cema.or.kr)

매니지먼트 기획사들의 권익을 위해 설립된 단체로 엔터테인먼트 업계의 불합리한 관행을 개선하고 권익을 보호하는 데 중점을 두고 있다.

- **특징**: 100여 개 회원사가 가입되어 있어 불공정한 계약관행을 개선하는 데 영향력을 행사하고 있다. 다만, 단기적인 국내 매니지먼트의 속성상 무엇보다 체계적인 시스템 구축과 새로운 형태의 계약모델 발굴이 필요한 상태다.

한국방송협회(www.kba.or.kr)

전국 공영 및 민영방송사를 회원으로 설립된 대표적인 방송사업자 단체로서 방송기술 및 정책에 대한 다양한 사업을 진행하고 있으며, 한국방송산업 발전에 많은 역할을 해왔다.

- **특징**: 주요 사업으로는 방송정책 연구, 저작권, 방송제작비, 전파료 등의 조정 중재, 합동방송단 운영, 한국방송대상 시상, 서울드라마어워즈 시상, 방송기술 연구, 방송광고 사전 자율심의, 방송 관련 간행물 발간 등을 진행하고 있다.

한국방송작가협회(www.ktrwa.or.kr)

드라마 및 방송 관련 작가들의 이권단체로 대다수의 방송작가들이 참여하고 있다. 소속작가들의 권익과 저작권 관련 업무를 대행하고 있다.

- **특징**: 방송작가협회교육원을 두고 작가 양성도 하고 있다.

한국방송영화공연예술인 노동조합

1988년 설립된 대중문화 예술인들의 산별노조로 '한예조'라고도 한다. 드라마 산업부문에서는 주로 단역 연기자들의 출연료를 중심으로 한 권리를 대변해주고 있다.

- **특징**: 최근 들어 드라마 단역 연기자에 대한 출연료 미지급 사태가 종종 발생하자 관련 연기자들의 권리를 대변하면서 출연료 및 복지부분에 대한 논의가 활발하게 이뤄지고 있다. 특히 드라마 외주제작사뿐만 아니라 방송사를 상대로 출연료 지급을 위한 드라마 촬영 거부 등의 파업을 통해 실력을 행사하면서 드라마 제작환경에 주요한 목소리를 내고 있다.

방송통신심의위원회(www.kocsc.or.kr)

방송내용의 공공성 및 공정성을 보장하고 정보통신 분야에서 건전한 문화를 창달하며 정보통신의 올바른 이용환경을 목적으로 설립된 기관으로서 방송통신 분야의 최고 기관이라 할 수 있다.

- 특징: 드라마 및 방송 등에 대한 심의 및 행정영역을 관장하고 있다. 관련 심의기준을 제공하고 있으며, 심의규정 위반 시 제재를 명할 수 있다. 이 달의 좋은 프로그램 등 시상제도도 운영 중이다.

한국콘텐츠진흥원(www.kocca.kr)

이전에 한국방송영상산업진흥원으로 있으면서 방송산업 분야에 대한 지원을 담당했다. 현재는 한국콘텐츠진흥원으로 통합되어 운영되고 있다. 드라마 산업 및 콘텐츠 저변에 정책을 지원하고 있으며, 드라마 산업에 관련된 연구 및 분석도 맡고 있다.

- 특징: 문화체육관광부의 드라마 산업 관련 정책을 주관하는 부서이며, 드라마 산업과 관련한 다양한 정책 및 사업개발을 주도하고 있다. 다만, 드라마 산업 외에도 다양한 콘텐츠 산업에 정책을 지원하고 발굴을 담당하는 기관으로서, 드라마 산업에 집중적인 지원정책을 수립하는 데는 일정 부분 한계가 있다.

한국수출보험공사(www.keic.or.kr)

드라마 제작사와 콘텐츠 기업들의 제작 및 수출에 따르는 재정적 어려움을 지원하고자 문화수출보험을 발행하고 있으며, 이 보증서를 통해 하나은행 및 기술보증기금에서 자금(대출, 투자, 펀드 형태)을 조달할 수 있다. 드라마 관련 지원대상의 조건은 다음과 같다.

- 방송용 드라마, 애니메이션 및 다큐멘터리 등 방송영상물
- 제작 예상기간 3년 이내

- 청약일 현재 수출계약이 체결됐거나 제작사가 수출한 실적이 있을 것

기술보증기금(www.kibo.or.kr)

문화체육관광부 문화산업진흥기금 기술담보대출을 대행하고 있으며, 지원대상으로는 극장용·방송용 애니메이션, 캐릭터, 음악(음반제작, 공연 등 포함), 에듀테인먼트 콘텐츠, 인터넷·모바일 콘텐츠, 전자책(e-book), 방송용 프로그램 제작(공연, 드라마에 한함), 게임 등이 있다.

특허청(www.kipo.go.kr)

지식경제부장관 산하기관이며 특허, 실용신안, 디자인 및 상표에 관한 사무와 이에 대한 심사, 심판 등을 관장하고 있다.

- 특징: 드라마 분야에서는 특히 상표권과 디자인권 등록이 파생상품 수익창출의 주요한 지적재산권 분야로 부상하고 있다. 드라마 제목 및 관련 명칭에 대한 상표권 등록과 극중 디자인에 대한 등록이 많아지고 있다.

한국방송광고공사(www.kobaco.co.kr)

방송사의 방송광고 판매를 대행하는 기관으로 드라마 수익의 최대 영역인 TV 방송광고의 판매 대행 및 가격 설정을 맡고 있다. 방송 관련 연구 및 정책 제안도 수행하고 있다.

- 특징: 방송광고 판매영업은 독점적 구조였으나 「미디어법」 개정으로 이 구조가 변경될 예정이다.

시청률 조사기관

현재는 2개의 시청률 조사기관이 선정되어 운영 중이며, 집계된 시청률 및 기타 다른 요소와의 조합을 통해 광고단가가 설정된다.

- AGB닐슨미디어리서치(www.agbnielsen.co.kr)
- TNS미디어코리아(www.tnsmk.com)

방송사 연구부서

각 지상파 방송사에 소속된 연구부서로 방송과 관련한 종합적 연구 및 정책 제언과 조사를 진행하고 있다.

- KBS 방송문화연구(office.kbs.co.kr/book/)
- MBC 방송과 커뮤니케이션(withmbc.imbc.com/bangcom/)
- SBS 미디어 경제와 문화(www.jomec.com)

기타 정책연구소

• 한국문화관광연구원(www.kcti.re.kr)

문화, 콘텐츠 및 산업적인 차원의 다양한 연구보고가 진행되고 있는 국책연구원으로 TV드라마 산업과 관광 및 문화 관련 연구보고가 종종 발표되고 있다.

• 한국저작권위원회(www.copyright.or.kr)

저작권 관련 전문기관으로 저작권 관련 등록 및 심의 등을 포함한 총체적 업무를 수행하며, 해외저작권에 대한 정보도 제공하고 있다. 아울러 저작권 관련 법률상담도 하고 있다.

• 방송문화진흥원(www.fbc.or.kr)

MBC 문화방송의 관리감독 기구이자 최대주주로 MBC 경영평가 및 다양한 방송문화 진흥사업을 하고 있다.

• 한국방송학회(www.kabs.or.kr)

방송에 관한 학문적 연구 및 교육, 국내외 관련 기관과의 협력 및 교류를 목적으로 설립됐으며, 방송 관련 연구분야의 허브 역할을 하고 있다.

• 한국문화산업교류재단(www.kofice.or.kr)

문화교류를 목적으로 설립됐으며 문화산업 시장조사 및 관련 DB
구축 등의 사업을 하고 있다.

6. 드라마 관련 국내행사

한국방송대상(http://www.kba.or.kr/prize/)

1973년 대한민국방송상으로 시작되어 지금은 한국방송대상으로 변경
된 대표적인 국내 방송 관련 시상식이다. 초기에는 지금의 문화체육관광부
가 주최했으나, 1976년부터 한국방송협회에서 진행하고 있다.

BCWW 국제방송영상견본시(www.bcww.net)

2001년에 설립됐으며 문화체육관광부 주관으로 진행되는 가장 큰 방송
영상 관련 국제행사이며, 행사기간 중 콘텐츠 견본시와 방송산업 이슈에
관한 다양한 컨퍼런스가 열린다. 외국의 방송 관계자들에게 한국 드라마
구매의 장으로서 역할을 수행하고 있다.

코리아드라마페스티벌(www.kdfo.org)

드라마 한류를 중심으로 2006년에 설립된 행사로서 경상남도 진주에서
열리고 있으며, 진주의 영상도시화라는 시책과 연계되어 매년 진행되고
있다. 시상식과 학술행사로 구성되어 있다.

서울드라마어워즈(www.seouldrama.org)

2006년에 설립된 드라마 관련 국제행사로 사단법인 서울드라마어워즈
조직위원회 주관으로 매년 열리고 있다. 마케팅 플레이스는 구성되지

않은 형태이며 시상식과 그 외 관련 행사로 구성되어 있다. 한국방송협회 회장이 위원장을 맡고 있다.

부산콘텐츠마켓(www.ibcm.tv)

2007년에 설립됐고 부산에서 진행되며 아시아 최대의 콘텐츠 멀티 비즈니스 마켓을 목표로 하는 행사다. 영상, 방송 및 뉴미디어 콘텐츠를 대상으로 진행하고 사단법인 부산콘텐츠마켓 조직위원회가 주관하며 부산광역시가 주도적으로 참여하고 있다.

7. 드라마 관련 주요 국제시상식

이탈리아상(PRIX ITALIA, www.prixitalia.rai.it)

1948년에 설립됐으며 이탈리아 방송협회가 주관하는 TV·라디오 및 WEB 방송에 관한 최고 권위의 시상식으로 순수 예술성을 중시하는 것으로 유명하다. 2006년 9월 KBS1 <TV문학관> '새야 새야'(신경숙 극본, 고영탁 연출)가 대상을 수상하기도 했다.

몬테카를로 TV 페스티벌(www.tvfestival.com)

1961년부터 시작되어 매년 모나코 알베르 국왕이 주관하는 행사로서 TV 부문에서 세계적인 권위를 인정받고 있다. 2009년 KBS2 <엄마가 뿔났다>가 TV 시리즈 부문 연출 및 남녀연기상 등 3개 부문 최종본선에 오르기도 했다.

국제에미상(International Emmy Awards, www.iemmys.tv)

미국의 방송 관계자 및 시청자들에게 외국의 우수한 TV 프로그램을 소개한다는 취지하에 미국 TV 예술과학아카데미(NATAS)가 1973년을 1회로 시작하여 매년 9~11월에 개최하고 있다. 2009년 KBS2 <바람의 나라>가 최종결선까지 진출했다.

반프 TV 페스티벌(www.banff2010.com)

캐나다에서 열리는 반프 TV 페스티벌은 몬테카를로 TV 페스티벌, 국제 에미상, 이탈리아상과 함께 세계 4대 TV상으로 불리는 세계적 권위의 시상식으로서 2008년 KBS2 <경성스캔들>이 장려상을 수상했다.

이 외에도 다음과 같은 TV 관련 페스티벌이 있다.

- 뉴욕 TV 페스티벌(nytvf.com): 예능, 보도, 교양 중심의 TV 페스티벌.
- 휴스턴 국제필름페스티벌(WorldFest-Houston International Film Festival, www.worldfest.org): 영화 및 TV 부문을 나누어 시상한다.
- 아시아 TV 어워즈(Asian Television Awards, www.onscreenasia.com): 아시아 대륙에서 TV를 통해 방송된 프로그램을 대상으로 하며, Television Asia 주관으로 열린다.
- 상하이 TV 페스티벌(上海電視節主要贊助商, www.stvf.com): 중국에서 가장 오래된 TV 견본시.
- 골든체스트 TV 페스티벌(International Television Festival: The Golden Chest, goldenchest.bnt.bg): 불가리아 방송위원회가 주최하는 TV 페스티벌로서 성인·어린이·청년드라마 부문에서 골든체스트상과 특별상을 수여한다.

참고문헌

단행본 · 논문 · 보고서

국회입법조사처. 2008. 「지방자치단체의 영화·드라마 세트장 건립 현황」. 진성호 의원
　　입법조사회답, 22쪽.

김대호. 2008. 「외주정책과 콘텐츠 산업의 변화」. ≪방송문화연구≫, 제20권 2호, 11쪽.

김만제. 2006. 『동아시아 방송한류 저변 연구: 중국, 일본, 대만』. 한국방송광고공사.

김영덕. 2009. 「드라마제작 유통의 현재와 진흥방향」. 한국콘텐츠진흥원. ≪KOCCA FOCUS≫,
　　통권 제2호.

문화체육관광부. 2008. 「방송영상콘텐츠 육성방안-방송영상산업 진흥 5개년(2008~2012)
　　계획」

박원기·이규완. 2008. 「방송광고 요금과 판매방식에 관한연구」. ≪방송연구≫(봄호), 103쪽.

박제헌. 2008. 『영화산업구조분석 및 경쟁정책적 평가』. 공정거래위원회.

박창식. 2008. 「드라마제작사의 드라마제작/유통현황과 과제」. 일본민간방송연맹 편. 『방송
　　핸드북』.

이만제 외. 2007. 「국내 드라마 제작 시스템 개선방안 연구」. 방송위원회, 68쪽.

이문행. 2003. 「방송 콘텐츠의 수익창출 구조에 대한 연구」. ≪방송연구≫(여름호), 234쪽.

정상철. 2009. 『문화산업전문회사 운용실태 및 개선방안 연구』. 한국문화관광연구원.

한국문화콘텐츠진흥원(현, 한국콘텐츠진흥원) 일본사무소. 2009. 「전략적 킬러콘텐츠 일본
　　진출보고」.

홍원석·김영덕. 2008. 「드라마 부가시장 활성화를 위한 고찰: 지상파 방송을 중심으로」.
　　"국내 드라마 경쟁력 확보 방안 II" 세미나 제2발제. 한국방송영상산업진흥원(현,
　　한국콘텐츠진흥원).

신문 · 잡지 · 방송 · 인터넷

≪동아일보≫. 2008.9.9. "'에덴의 동쪽' OST, 日에 10억 원 판권 판매".

_____. 2009.8.5. "이병헌 이름값=50억 원 가장 비싼 한류 일냈다".

≪마이데일리≫. 2005.9.13. "중국학자, '대장금' 성공의 문화적 가치 언급해 눈길".

≪문화일보≫. 2009.6.3. "가수들 'OST 외도' '꽃보다 남자' 50억 원대 수익… 성공확률도
　　높아".

≪스포츠동아≫. 2009.8.5. "이병헌 이름값=50억 원 가장 비싼 한류 일냈다".

≪아시아경제≫. 2009.7.24. "'태삼'의 지성, 대변신 성공의 힘은?".

_____. 2009.10.12. "[2009 국감] 진성호, KBS2 '아이리스' 외주제작사와 정식 계약 안했다".

≪아이뉴스24≫. 2009.3.4. "[2009 불황을 넘자!] 드라마 해외수출-공동투자로 위기 타개".

≪한국경제≫. 2006.3.9. "드라마 '슬픈연가' 일본 강타".

_____. 2009.12.20. "여성사극 첫 성공… 광고수익 328억 원".

≪한국일보≫. 2007.5.5. "상상초월! '지우히메' 한류스타파워!".

≪OSEN≫. 2007.11.13. "'로비스트', 日에 30억 원 판매 계약".

≪PD저널≫. 2009.2.18. 「방송 3사 '3색' 수목드라마 '대전'」.

_____. 2009.4.30. 「KBS2 '남자 이야기' 일본·베트남·홍콩 선판매」.

찾아보기

김훈

현재 드라마 제작사 미디어사업본부장 및 한국문화전략연구소 문화와경제 부소장을 겸임하고 있다.
문화산업 연구로는 「17대 문광위의 정책평가 및 차기위원회과제」(2007, 국회)와 「음악산업 동향분
석」(2009, 한국콘텐츠진흥원) 등이 있으며, 전라남도 문화산업 전문위원(2010)으로도 활동했다.
드라마 제작사에서 뉴미디어 사업 및 사업기획에 참여했으며, 신문("드라마 작가와 기획자를 살리
자", ≪내일신문≫ 등) 및 방송(MBC 'TV 속에 TV', SBS '열린 TV 시청자 세상', YTN스타 등)을
통해 드라마 비평활동을 했다.
* http://blog.daum.net/zolindac

한울아카데미 1367

TV드라마 산업의 수익구조와 현안
대박나는 TV드라마와 쪽박차는 제작사

ⓒ 김훈, 2011

지은이 | 김훈
펴낸이 | 김종수
펴낸곳 | 도서출판 한울

편집책임 | 박록희
편집 | 배유진

초판 1쇄 인쇄 | 2011년 8월 17일
초판 1쇄 발행 | 2011년 8월 31일

주소 | 413-756 파주시 교하읍 문발리 535-7 302(본사)
       121-801 서울시 마포구 공덕동 105-90 서울빌딩 1층(서울 사무소)
전화 | 영업 02-326-0095, 편집 031-955-0606, 02-336-6183
팩스 | 02-333-7543
홈페이지 | www.hanulbooks.co.kr
등록 | 1980년 3월 13일, 제406-2003-051호

Printed in Korea.
ISBN 978-89-460-5367-0 93680(양장)
ISBN 978-89-460-4457-9 93680(반양장)

* 가격은 겉표지에 표시되어 있습니다.
* 이 도서는 강의를 위한 학생판 교재를 따로 준비했습니다.
  강의 교재로 사용하실 때는 본사로 연락해주십시오